U1019092

国家出版基金项目
NATIONAL PUBLICATION FOUNDATION

『“一带一路”沿线国家教育研究书系』

王英杰　刘宝存　主编

『十四五』时期国家重点出版物出版专项规划项目

菲律宾教育研究

Philippines

李军　等　著

广西教育出版社　南宁

图书在版编目（CIP）数据

菲律宾教育研究 / 李军等著 . -- 南宁：广西教育出版社，2023.3

（“一带一路”沿线国家教育研究书系 / 王英杰，刘宝存主编）

ISBN 978-7-5435-9268-1

Ⅰ . ①菲… Ⅱ . ①李… Ⅲ . ①教育研究－菲律宾 Ⅳ . ① G534.1

中国国家版本馆 CIP 数据核字（2023）第 046350 号

菲律宾教育研究

FEILÜBIN JIAOYU YANJIU

策　　划：廖民锂
责任编辑：陶春艳
责任校对：谢桂清　袁妙玲
装帧设计：李浩丽
责任技编：蒋　媛

出 版 人：石立民
出版发行：广西教育出版社
地　　址：广西南宁市鲤湾路 8 号　邮政编码：530022
电　　话：0771-5865797
本社网址：http://www.gxeph.com
电子信箱：gxeph@vip.163.com
印　　刷：广西民族印刷包装集团有限公司
开　　本：787mm×1092mm 1/16
印　　张：17.75
字　　数：289 千字
版　　次：2023 年 3 月第 1 版
印　　次：2023 年 3 月第 1 次印刷
书　　号：ISBN 978-7-5435-9268-1
定　　价：58.00 元

（如发现图书有印装质量问题，影响阅读，请与出版社联系调换。）

序

2013年，习近平总书记提出共建“丝绸之路经济带”和“21世纪海上丝绸之路”的重大倡议（以下简称“一带一路”倡议）。2015年3月28日，我国政府正式发布《推动共建丝绸之路经济带和21世纪海上丝绸之路的愿景与行动》。建设“丝绸之路经济带”和“21世纪海上丝绸之路”（以下简称“一带一路”），是党中央、国务院主动应对全球形势深刻变化、统筹国内国际两个大局做出的重大战略决策。“一带一路”建设秉持和平合作、开放包容、互学互鉴、互利共赢的理念，全方位推进与沿线国家的务实合作与交流，打造政治互信、经济融合、文化包容的利益共同体、命运共同体和责任共同体，促进沿线国家经济繁荣发展，加强文明交流共享，促进世界和平发展，全面推动人类命运共同体建设。

“一带一路”贯穿亚欧非大陆，沿线各国资源禀赋各异，经济互补性较强，彼此合作的潜力和空间很大，合作的主要内容是实现沿线各国之间的政策沟通、设施联通、贸易畅通、资金融通、民心相通（以下简称“五通”）。在推进“一带一路”建设和促进人类命运共同体建设的进程中，教育有着举足轻重的地位，承担着独特的使命，发挥着基础性、支撑性、引领性的作用。所谓基础性作用，主要是指教育是“五通”的基础，特别是民心相通的基础。沿线国家历史文化不同，宗教信仰各异，政治体制多样，地缘政治复杂，经济发展水平不一。因此，“五通”首先要民心相通。要实现民心相通，主要是通过教育，促进“一带一路”沿线国家人民的相互了解、相互理解、相互信任、相互尊重，增进彼此间的友谊。所谓支撑性作用，主要是指教育特别是高等教育具有人才培养、科学研究、社会服务、文化交流等多种职能，可以通过其知识优势、智力优势、人才优势为“一带一路”倡议提供全方位的支持，为探索和建设新的国际合作以及全球治理新模式贡献宝贵智慧。所谓引领性作用，则是指教育不但要与“五通”的方向和要求相一致，而且必须优先发展，为其他方面的发展奠定坚实的基础。

因此，2016年，教育部牵头制订了《推进共建“一带一路”教育行动》，通过积极推动教育互联互通、人才培养培训合作和共建丝路合作机制，对接“一带一路”沿线各国意愿，互鉴先进教育经验，共享优质教育资源，聚力构建“一带一路”教育共同体，形成平等、包容、互惠、活跃的教育合作态势，促进区域教育发展，全面支撑共建“一带一路”。“一带一路”教育共同体建设，要求加强对“一带一路”国家和区域的教育体系的研究，实现我国与沿线国家教育发展的战略对接、制度联通和政策沟通，实现区域教育治理理论的突围及重建，构建兼顾统一性与差异性的区域教育合作框架，构建科学的教育合作和交流机制，并在教育体系方面做出相应的制度安排及调整。“一带一路”沿线地域广袤，除了中国，还涉及东亚、东南亚、南亚、西亚、中东欧、中亚等地区的国家，这些国家在政治制度、经济发展、文化传统等方面都存在较大差异，因此也导致教育体系上有很大差异。我国在制定相应教育合作政策时不可能采取“一刀切”的粗放式做法，必须根据各个国家教育体系的实际情况采取差异化政策，有效实现与“一带一路”沿线国家的教育战略对接、制度联通、政策沟通。然而，客观地讲，我们对“一带一路”沿线国家的教育发展情况了解不多。传统上，由于改革开放后我国教育制度重建和经验借鉴的需要，以国外教育为主要研究对象的比较教育学科长期聚焦美国、英国、法国、德国、俄罗斯/苏联、日本等少数几个国家，即使是在20世纪90年代以后逐渐扩大研究对象国，澳大利亚、加拿大、新加坡、韩国、印度、芬兰、瑞典、挪威、西班牙、荷兰、南非、巴西等国相继被纳入研究范围，关于大多数“一带一路”沿线国家教育的研究仍然处于简单介绍的阶段，对于不少国家的研究仍然处于空白状态，严重影响了我国与“一带一路”沿线国家的教育合作与交流，影响了“一带一路”教育共同体的建设。

正是在这样的大背景下，我们申报了教育部哲学社会科学研究重大课题攻关项目“‘一带一路’国家与区域教育体系研究”并成功获批。该课题是一项关于“一带一路”国家与区域教育体系的综合性研究，根据课题设计，研究内容虽然也包括关于“一带一路”国家与区域教育体系的基本理论，但是重点在于对东亚、东南亚、南亚、西亚、中东欧、中亚等地区的国家和区域教育体系的研究，了解不同国家的教育文化传统、现行学制和教育行政管理制度、最新教育政策、教育合作及交流政策与需求，弄清区域组织的教育政策及其对各国教育体系影响的途径与机制、区域内主要国家对区域教育政策及其他国家教育体系影响的途径与机制以及不同区域教育体系的基本特征。在国别与区域研究的基础上，课题进行“一带一路”国家与区域教育体系的比较研究，分析“一带一路”国家和区域教育文化传统、教育制度、教育政策、教育发展水平的共同性与差异性，弄清“一带一路”国家和区域教育体系的共同性与差异性的影响因素。在比较研究的基础上，课题再聚焦“一带一路”教育共同体建设的理论构建与战略选择，讨论“一带一路”教育共同体建设的理论突围，区域和全球教育治理理论模型构建，兼顾统一性与差异性的教育合作框架构建，我国与“一带一路”沿线国家的教育战略对接、制度联通和政策沟通，面向“一带一路”共同体建设的教育合作和交流机制构建，我国在教育体系上的制度安排与调整等政策性问题。

该课题的研究工作得到广西教育出版社的大力支持。广西教育出版社出于出版人的社会责任感和使命感，与我们联合策划了“‘一带一路’沿线国家教育研究书系”，选择28个“一带一路”沿线国家开展系统研究，每个国家独立成册，分辑出版。为了全面反映“一带一路”沿线国家教育的全貌，并体现丛书的特征，我们统一了每册的篇章结构，使之分别包括研究对象国教育的社会文化基础、历史发展、基本制度与政策、学前教育、基础教育、高等教育、职业教育、教师教育以及教育改革走向。在统一要求的同时，各册可以根据研究对象国教育的实际情况，适度调整研究内容，使之反映研究对象国教育的特殊性。

“‘一带一路’沿线国家教育研究书系”涉及国家较多，既有研究相对薄弱，在语言、资料获取等方面也困难重重。我们有幸获得一批志同道合者的大力支持，他们来自国内外不同的高等院校和研究机构，在百忙之中承担了各册的撰写任务，使得丛书得以顺利完成，在此我们谨向各册作者表示崇高的敬意和衷心的感谢！

“‘一带一路’沿线国家教育研究书系”的出版，只是我们“一带一路”国家和区域教育体系研究的阶段性成果，粗陋之处在所难免，且各对象国研究基础存在差异，各册的研究深度也难免有一定差距，希望得到各位专家学者的批评指正。我们也衷心希望在“一带一路”教育领域涌现更多、更高水平的研究成果，为“一带一路”倡议的实施和“一带一路”教育共同体的建设提供有力的支撑，为教育学科特别是比较教育学科的繁荣发展赋能。

王英杰　刘宝存

于北京师范大学

2022 年 2 月

前 言

菲律宾作为21世纪海上丝绸之路的重要节点，是共建“一带一路”的重要伙伴。中国驻菲律宾前大使赵鉴华认为菲律宾将成为“一带一路”倡议重要的参与者、推动者和受益者之一。[①]“一带一路”倡议下，中菲在经济贸易、基础设施项目、投资、科技、教育、文化和农业等方面存在着较大的合作空间，两国的战略对接、政策沟通和人文交流进入新的发展阶段，而教育是培养共建“一带一路”各类人才、促进两国政策沟通和增进人文交流的重要桥梁。

菲律宾在地缘上属于东南亚的一个多民族群岛国家，是东盟主要成员国。为应对经济全球化、教育国际化、国家竞争力以及东盟经济一体化等方面的挑战，菲律宾政府对教育进行了持续的改革，并取得了显著成效。基于此，我们系统研究菲律宾教育体系，总结其经验和教训，有助于促进中菲教育的交流合作和互学互鉴，有助于增进两国人民的相互理解和人文交流，对我国教育改革及发展具有重要的借鉴价值和意义。

菲律宾是以亚洲人为主的多民族、多种族的国家，融合了亚洲、欧洲、拉丁美洲和北美洲四种文化遗产，是东西方文化的混合体。政治上实行“行政、立法、司法”三权分立政体，经济发展以农业、矿业、制造业、服务业、交通与通信、贸易为主。主要宗教有基督教、伊斯兰教、佛教和本土原始宗教等，其中基督教文化深深地影响着其教育传统和学校课程。菲律宾教

---

① 付志刚．菲律宾：“一带一路”倡议重要的参与者、推动者和受益者 [N]. 光明日报，2018-05-20（08）.

育被认为是一个混合的、反映了国家文化和殖民历史的体系。此为第一章“菲律宾教育的社会文化基础”。

前西班牙时期的菲律宾教育是非正式的，西班牙殖民统治初期的教育体系以天主教精英教育为基础，西班牙殖民统治后期的菲律宾建立了中等教育层次的学校以及专门的男校和女校。革命时期的菲律宾政府颁布了《马洛洛斯宪法》，规定政教分离，实行免费义务初等教育制度。美国殖民统治时期，菲律宾建立了高度集中的公立学校制度。菲律宾联邦政府时期颁布了宪法，确立了公立教育体系。日本占领时期并没有对菲律宾教育体系做出显著的改变。菲律宾独立后，第三共和国政府重新发布了以培养民主作为一种生活方式之信仰的教育理念。“人民力量革命”后，阿基诺总统执政时期带领政府恢复国内民主秩序，菲律宾教育事业发展进入了一个新时期。此为第二章“菲律宾教育的历史发展”。

菲律宾现行教育系统包括学前教育、基础教育、职业教育和高等教育。学前教育主要指 5 岁前的教育。基础教育为义务教育，包括 1 年的幼儿园教育、6 年的初等教育和 6 年的中等教育。初中学生可以学习技术和生计教育课程，获得国家证书。高中分为学术方向、技术 – 职业 – 生计方向、运动方向、艺术和设计方向。职业教育项目包括基于学校的、基于培训中心的、基于社区的和基于企业的四种职业技术教育模式。菲律宾高校实行学分制，学位有副学士学位、学士学位、硕士学位、博士学位和专业学位。全国幼儿保育和发展协调委员会负责管理学前教育，教育部负责管理基础教育，技术教育和技能发展署负责管理职业教育，高等教育委员会负责管理所有公立和私立高校、所有公立和私立中学后教育机构授予学位的项目。菲律宾主要通过立法的形式推进教育改革发展，其教育政策体系较为完善。此为第三章“菲律宾教育的基本制度与政策”。

学前教育是教育系统的一个独立组成部分，5 岁幼儿的教育被纳入义务教育。学前教育机构包括教育部管辖的托儿所、保育室、幼儿园和社会福利与发展部管辖的日托中心，同时还有覆盖全国的幼儿保育和发展系统。

学前教育课程分为七大领域：价值观教育；身体健康与运动发展；社会情感发展；美感与创造性发展；语言、读写能力和沟通发展；数学；物质与自然环境的理解。活动和游戏是幼儿学习的重要方式。充足的学前教育经费、健全的经费投入奠定了学前教育发展的物质基础，规范的幼儿教师培养、高素质的师资队伍则是学前教育发展的质量保障。此为第四章“菲律宾学前教育”。

基础教育以提高菲律宾国民的识字率、实现全民教育为目标，并为高等教育和社会经济发展培养和输送人才。基础教育包括K-12教育和替代学习系统，K-12基础教育主要由正规教育中的公立、私立学校提供，替代学习系统包括社区学习中心、基于社区的其他学习机构、混合式学习、在图书馆或在家学习等。基础教育经费主要由国家政府保障，教育部、职业技术委员会和高等教育委员会与政府、学术界、工业界和非政府组织的相关伙伴合作，开展教师教育和培训计划。菲律宾教育部出台了一系列教育法案和文件，以支持和规范基础教育的发展。此为第五章“菲律宾基础教育”。

为服务国家发展需要而培养各种中高级人才，菲律宾发展了由公立、私立高校组成的高等教育体系。为保证高等教育质量，高等教育委员会把高等教育机构分为水平和垂直两种类型，其中水平类型包括专业机构、学院和大学，垂直类型包括自治型、解除管制型和受管制型高校。从本科教育、研究生教育以及专业教育和教师教育探讨了高等教育的课程与教学。公立高校的经费主要来源于政府拨款，其财政基础比较稳定，而私立高校的运行主要依靠学生的学杂费和私人捐赠，并实行税收减免政策。由教会办的非营利性院校可以得到国外大企业、私人、团体及慈善机构的捐款。《公立学校教师宪章》规定了教师资格、师德规范、学术权利、权益保障等。菲律宾实施高等教育质量认证制度，认证级别直接关系到高等院校自主权的程度，通过认证的高校可被授予自治和解除管制的权利。此外，这一章还介绍了菲律宾推进高等教育公平、优质、高效发展的路线图。此为第六章“菲律宾高等教育”。

职业技术教育旨在培养“具备21世纪技能”“具有全球竞争力”的绿色经济工人，涵盖正规和非正规职业技术教育两种形式，包括基于学校的、基于社区的、基于企业的和基于培训中心的四种模式。菲律宾开发了符合本国国情的“国家能力标准”，指导职业技术教育的课程设计和教学实施。菲律宾建立了接轨国际的职业资格证书制度、统一的职业技术教育项目认证与评估制度、多渠道的经费投入制度以及集“培养、转化、发展”于一体的师资队伍建设制度。此为第七章“菲律宾职业技术教育”。

教师教育主要为基础教育培养合格的、优秀的教师，其实施机构包括公立师范院校、私立大学或学院两种类型。职前教师教育涵盖本科（学士）和研究生（硕士和博士）两个阶段。本科阶段主要有初等教育学士学位项目和中等教育学士学位项目，研究生阶段主要有教师硕士项目（论文课程）、教师硕士项目（非论文课程）、其他教育专业硕士项目（非论文课程）、教育学博士项目、教育博士项目五种类型，侧重于培养学生的探究能力和研究能力。在职教师教育则包括政府机构主导和非政府机构主导两种类型。在质量保障方面，菲律宾实施教师教育专业认证和评估制度，颁发教师专业标准，强化教师资格证照考试制度；在师资队伍建设方面，高等教育委员会规定了学历、资格、专业发展等方面的基本入职要求，各教师教育机构基于高等教育委员会的“教师发展计划”也都制订了自己的“教师专业发展计划”；在经费保障方面，菲律宾政府对教师教育的投入有限，难以达到教师教育项目开发、课程建设与改革、设施配备与更新以及教师培训和素质提高等方面的要求。此为第八章“菲律宾教师教育”。

菲律宾教育改革发展取得了有益的经验，包括通过提供替代性教育，扩大弱势群体的受教育机会；实行基于母语的多语言教育，兼顾民族语言和英语；重视学前教育发展，学前教育制度较为健全。但其教育发展也面临着诸多挑战，如性别、区域、贫富群体间的教育不均衡；教师数量短缺，教师质量有待提高；教育投入不足，教育质量有待提高等。为此，菲律宾政府继续重视幼儿保育和发展；为每个菲律宾人提供有质量的基础教育；提高技术职业教育人才培养与劳动力市场需求的适应性，发挥扶贫作用；重视提高教师的能力；推进高等教育机会均等，提高教育质量；积极推进教育国际化，加强教育国际交流与合作。此为第九章“菲律宾教育的改革走向”。

本书是北京师范大学国际与比较教育研究院刘宝存教授主持的教育部哲学社会科学研究重大课题攻关项目“‘一带一路’国家与区域教育体系研究”的系列研究成果之一，聊城大学教育科学学院有幸承担了该攻关项目的子课题“菲律宾教育体系研究”。我作为子课题的负责人，严格按照总课题的研究思路和研究框架，认真组织课题组成员开展了深入、系统的研究。本书是课题组成员集体智慧的结晶。第一、第二、第五章由聊城大学付瑛博士撰写；第三、第九章由聊城大学谭春芳博士、李军博士撰写；第四章由聊城大学张爱玲博士撰写；第六章由曲阜师范大学杨尊伟博士、聊城大学李军博士撰写：第七章由聊城大学曾琳副教授撰写；第八章由聊城大学曾琳副教授、李军博士撰写。最后由李军博士负责统稿。在此，我谨对他们参与项目研究的辛苦付出和学术贡献表示由衷的感谢。特别感谢刘宝存教授对课题研究的悉心指导和大力支持。诚挚感谢广西教育出版社的领导和编辑对本书的关心和帮助。

在本书的撰写过程中，我们参考了大量的中外文资料和国内外学者的研究成果，未能一一列出，在此表示诚挚的谢意。由于作者水平有限，书中难免有粗浅和不足之处，敬请批评指正。

李　军

2022 年 3 月 25 日

目录

第一章 菲律宾教育的社会文化基础

任何一个国家的发展都是根植于其独特的社会文化基础的。菲律宾作为一个地缘上属于亚洲而文化上却是东西方文化混合体的国家，其发展历程离不开她起源于东南亚，又先后被西班牙、美国、日本等国家影响而形成的独特历史、社会、文化和宗教基础。正如菲律宾历史学者索尼娅·扎德（Sonia M. Zaide）在为《菲律宾：一个独特的民族（百年版）》（*The Philippines：A Unique Nation*）作的序中所写："菲律宾是一个独特的国家，因为亚洲、欧洲、拉丁美洲和北美洲四种文化影响塑造了我们的生活。世界上没有哪个国家有如此丰富多彩的过去。它使菲律宾人成为东西方都能接受的一个独特的民族，而且它本身就处于东西方之间。其独特性表现在宗教、政治历史、文化遗产三方面。"①

① ZAIDE S M. The Philippines：a unique nation［M］. 2nd ed. Quezon：All-Nations Publishing Co., Inc., 2006：preface.

第一节 菲律宾教育的历史基础

菲律宾先后经历了前西班牙时期、西班牙殖民统治时期、美国殖民统治时期、日本殖民统治时期、独立建国时期等。各个时期当政者的不同教育政策与菲律宾人民的政治、经济、现实生活相互影响，对其教育的发展产生了不同的影响，也为教育发展提供了多样的空间，由此形塑了菲律宾教育发展多姿多彩的历史基础。从历史的角度看，菲律宾教育可以被认为是一个混合的、反映了国家文化和殖民历史的体系。

一、前西班牙时期的菲律宾

（一）菲律宾名字的由来

菲律宾（Philippines）的名字来源于西班牙航海家在1542—1546年对菲律宾群岛的探险中，为了对当时西班牙亲王菲利普（后来成为西班牙国王菲利普二世）表示敬意，这位航海家把这一片群岛命名为Las Islas Filipinas。西班牙语词“Felipinas”或“Filipinas”后来在美国殖民统治时期，被英语化为“Philippines Islands”（菲律宾群岛）。

（二）菲律宾的亚洲文化遗产和早期发展

1. 菲律宾的文化渊源。

古代菲律宾与亚洲几大文明古国——古代印度、古代中国、古代日本和古代阿拉伯保持着密切联系。通过贸易与移民，古印度人、古中国人、古日本人和古阿拉伯人带来的文明大大丰富了菲律宾人的文化生活。当时，菲律宾人已经有了自己的文化和生活方式，包括习俗、社会、政府和法律、语言和文字、文学、音乐、早期宗教信仰、经济、艺术和科学等。所有这些，在历史的长河中，形成了菲律宾人民的亚洲文化遗产。

2. 菲律宾早期的社会组织制度。

早期的菲律宾人居住在一个个组织有序、被称为“barangay”的独立村落里。“barangay”的名称起源于“balangay”，意思是“帆船”。显然，早期的菲律宾人是用帆船来命名自己的村庄的。

“描笼涯”是菲律宾语中“barangay”的闽南语翻译（菲律宾绝大部分华人都来自福建闽南地区，因此传统译法都是用闽南语翻译的）。作为自给自足的社会基层组织，“描笼涯”就像古代美索不达米亚的城邦，首领被称为酋长。[①] 通常，一个“描笼涯”包括 30～100 户家庭，有些“描笼涯”规模很大，有 2000 多人口，比如宿务、马尼拉、维甘古城和麦克坦。[②]

3. 菲律宾早期的社会发展与生活习俗[③]。

早期菲律宾人住在木制或竹制的房子里，以大米为主食，也吃猪肉、鸡肉、鱼类、蔬菜、香蕉和其他水果。前西班牙时期的菲律宾人分属三个社会阶层——贵族、自由民和奴隶，同阶层通婚。女性在古代菲律宾享有较高的地位，部族法律和习俗中都承认女性享有与男性平等的权利。早期菲律宾人以种植业为主，除此之外，还有渔业、采矿、编织、造酒、饲养家禽等。他们喜欢娱乐，热爱音乐，语言和方言众多，有自己的书写文字、口头和书面的文学形式以及艺术。他们有自己的信仰，崇拜自然，重视丧葬习俗。这个时期的菲律宾人也有自己的货币、称量制度、历法，拥有天文学、数学和有关草药的医学知识，有国内贸易和与亚洲国家的商业往来。

4. 菲律宾早期的教育发展。

菲律宾早期的教育原始、质朴，父母给孩子们提供教育的基础。教育的内容与生活密切相关，表现为父亲训练男孩子成为勇士、猎人、渔夫等，母亲则培养女孩子做饭、种植、编织等技能。从菲律宾的亚洲文化遗产和早期社会发展来看，前西班牙时期的菲律宾文化发展已经达到了较高的水平。[④]

---

① ZAIDE S M. The Philippines：a unique nation［M］. 2nd ed. Quezon：All-Nations Publishing Co.，Inc.，2006：67.

② 同 ①62.

③ 同 ①63-67.

④ 同 ①74.

二、西班牙的殖民统治

随着 15—17 世纪欧洲历史上的“地理大发现”，葡萄牙航海家麦哲伦在西班牙的资助下，在开辟通往神秘东方的新航路过程中，于 1521 年发现了后来被命名为“菲律宾”的群岛。麦哲伦这一航海发现不仅向世人证明了地球是圆的，也加速了西班牙向东方扩张的进程。之后的 1525—1564 年，西班牙先后对菲律宾进行了多次远征，并最终殖民统治了菲律宾。

西班牙在菲律宾建立了西属东印度群岛议会，颁布了西属东印度群岛法令，委派总督实行管理，总督执行国王政令和其他西班牙国家法律。西班牙在菲律宾建立了最高法庭和特别司法机构，给予西班牙殖民统治者特定的殖民封地，并建立封地属民的封赏制度。西班牙废除了菲律宾的奴隶制度，在菲律宾实行省级、市级行政管理。传教士在西班牙的殖民统治中扮演着重要的角色。西班牙政府在菲律宾建立了教会组织，实行政教合一，天主教被确立为国教。

无论是经济上还是文化上，西班牙的殖民统治客观上给菲律宾的发展留下了重要的遗产。

（一）菲律宾的经济增长与社会发展

尽管西班牙在菲律宾的殖民统治集中于宣扬基督教，但客观上也促进了菲律宾经济的快速增长。在此期间，西班牙殖民者将农作物、动物新品种和新的工业行业引进菲律宾，采取经济措施，开辟菲律宾与西班牙和周边亚洲国家之间的贸易，成立了王室特许经营的贸易公司，开放马尼拉为国际贸易港，刺激了交通和农业的新发展。经济的繁荣和社会、卫生条件的改善带来了人口增长，物质的繁荣和菲律宾对世界经济的开放也催生了新兴的中产阶级，他们逐渐成为菲律宾民族的脊梁。

（二）基督教与西班牙文化遗产

殖民统治期间，西班牙在宗教、语言、习俗、艺术和科学等方面都给菲律宾带来了深远的影响。其中，基督教，尤其是天主教是西班牙留给菲律宾重要的文化遗产。除此之外，在这一时期，菲律宾人的饮食习惯和膳食结构得到改善，并改穿西式衣裤。殖民者引进了西班牙语，并保留了菲律宾的民族语言。他们印刷了第一批菲律宾语书籍，把欧洲教育体系引进菲律宾，建立了第一批学校——教区学校。西班牙传教士作为教师，大大提高了菲律宾人的入学率和识字率，促进了菲律宾人的智力发展，同时也促进了职业教育的发展。这些举措推动了这一时期菲律宾新闻业、文学、戏剧、音乐、建筑、绘画、雕塑、科学等领域的发展。在长达300年的殖民统治里，很多西班牙人选择与菲律宾人通婚，改变了菲律宾人的种族血统。[①] 殖民者也把一些欧洲的娱乐方式传入菲律宾。

三、美国殖民下的菲律宾

1898年，美国与西班牙爆发战争，西班牙战败，丧失了在菲律宾群岛的殖民统治权，美国开始对菲律宾进行殖民统治。

（一）美国入侵

美国殖民者于1898年8月占领了马尼拉，之后却将协助其从西班牙殖民者手中夺取马尼拉的菲律宾军队关在城门外；并于1899年5月，率军进驻南部霍洛岛，取代西班牙在三宝颜市驻扎，将这一地区作为海外基地。[②]菲律宾主权落入美帝国主义者手中。[③]

（二）菲律宾第一共和国

在推翻西班牙殖民统治的行动中，阿吉纳尔多（Aguinaldo）将军领导的菲律宾军队逐渐成为中坚力量。在美国入侵后，这支军队拒绝与美国政府合作。

1899年，菲律宾第一共和国成立，阿吉纳尔多成为总统。第一共和国改革了西班牙殖民时期的金融体系，创办了菲律宾本土的报纸，建立了本国的外交和军事武装，教育上实行免费义务初等教育，建立扫盲大学。[④]

1899年2月4日，美国点燃了菲律宾独立战争，1899年3月31日，麦克阿瑟率领的美国军队攻占了第一共和国的首府马洛洛斯市。[⑤]1901年4月

---

① ZAIDE S M. The Philippines：a unique nation［M］. 2nd ed. Quezon：All-Nations Publishing Co.，Inc.，2006：135.

② 同①261-262.

③ 同①255.

④ 同①264-267.

⑤ 同①268-269.

19 日，阿吉纳尔多向美国宣誓效忠。[①]

（三）美国的殖民统治

1. 美国在菲律宾的政策。

与西班牙时期的殖民政策不同，美国殖民者给予菲律宾人更多参与政府事务的机会。地方政府全部由菲律宾人掌控，市级和省级的长官由合格的选民选举产生。在哈里森总督执政时期，美国在菲律宾实行更加宽松的政府本地化政策，即在政府内用菲律宾人取代美国雇员。[②]

在这一时期，产生了一批菲律宾民族主义政党。

2. 美国殖民时期菲律宾的经济发展。

在美国殖民政策新体制下，菲律宾农业迅速发展，商业和贸易发展飙升至前所未有的水平，交通和通信向现代化推进，银行业和货币制度有所改善，制造业得到发展。

当时，菲律宾的经济发展和消费越来越依赖于美国的经济和商品。美国的商人和跨国企业在当地经济中占据优势，对菲律宾的人才成长也产生了一些不利的影响。

（四）美国殖民统治的文化影响

菲律宾人的西式着装和西式饮食习惯开始于西班牙殖民统治时期，在美国殖民统治时期得到进一步推广。女性在这一时期得到更大解放，享有参与社会与政治事务的权利和接受高等教育的机会；美国把国民教育引入菲律宾，让教育不再仅仅是少数贵族的特权，而成为所有人的权利。在美国的殖民统治下，菲律宾的教育客观上得到了较大发展，学校、教师和学生数量空前增长。[③]一批聪慧的菲律宾年轻人被派到美国的大学学习。美国政府在菲律宾推广英语。在这一时期，菲律宾的文学、戏剧、新闻、音乐、科学等领域都深受美国影响，实现了现代化发展，同时，在一些领域也保留了菲律宾的传统，如保留了菲律宾的传统节日，允许菲律宾人民纪念本国的民族英雄。美国人把基督教新教传入了菲律宾，在全国范围内改善了

---

① ZAIDE S M. The Philippines：a unique nation［M］. 2nd ed. Quezon：All-Nations Publishing Co.，Inc.，2006：275.

② 同 ①278-279.

③ 同 ①304.

公共卫生体系。

（五）菲律宾联邦政府

在美国殖民统治时期，从 1919 年至 1934 年，菲律宾人民为争取独立先后向美国派遣了多个独立使团进行相关谈判。在他们的努力下，菲律宾联邦政府最终于 1935 年成立，起草并通过了 1935 年宪法。

四、日本的殖民统治和菲律宾第二共和国

第二次世界大战时期，1941 年 12 月 10 日，日本侵略者从吕宋岛北部登陆菲律宾，先后占领了菲律宾南部、北部的几个城市。1942 年 4 月 9 日，巴丹半岛（Bataan）的失守，标志着菲律宾的陷落。

（一）日本的殖民统治

1. 日本对菲律宾实行军事管理。

为了监管殖民地的政治、经济和文化事务，1942 年 1 月 3 日，日本宣布在菲律宾建立军事管理委员会。根据东京的指令，在菲律宾的日本军事管理委员会颁布了严酷的限令。

2. 重新调整当地政府管理机构。

日本军事当局对菲律宾省、市、区各级政府机构进行了调整，削弱了各级政府的自治权力。省长、市长和区长同时拥有行政和立法权力，保留了省议会、市议会和区议会，但它们只作为地方行政人员的咨询机构。

3. 日本的宣传策略[①]。

日本在菲律宾建立了完备的宣传机构，压制言论及出版自由，日语及日本文化成为学校里的必修科目，并被纳入公务员考试范围。此外，还设立了每年一次的“日本文化周”。很多日本诗人、画家、音乐家、演员、学者和科学家来到马尼拉，传播日本文化。

（二）菲律宾第二共和国

1943 年 10 月 14 日，日本扶植下的菲律宾第二共和国诞生。新共和国建立了政府，解散了此前的临时政府菲律宾执行委员会。

---

① ZAIDE S M. The Philippines：a unique nation［M］. 2nd ed. Quezon：All-Nations Publishing Co.，Inc.，2006：338-340.

五、菲律宾的独立

随着日本于 1945 年 8 月 15 日宣布无条件投降，两天后，菲律宾第二共和国解散。二战结束后，菲律宾再次沦为美国殖民地。

（一）菲律宾第三共和国

1946 年 7 月 4 日，美国同意菲律宾独立，菲律宾第三共和国建立。菲律宾第三共和国是在第二次世界大战的灰烬中建立起来的，除了要面对战争造成的大量财产与生命的直接损失，还有众多的战后问题，如城市的破败、民族文化的亟待恢复、教育系统的瘫痪、政府的财政“饥荒”、和平与秩序的重建等。

1965 年，马科斯当选总统，并三次连任。在马科斯执政期间（1965—1986 年），政府面临诸多挑战，如经济不景气、贫富分化、青年学生民主意识的崛起等。

1972 年，马科斯政府宣布对全国实施“军法管制”。[①]1981 年，取消“军法管制”。

（二）菲律宾第四共和国

取消“军法管制”之后，菲律宾第三共和国政府从议会民主制度急剧转变为马科斯总统领导下的总统—议会混合制度。这是通过对 1973 年宪法的彻底修订来实现的，之后通过 1981 年对宪法的再次修订诞生了马科斯总统所谓的菲律宾第四共和国。

（三）阿基诺政府时期

1986 年 2 月 7 日，菲律宾提前进行总统选举。马科斯被宣布为新一任总统，但此后的调查中发现，选举结果被恶意篡改，激起了民众的抗议。[②]

1986 年 2 月 22 日，当时的菲律宾国防部部长和武装部队副参谋长共同领导的菲律宾武装力量宣布承认科拉松·阿基诺赢得了总统选举，要求马科斯辞职。[③]很快，教会和普通民众加入了反马科斯游行队伍。随着军事、

① ZAIDE S M. The Philippines：a unique nation［M］. 2nd ed. Quezon：All-Nations Publishing Co.，Inc.，2006：371.

② 同①397-398.

③ ZAIDE S M. The Philippines：a unique nation［M］. 2nd ed. Quezon：All-Nations Publishing Co.，Inc.，2006：399.

教会和人民这三种力量的不断融合，该运动演变成了一场人民革命，史称“人民力量革命”。

1986 年 2 月 25 日，科拉松・阿基诺作为菲律宾总统宣誓就职。阿基诺夫人履职后的第一件事就是恢复菲律宾的民主。她组成了一个由 14 名部长构成的小内阁，下令释放所有政治犯，并恢复了棉兰老岛九区和十二区的人身保护令[①]等。

为了恢复国内政治稳定，1987 年，菲律宾新宪法在全民投票中获得批准通过。1987 年宪法坚持教育是政府的主要责任，国家治理政策明确提出：“国家优先发展教育、科学技术、艺术、文化、体育，培养爱国主义和民族主义，促进社会进步，促进人的全面解放和发展。”[②]直到今天，1987 年宪法仍是菲律宾教育法律体系的基本法。

（四）拉莫斯政府时期

1992 年，通过竞选，拉莫斯成为菲律宾历史上第十二任总统，他也是菲律宾第一位成为总统的基督教新教徒。

拉莫斯执政时期，基督教复兴潮流席卷整个群岛，许多菲律宾人开始热衷于耶稣的教义，甚至有些海外的菲律宾人也在他们的海外工友社区中组织了《圣经》研究小组，成为海外传教士和牧师。

（五）阿罗约政府时期

2001 年 1 月 17 日至 20 日，刚刚迈入 21 世纪的菲律宾又上演了一场推翻总统腐败统治的民众和平运动，史称“第二次人民力量革命”。

时任总统埃斯特拉达下野。之后，前副总统阿罗约成为菲律宾历史上第十四任总统，也是继科拉松・阿基诺之后的第二位女性总统。

---

① 同 ①401.

② DE BEIEN A R T. Education laws，jurisprudence & governance［M］.Quezon：Jobal Publishing House，2019：185.

第二节　菲律宾教育的社会基础

教育是社会的一部分，任何一个国家教育的发展都根植于其深厚的社会基础；反过来，这个国家的社会基础也为其教育的发展奠定了宏大的背景，使得教育发展烙上了国家、民族特有的印记。菲律宾教育以其独有的地理、民族、政治、经济、宗教特征为背景，也得到了相应的发展。

一、菲律宾的地理概况

（一）菲律宾的自然地理

1. 菲律宾的地貌与地质。

菲律宾共和国（Republic of the Philippines）简称菲律宾，位于亚洲东南部，总面积 29.97 万平方公里，由 7 000 多个岛屿组成，仅 1 000 多个岛屿有居民。

菲律宾位于东经 116° 40′ ～ 127°、北纬 4° 23′ ～ 21° 25′，领土绵延南北长 1 851 公里，东西宽 1 107 公里，海岸线长达 18 533 公里。吕宋岛、棉兰老岛、萨马岛等 11 个主要岛屿占菲律宾总面积的 96%，大多数岛屿被热带雨林覆盖。

菲律宾群岛从北到南分为 3 个主要岛群，即吕宋岛、米沙鄢群岛和棉兰老岛，其中吕宋岛是面积最大的岛屿，第二大岛是棉兰老岛。

菲律宾是西太平洋板块的一部分，活火山多是其重要特点，其中较为著名的火山是位于吕宋岛东南端的马荣火山、马尼拉南部的塔尔火山和棉兰老岛的阿波火山。吕宋岛北部高地，又称中科迪勒拉山脉，海拔 2 500 ～ 2 750 米，吕宋岛东北部的马德雷山脉和棉兰老山脉，以热带雨林著称。菲律宾盛产金属矿产，有铬、铜、金、铅、镍、银、锌等。

菲律宾群岛位于菲律宾海板块、欧亚板块南海海盆和巽他板块（the Sunda Plate）之间，菲律宾海沟是一条长 1 320 公里的海沟，位于菲律宾移动带的正东部，是构造板块碰撞的结果。菲律宾断层系统由一系列地震断层组成，因而每年地震多发。

2. 菲律宾的气候。

菲律宾属于季风型热带雨林气候，常年炎热潮湿。每年有三个季节：

3 月到 5 月是干热夏季；6 月到 11 月是雨季；12 月到第二年 2 月是凉爽的干燥季节，像菲律宾的秋季。每年的 5 月到 10 月菲律宾受潮湿多雨的西南季风影响，11 月到第二年 4 月受干燥的东北季风影响。菲律宾气温通常在 21℃～ 32℃，年平均气温约为 27℃。在多山的东海岸，年降雨量高达 5 000 毫米，但在一些山谷地区，年降雨量不到 1 000 毫米。

（二）菲律宾的行政区域

菲律宾分为四级行政区划。从最高到最低四级行政区划依次是：（1）地区，通常用来组织国家事务。（2）省和独立的直辖市。（3）省内的组成城市和自治市。（4）描笼涯，在一个城市或自治市辖区内，是最小的地方政府单位。如图 1-1 所示。

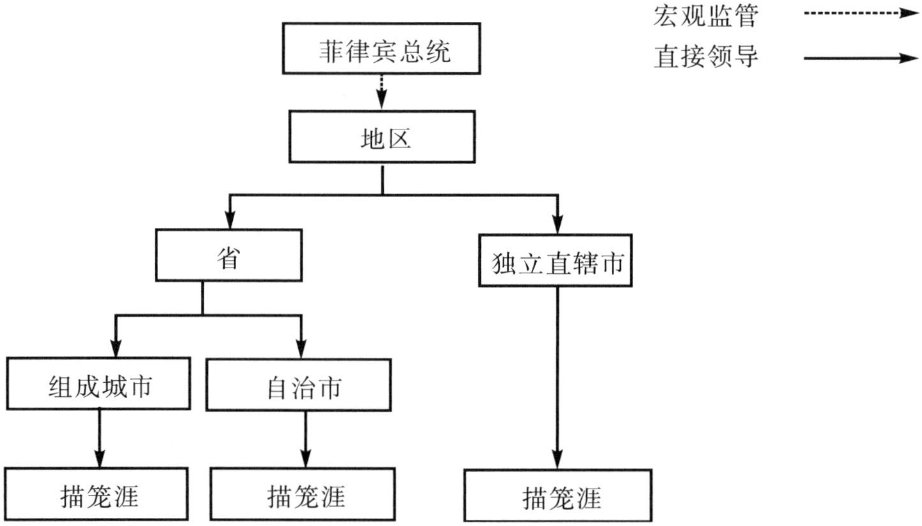

图 1-1　菲律宾地方政府组织

二、菲律宾的民族和人口

（一）菲律宾的民族

菲律宾是多民族、多种族的国家，人种以亚洲人为主。

1. 菲律宾的民族构成。

菲律宾是一个多民族国家，马来裔占全国人口的 85% 以上，其他还包括他加禄族、伊洛戈族、邦板牙族、维萨亚族和比科尔族等；少数民族及外来后裔有华人、阿拉伯人、印度人、西班牙人和美国人；还有为数不多的原住民。有 70 多种语言。[①]

2. 菲律宾的历史移民。

菲律宾人中有着大量的移民。尼格利陀人是较早在菲律宾定居的人种之一，其生活方式基本上不受西方文化和伊斯兰教的影响，为学者们了解、研究前西班牙时期的菲律宾文化提供了便利。

由于历史的原因，菲律宾早期移民主要来自西班牙、墨西哥、中国、美国、日本和印度。所以，菲律宾还有很多混血种人。

3. 菲律宾的现代移民。

20 世纪左右，特别是二战后，大量现代移民进入菲律宾，常见原因包括就业、教育、旅游、婚姻移民等。根据 2013 年的一份国家移民报告，菲律宾主要的外籍人士包括韩国人、中国人、日本人、美国人和英国人，这些持有工作许可证的外国人大多居住在国家首都地区（大马尼拉），其次是卡拉巴松（南他加禄）和中维萨亚地区（米沙鄢）等较发达的地区，大多数人受雇于制造业部门，从事行政和行政管理工作。

（二）菲律宾的人口

根据世界实时统计数据（Worldometers）对联合国最新数据的分析，截至 2021 年 4 月 25 日，菲律宾人口是 110 762 900[②]。根据联合国的数据统计，2020 年中期，菲律宾人口为 109 581 078，相当于世界总人口的 1.41%，在全球人口排行榜上排名第 13 位；城市人口为 52 008 603，占总人口的 47.5%；菲律宾人年龄的中位数是 25.7 岁。

三、菲律宾的政治体制

菲律宾是总统制的统一共和国，实行行政、立法、司法三权分立政体。总统既是国家元首，也是政府首脑。总统制政府的立法权属于国会，执法

① 菲律宾国家概况［EB/OL］.［2022-06-06］. https://www.mfa.gov.cn/web/gjhdq-676201/gj_676203/yz_676205/1206_676452/1206x0_676454/.

② Elaboration of data by United Nations，Department of Economic and Social Affairs，Population Division.［EB/OL］.［2021-04-25］.https：//www.worldometers.info/world-population/philippines-population/.

权属于行政机关，法律解释权属于司法机关。政府试图通过这种制衡制度，为公民的最大利益服务。1987 年宪法规定，菲律宾是一个民主共和的国家，主权在于人民，一切政府权力都来自人民。

立法机构包括国会（参议院和众议院）及其相关服务机构，它们有权借助菲律宾国会赋予的权力制定、修改和废止法律，接受或拒绝总统任命，以及必要时向他国宣战。

行政体系包括总统、副总统、内阁、执行部门、独立机构、董事会和委员会，总统和副总统都由选举产生，宪法赋予总统授权任命内阁的权力。总统领导整个国家，是菲律宾的国家元首、国家政府领导人和菲律宾所有武装力量的总司令，任期六年，不得连任。

司法部门有权裁决涉及合法要求和可执行权利的争议，确定政府是否严重滥用了自由裁量权，导致管辖缺失或过度。它由最高法院和各级法院组成。

四、菲律宾的经济发展

（一）农业

农业是菲律宾经济的一个主要组成部分，主要农产品有甘蔗、大米、椰子、香蕉、玉米和菠萝，其他农产品还包括芒果、柑橘、木瓜和其他热带水果，咖啡和烟草，以及各种纤维。

（二）矿业

菲律宾虽然有丰富的矿产资源，但采矿产值只占国内总产值的一小部分。直到 20 世纪末，水力发电只提供了该国电力输出的一小部分，而火电厂（大部分燃烧进口石油）提供了主要部分。由于建造地热和传统燃煤热电厂，以及巴拉望近海石油的开采，减少了菲律宾对外国石油的依赖。

（三）制造业

菲律宾的制造业在 20 世纪大幅增长，该行业一直相对稳定，为该国贡献了大约四分之一的国内生产总值（GDP）。菲律宾制造业主要包括电子元件、服装和纺织产品、加工食品和饮料、化学品和石油产品。

（四）服务业

服务业是菲律宾经济的主要组成部分，占国内生产总值的五分之二以上。贸易和接待服务共同构成该行业的主业。

（五）交通与通信

许多在建的道路连接着菲律宾群岛岛屿上的城镇，铺设的高速公路则能延伸到最北部的拉瓦格、遥远的南部、西部海岸，以及吕宋岛人口更稠密的南部和西部省份。马尼拉是菲律宾最大的港口，国内外船运贸易频繁。马尼拉的国际机场是国内外航线的焦点。

国有菲律宾长途电话公司(Philippine Long Distance Telephone Company)是菲律宾国内、国际通话业务最主要的公司。20世纪90年代中期，许多私营通信公司开始营运，进入21世纪以来，移动电话用户的数量激增。

（六）贸易

菲律宾政府通过国家经济和发展局(National Economic and Development Authority）与其他机构规划国家经济发展。1979年，菲律宾加入了《关税及贸易总协定》。1995年，菲律宾成为世界贸易组织(WTO）的成员。菲律宾的主要出口产品包括电子设备、服装和配件、椰子和椰子产品以及矿物(铜、金和铁矿石等）；主要进口产品有机械和运输设备、燃料、化学品和化学产品以及粮食等。

五、菲律宾教育的宗教基础

宗教是菲律宾历史文化中的一个独特因素。菲律宾是一个有多种宗教的国家，主要有基督教、伊斯兰教、佛教和本土的原始宗教等。菲律宾独特的宗教文化在其教育发展中发挥着特殊的作用，尤其是受基督教的影响，使其教育处处彰显着基督教文化。但在基督教传入之前，菲律宾人民也有自己的原始信仰。

（一）菲律宾的早期信仰

早期菲律宾人的信仰中最高的神是巴萨拉（Bathala），即创造了上天、大地和人类的神，还有其他的神灵，如农业之神、丰收之神、死亡之神、战争之神、雷神、美神、力量之神、海神、地震之神等。[①]

① ZAIDE S M. The Philippines：a unique nation［M］. 2nd ed. Quezon：All -Nations Publishing Co.，Inc.，2006：69.

（二）伊斯兰教在菲律宾

伊斯兰神话在13世纪通过东南亚的贸易路线传到菲律宾。1380年，一名穆斯林传教士把伊斯兰教从马六甲传入了苏禄群岛。[①]

大约1450年，阿拉伯伊斯兰教和法律的权威人物阿布·伯克尔（Abu Bakr）到达苏禄，并创建了苏禄国，成为苏禄国的第一位苏丹。

之后，伊斯兰教又传入棉兰老岛。从苏禄岛和棉兰老岛开始，伊斯兰教的传播穿越了米沙鄢群岛到达马尼拉海岸。在西班牙人到达菲律宾时，马尼拉和汤都已成为穆斯林的王国。在菲律宾其他地方，也像棉兰老岛和苏禄一样有很多穆斯林。

阿拉伯文化给棉兰老岛和苏禄的菲律宾穆斯林居民的生活和文化留下了持久的印记。伴随而来的有苏丹制政府；阿拉伯文字；基于古兰经律法的法学体系；阿拉伯日历和伊斯兰教节日；阿拉伯艺术，包括清真寺球形尖塔的阿拉伯建筑风格和装饰艺术；使用火器、大炮、堡垒和战船的一套作战方法；一些伊斯兰教习俗和生活方式。

（三）基督教在菲律宾

西班牙统治菲律宾3个世纪的时间里，在菲律宾引入了西班牙的宗教、语言、习俗、艺术和科学。基督教特别是天主教是西班牙统治者留给菲律宾人的重要遗产。

就像西班牙给菲律宾带去了天主教，美国也把新教引入了菲律宾。

1986年，具有基督教信仰背景的科拉松·阿基诺当选菲律宾总统。她曾在美国接受教育，在纽约慈善修女会开办的圣文森特山学院获得法语和数学学士学位。

阿基诺夫人卸任后，菲律宾迎来了第一位新教背景的总统——1992年选举产生的新总统拉莫斯。

两任有基督教背景的总统促进了基督教在菲律宾的传播。

---

① ZAIDE S M. The Philippines：a unique nation［M］. 2nd ed. Quezon：All -Nations Publishing Co.，Inc.，2006：148.

第三节　菲律宾教育的文化基础

菲律宾在文化上融合了亚洲、欧洲、拉丁美洲和北美洲四种文化，文化的多样性及与其他国家在历史、文化和科学领域的长期密切联系成为菲律宾历史文化的特征与优势。也正因为如此，菲律宾人很容易接受和适应外来文化，他们对外来者的开放态度使其能很容易地理解其他国家，也容易被其他国家所理解。

一、多元文化背景下的菲律宾

（一）熔炉中的菲律宾及其社会发展

1. 菲律宾的多元文化背景。

菲律宾是名副其实的多种族和多元文化的大熔炉。从宏观上来说，菲律宾就处于多种族聚居，同时又向东西方文化开放的地理位置。① 地理上，菲律宾在亚洲；从种族和文化来看，菲律宾是东西方文化的混合体，其文化渊源中的亚洲遗产深受古代印度、古代中国和古代日本等文明的影响，其西方遗产主要来自西班牙和美国。

2. 多元文化背景下的菲律宾社会发展及习俗文化。

基于特殊的历史，菲律宾在文学、建筑、音乐等方面都凸显出传统和受殖民影响的文化特征。

（1）文学。

菲律宾文学是一个丰富的多元文化作品群，起源于古菲律宾人的传统民间故事和传说。历经几个世纪的演变，菲律宾文学主题集中在该国前拉美裔文化传统及其殖民地和当代传统的社会政治历史上，展示了菲律宾的史前文化和欧洲殖民文化遗产。

（2）建筑。

在受其他国家殖民统治之前，南岛建筑是菲律宾群岛上常见的住房样式。西班牙对菲律宾实施殖民统治之后，西班牙建筑在菲律宾留下了印记，

① ZAIDE S M. The Philippines：a unique nation［M］. 2nd ed. Quezon：All-Nations Publishing Co.，Inc.，2006：18.

许多城镇都围绕中心广场设计。基督教的引入带来了欧洲的教堂和建筑，这些教堂和建筑随后成为菲律宾大多数城镇的中心。菲律宾有四座巴洛克式教堂被联合国教科文组织批准列入世界遗产名录。在美国殖民统治时期，马尼拉部分地区采用丹尼尔·伯纳姆（Daniel Burnham）的建筑设计和总体规划方案进行城市规划，比如建造类似希腊或新古典主义建筑的政府建筑。

（3）音乐。

菲律宾的早期音乐融合了本土音乐、伊斯兰音乐和各种亚洲音乐。菲律宾人擅长演奏各种乐器，包括长笛、吉他、四弦琴、小提琴、小号和鼓。他们载歌载舞庆祝节日。到了21世纪，菲律宾的许多民歌和舞蹈都得到了很好的继承和发扬。

现代菲律宾音乐有几种风格，大多数音乐类型都是当代音乐，如摇滚乐、嘻哈音乐和其他音乐风格；有些是传统音乐，如菲律宾民间音乐。

（4）体育及休闲。

Arnis是武术的一种形式，是菲律宾的国家传统运动。深受菲律宾人欢迎的运动有篮球、拳击、足球、台球、国际象棋、保龄球、排球、赛马、斗鸡和斗牛等。羽毛球和网球也很受菲律宾人欢迎。

（5）节假日。

菲律宾的节日传统起源于西班牙殖民统治时期。在菲律宾，节日大多有宗教背景，或是文化背景，或两者兼而有之。举办节日活动或嘉年华活动一般是为了纪念一座城镇的守护神或纪念历史和文化。嘉年华活动的内容主要有弥撒、游行、戏剧表演、宗教或文化仪式、交易会、展览、音乐会、选美以及各种游戏和竞赛。

菲律宾的假日很多。除了常规假日，如元旦（New Year's Day）、圣周（Holy Week，包括耶稣受难节）、英勇日（Day of Valour）、劳动节（Labour Day）、独立日（Independence Day）、民族英雄节（National Heroes' Day）、博尼法西奥纪念日（Bonifacio Day）、平安夜、圣诞节、黎萨纪念日（Rizal Day）等，菲律宾还庆祝一些特殊节日，如中国农历新年、人民力量革命纪念日、尼诺伊·阿基诺日、万圣节、新年前夜（New Year's Eve）等。

（二）菲律宾的多元语言文化

菲律宾的群岛地理、地形和东南亚海洋内的地理位置决定了该国各个民族语言群体的文化历史。菲律宾有 70 多种语言，国语是以他加禄语为基础的菲律宾语。

3 个世纪的西班牙殖民统治和近 50 年的美国殖民统治，使得菲律宾成为一个使用英语和西班牙语，并有这两种文字书写的文学作品的国家。英语为菲律宾官方语言，被广泛地用于口头和书面。①

二、菲律宾教育的哲学基础

哲学几乎影响了菲律宾教育的方方面面。无论是 1987 年宪法还是 2015 年推行的全民教育都明确体现了菲律宾教育人本主义和平等主义的哲学基础和原则。在具体实践中又渗透着外来哲学思想的影响。

（一）菲律宾教育的哲学基础和原则

1987 年宪法中相关表述彰显着菲律宾教育的人本主义和平等主义的思想和原则。人本主义认为，人既是教育的途径，也是教育的目的；既是教育的主体，也是教育的客体。平等主义确保无论是贫富，还是政治理念、宗教信仰、性别及文化等的差异都不能成为享受教育这一基本需求的阻碍。

（二）外来哲学思想对菲律宾的影响

基于历史原因，菲律宾学校的教学过程，包括教学目标、教学内容、教学方法以及教师和学生在不同的学习过程中的角色等都受到外来哲学的影响。在学前教育阶段，菲律宾现行的教育制度包括发展的、进步的、合作的教育体系，以及蒙台梭利、瑞吉欧、华德福等教育形式。②在更高层次的教育体系中，影响更广泛的是以下五种教育哲学理论。③

1. 永恒主义。

永恒主义理论与宗教、伦理学、哲学、个人发展、健康和卫生、运动和体育等学科相关，注重发展推理和批判性思维；通过结构化的课程和练

---

① ZAIDE S M. The Philippines：a unique nation. [M] 2nd ed. Quezon：All -Nations Publishing Co.，Inc.，2006：20.

② CABRERA J. Foreign philosophic influences on Philippine education systems[EB/OL].[2020-11-13] https：//www.academia.edu/27765452/Foreign_Philosopic_Influences_On_Philippine_Education_System.

③ 同①.

习来训练身心，通过理性思维和行为纪律养成价值观。课堂上教师是权威，学生是追随者。

学生应该学习经得起时间考验的事实、真理和价值的原理，这是当今菲律宾教育体系中的准则。在菲律宾大学、德拉萨大学这样的顶级传统大学中开设了永恒主义课程，在中学和小学阶段，尤其是在试点学校和国际学校也开设了这类课程。

2. 现实主义。

现实主义哲学理论与物理世界的学科如数学、科学等相关，注重学习自然规律。学生通过示范教学，掌握知识和技能，通过行为准则的训练学习价值观。

3. 理想主义。

理想主义哲学思想与文学、哲学和宗教学科相关，注重发展理想自我，通过讲座和讨论来传递思想。学生通过模仿英雄和其他榜样学习价值观。理想主义认为信仰、权力主义和直觉是知识的工具。

4. 实验主义。

实验主义哲学思想与社会学及公共服务学科相关，前者如社会学科、公民身份、政府、历史、组织心理学等，后者如管理学、刑法学、教育学、商科、工程学、法学、公共关系学等；学生通过根据结果做出集体决策的方式来学习价值观；没有机械的内容记忆，强调通过练习和从错误中学习及积累完成项目、解决问题和社交技能的经验。

5. 存在主义。

存在主义哲学思想与艺术、伦理学、哲学学科相关，注重发展自由、自主、个人选择和责任。学生通过提问来了解自己和自己的处境以及个人反应，通过唤醒自己的责任和义务来学习价值观，不会盲目遵循公共规范或流行趋势。

以上五种教育理念虽各不相同，但在菲律宾的学校教育中，它们正以互相结合或不同哲学要素的选择及再组合的方式影响着菲律宾的教育体系，这在菲律宾被称为教育哲学理论的折衷，即传统和现代哲学要素的结合。①

此外，菲律宾的 K-12 基础教育深受约翰·杜威的实用主义和认知建构主义哲学观点影响，强调学生的意见及学生的参与在教育过程中的重要性，主张"孩子的天性是教育过程的中心"、"自我活动理论是学习的中心或基础"及"活动计划是课程的核心"等理念。②

三、基督教文化的影响和渗透

基督教因素是菲律宾文化的一个重要特征。85% 以上的菲律宾人信仰基督教。基督教文化渗透在菲律宾社会生活的各个方面，包括教育领域。作为教育发展的重要基础，基督教文化深深地影响着菲律宾的教育传统和学校课程。

① CABRERA J. Foreign philosophic influences on Philippine education systems[EB/OL].[2020-11-13] https：//www.academia.edu/27765452/Foreign_Philosopic_Influences_On_Philippine_Education_System.

② Dewey' s influence on Philippine education system ［EB/OL］.(2017-07-06)［2021-09-22］.https：//mitchelafrica.com/2017/07/06/deweys-influence-to-philippine-educational-systems/.

第二章 菲律宾教育的历史发展

菲律宾教育遵循着与世界其他文明国家同样的发展模式。最初，古老的学习发生在家庭内部。同时，教育也随着社会文化环境的变化而发生变化，这种变化既有内部力量的影响，也有外部因素（比如殖民统治者的出现）的推动。

菲律宾教育发展大致分为以下几个历史时期：前西班牙时期；西班牙统治时期；菲律宾革命时期；美国占领时期；菲律宾联邦政府时期；日本占领时期；菲律宾共和国时期。本章将菲律宾教育的历史发展分为以下三节介绍：前西班牙时期及殖民地、革命和联邦时期的教育，菲律宾独立后的教育，“人民力量革命”以后的教育。

第一节　前西班牙时期及殖民地、革命和联邦时期的教育

殖民地时期、革命时期和联邦时期，在菲律宾文化和外来文化融合的基础上，出现了教育的混合形式。[①]政治取向和统治政策的更替带来了菲律宾教育哲学的演变，也势必造成课程内容及教学策略等领域的显著差异。因此，与前西班牙时期相比，殖民地、革命和联邦时期的菲律宾教育经历了巨大的变化。

一、前西班牙时期的教育

前西班牙时期的菲律宾教育是非正式的，以马来语为母语的儿童基本上是先在家学习，之后进入所在社区进行沉浸式学习。[②]随着逐渐接受、适应家庭和社区的生活方式，个体最终成长为合格的部落成员。

这个时期教育的形式是口耳相传，内容为实用的手工操作技能，年轻的部落成员从年长者、故事讲述者、年代记录者那里，聆听和学习社会组织的传统、价值观、信仰、习俗和行为模式，也通过亲历和参与仪式及其他代表社区生活方式的部落活动获得学习机会。通过聆听、模仿年长者和其他榜样，个体融入社会生活，最终成长为有劳动能力的社会成员。

有相关证据表明，这一时期的菲律宾人能读会写，这个群岛的社会文化环境已经相当成熟。

---

① DE BELEN A R T. Education laws，jurisprudence & governance［M］.Quezon：Jobal Publishing House，2019：7.

② BAGO A L. Curriculum development：the Philippine experience［M］. 2nd ed. Quezon：C & E Publishing Inc.，2008：62.

二、西班牙殖民统治时期的教育

这一时期西班牙的殖民统治极大地改变了菲律宾的传统教育体系。

（一）西班牙殖民统治初期的教育体系

这一时期的教育体系以天主教精英教育为基础，目标指向天主教信仰的传播，由主要服务于统治阶级的神职人员所管理，部族内的教师被基督教教职人员所取代。

修道士们创建了与教会相关的教区学校，给当地菲律宾人教授基督教教义，并在市政府负责的每个镇建立了男女混合小学以及由耶稣会负责的男性教师师范学校。早期的教师是传教的修道士，他们教当地民众读书写字，也教一些教会音乐以辅助宗教教育，同时也教授简单的算术。教学是用方言来进行的，传教士们学习各种方言，并使用这些方言教授当地人如何背诵祷告，学习基督教教义。出于需要，修道士们用方言教学，却训练菲律宾人用古老的西班牙字母阅读和书写。根据当时欧洲盛行的政策和实践，教育由修道士管理、监督和控制，政府完全将教育委托给教会。①

（二）西班牙殖民统治初期教育体系存在的问题

1. 教学体系方法不统一。

在这段时期内，教育并不是统一的。在 19 世纪，不同学校之间缺乏统一的教学体系方法，学校的教学活动各式各样，没有形成一个完整的系统。有些学校因地理位置偏远，有关教育法令中所规定的目标、内容和教学组织等极少得到实施。

2. 师资缺乏。

由传教士来负责教育教学，其主要问题便是缺乏训练有素的教师。在这一时期，只有大约 150 名传教士教师，却需要教授超过 50 万名居民，这几乎是不可能的。②为了解决这一问题，他们采用学生助理和导生制，课堂上优秀的学生成为导生，协助修道士教师教学。

---

① BAGO A L. Curriculum development：the Philippine experience［M］. 2nd ed. Quezon：C & E Publishing Inc.，2008：64.

② 同①65.

3. 上升渠道封闭。

当时的学校体系既不是层级制的也非结构化的，因此没有级别。[①] 高级学习者在达到某些能力水平时不能进入更高阶段的学习。当菲律宾儿童对特定领域的学习表现出兴趣和能力时，修道士们却只能使用其他教学材料（如书籍和小册子）来教授同样的学科，比如写作、阅读、算术、音乐以及各种艺术、贸易。[②]

4. 其他问题。

教区学校还受到其他长期存在的问题的困扰，比如缺乏资金和教学材料，更普遍的情况是缺乏校舍、教室。

（三）西班牙殖民统治后期的教育改革

这一时期西班牙在菲律宾建立了更高层次的学校，后来又建立了专门的男校（colegios）和女校（beaterios），这些机构相当于中等教育。根据 1863 年的教育法令，中学课程包括语言（拉丁语、西班牙语语法和文学、初级希腊语、法语和英语）、历史（通识历史、西班牙史）、数学（算术、代数、三角、几何）、哲学（修辞、逻辑、伦理）和心理学。升入中学的标准是基于能力，而不是根据学习年限，完成中学课程的学生有资格申请高等学校文科学士学位的学习。[③]

（四）西班牙殖民统治时期的教育目标

总的来说，这一时期的教育目标可以概括为以下几点：发展基督教信仰和伦理知识；使民众具备读、写、计算的能力，掌握基本工具使用方法和基本知识；鼓励效忠西班牙殖民统治的行为；使民众获得农业和贸易方面的职业技能；培养参加宗教活动和休闲活动所需要的唱曲、识曲的能力。[④]

---

① BAGO A L. Curriculum development：the Philippine experience［M］. 2nd ed. Quezon：C & E Publishing Inc.，2008：65.

② 同 ①65.

③ 同 ①66.

④ DE BELEN A R T. Education laws，jurisprudence & governance［M］.Quezon：Jobal Publishing House，2019：9.

三、菲律宾革命时期的教育

19 世纪末的革命时期在菲律宾教育发展史上是一个重要的历史时期。

（一）革命时期的教育改革

1899 年，菲律宾第一共和国成立。《马洛洛斯宪法》规定政教分离，实行免费义务初等教育制度。革命政府在成立后就立即着手促进菲律宾人民教育的发展，设立了一个公共教学主任的职位，负责教育事务。

当时，菲律宾先进知识分子积极推动教育改革。黎萨是菲律宾的民族英雄，曾领导菲律宾的宣传运动。作为一个受过良好教育、旅行阅历丰富的菲律宾人，他积极推动国家教育改革。为了改善现行的课程体系，黎萨考虑将以下课程作为中等学校的必修课程：科学（化学、物理、卫生学）、数学、历史（世界史、自然史、菲律宾史）、哲学（伦理学、逻辑学、修辞学）、法律（自然法、民法）、语言（西班牙语、法语、德语、汉语、他加禄语）、体育（体操、马术、击剑、游泳、舞蹈）、宗教、音乐、地理和政治经济。①

宣传运动领导人所寻求的改革有如下内容：（1）教育的世俗化；（2）西班牙语教学；（3）给予更多的对自然科学的重视，满足青年男女的需要；（4）相关课程的设计；（5）高等学习中心的推进；（6）建立与进步国家类似的教育体系。

（二）革命时期的教育哲学理念

这一时期的教育排除了各级宗教教学，侧重发展菲律宾公民意识和民族主义思想。革命时期的教育哲学基本上是以自由和“爱神爱国”为中心的。

（三）革命时期教育的评价

菲律宾第一共和国仅持续两年就结束了，其教育理念未能真正“开花结果”，但当时的菲律宾教育仍取得了一些进步，如：最终建立了基本的教育体系，一所师范学校开始运作，高等学习中心蓬勃发展。更重要的是，整个教育体系开始合理化②。

---

① BAGO A L. Curriculum development：the Philippine experience［M］. 2nd ed. Quezon：C & E Publishing Inc.，2008：67.

② 同①69.

四、美国殖民统治时期的教育

美国殖民统治时期的教育特点是建立高度集中的公立学校制度。1901年，菲律宾颁布了第74号法令，被认为是菲律宾在美国殖民政权下的第一部教育法，也被称为菲律宾的第一部“组织学校法”。它使公立小学制度重新兴起，并以19世纪的美国教育体系为基础，建立起菲律宾的公立学校制度。

（一）美国殖民统治时期的教育举措

初期，让士兵们充当教师。士兵们修缮损坏的校舍，建造新校舍，在这片群岛上开班授课。其后，来自美国本土的训练有素的教师替代了最初的士兵们。《1901年教育法案》明确规定了教育实行教会和政府分离的政策，该法案也明确了教学中使用英语和美国出版的教学材料的教育措施。此后，菲律宾以美国的教育体系为蓝本，建立起公共学校体系。后来，由于入学人数的迅速增长，需要更多的教师，政府鼓励这一教育体系中的菲律宾人参与到教师行列中。接受过三到四年学校教育，掌握了英语的成年菲律宾人可以被聘为教师。同时，政府还制订了一项针对菲律宾籍教师的奖学金计划，把优秀的菲律宾教师送往美国接受教师培训。

（二）美国殖民统治时期的学校课程体系

1. 初等教育。

美国殖民统治时期，教育发展的第一个五年致力于加强初等教育体系。限于当时的条件，初等教育只能是弹性的，没有规定严格的修读年限。此外，学校教育不分级，课程计划是实验性的、暂定的。这个时期的主要目标是尽可能吸引更多的菲律宾人入学，并维持他们对接受教育的兴趣。实验性的、暂定的课程体系包括写作、算术、语法、地理、音乐、绘画、体育、手工训练、自然研究、历史和生理学等。

在1904年之前，课程的编制完全由不同省份的主管全权负责，从1904年开始，马尼拉的总务处规定并实施了全国范围内统一的三年制小学标准课程设计。课程设计包括语言（阅读、写作、拼写、语用和语音学）、算术、地理、公民训练和身体训练（唱歌、绘画、手工、组织开幕仪式和体操）。1909年，马尼拉总务处将初等教育时限延长至4年。课程也增加了良好举止和正确行为、公民、卫生学和环境卫生、家乡地理和菲律宾地理以及工业性作业等学科，其中工业性作业课程包括手工和机器编织、园艺、木工、泥塑模型、织边、编篮筐、家禽饲养、陶艺、家政科学和刺绣。①

2. 中等教育。

（1）中等教育体系。

完成了初等教育的学生必须经过三年的过渡教育才能进入中等教育阶段学习。过渡教育的课程体系宽泛，包括额外附加课程和通识课程。额外附加课程领域为教学、农业、贸易、家政和持家艺术、商务。通识课程包括英语语法和作文、阅读、拼写及科学课程。科学课程后来拓展为生理学、卫生学和环境卫生以及地理强化教学。

教学和工业性培训课程的设计，目的是为超龄学生提供机会，使他们获得从事教学和参与本国其他发展活动的必备技能。直到1919年，教学课程最终被排除在过渡课程之外。在这段时期，学生可以参加相当于高中水平的高级课程，掌握水平达到一定程度的学生可以参加这一级别的教学课程。

（2）中等教育目标。

1902年制定的中等教育目标为：①使学生适应一般高级技能的工作；②为以后在马尼拉的大学学习做准备；③培养菲律宾教师，助其成功地开展教育工作；④为文员职位提供教育，使学生适应贸易和农业工作。②

（3）师范教育课程。

培养菲律宾教师，助其成功地开展教育工作，是当时中等教育的一个明确目标和重要职能，为此，政府创立了中等师范学校，为未来教师提供职前培训课程。为了实现提高菲律宾教师教学能力的目的，菲律宾在全国几个省建立了师范学校。师范教育课程包括职业培训课程和通识课程。职业培训课程涵盖学校体系的探讨、教学方法、心理学及教学实习。通识课程包括语言（英语语法与文学）、数学（几何、代数）、科学（植物学、动物学、化学

① BAGO A L. Curriculum development：the Philippine experience［M］. 2nd ed. Quezon：C & E Publishing Inc.，2008：71-72.

② 同①.

和物理学）、历史与政体（菲律宾历史和美国历史）等学科。

（4）课程标准。

除了师范学校教学，1902 年相关法案规定在学术、商业以及其他手工培训课程之外，增加农业教学。

1904 年，教育总管签发了一项常规的四年制中等教育课程标准指令，但这项修订的课程标准没有对工作经验的要求，其教学的重点转向学术。新课程标准的学术性课程包括英语文学（散文和诗歌）、语言（拉丁语、西班牙语、法语）、历史（菲律宾历史、古代史 / 中世纪史 / 殖民地史 / 现代史 / 美国史和政体）、数学（代数、平面几何、立体几何）、科学（植物学、动物学、自然地理、古生物学、气象学、人类学、物理学）。①修订后的课程标准增加了英语语法和写作、社会学科和体育，去掉了拉丁语和法语。②

1906 年，政府出台了一部四年制的中等职业课程体系，课程包括在农业和商业场所的培训。1918 年，课程体系中又加入了家政、持家艺术、农用机械和农业管理等科目，为学生提供了纯学术方向以外的选择。③

（三）美国殖民统治时期的教育进步

客观上，菲律宾教育在美国殖民统治时期取得了进步。教育面向所有人，不论其社会地位和财富如何。在这一时期，许多贫穷的孩子能够成为医生、律师、工程师等。男女同校教育得以实现。

教育的惊人发展体现在学校、教师和学生数量的空前增长。1935 年，菲律宾公立学校的数量达到了 7 330 所，小学生的总入学人数为 1 220 212 人，师资数量为 27 855 人；私立学校约为 400 所，小学生总入学人数约为 100 000 人。④

---

① BAGO A L. Curriculum development：the Philippine experience［M］. 2nd ed. Quezon：C & E Publishing Inc.，2008：73.

② 同①72.

③ 同①74.

④ ZAIDE S M. The Philippines：a unique nation［M］. 2nd ed. Quezon：All -Nations Publishing Co.，Inc.，2006：304.

五、菲律宾联邦政府时期的教育

菲律宾联邦政府时期始于 1935 年，并于同年颁布了宪法，确立了这一时期菲律宾公立教育体系的框架和哲学理念。

（一）宪法框架下的公立教育体系

宪法规定，所有的教育机构都处于国家的监管和调节之下。政府应建立和维持一个完整和适当的公共教育体系，并向成年公民提供免费的公共初级教育和公民培训。选修性质的宗教教学将继续在法律授权的公立学校中进行。国家设立的大学享有学术自由。国家为有特殊天赋的公民设立文、理奖学金并颁发证书。宪法明确指出教育的总目标是："所有学校都将致力于培养学生的品德、自律、公民意识和职业效率，并教给学生公民职责。"[①]毫无疑问，教育应关注每个公民的品德形成、性格养成以及技能训练，以使每个人都能参与民主、自由框架下的国家建设。[②]

（二）菲律宾联邦政府时期的课程体系

联邦时期和当下相同学科的课程目标实际上并没有改变。例如：品德教育旨在培养道德行为和性格品质以增进社会福利；自律教育关注学生通过有效地利用闲暇时间欣赏艺术、学习科学和文学获得个人成长；公民教育强调爱国，尊重、服从法律和政府，以增进国家福祉；提高职业效率的培训旨在培养勤俭节约的习惯，并使每个菲律宾人具备成为一个卓有成效的公民所需的技能和知识。

为了实现宪法里提到的宏观教育目标，时任教育部部长明确了三个基础教育等级，即初级教育、过渡阶段教育和中等教育[③]。初级教育的课程旨在使儿童具备基本、必要的技能、习惯、知识、态度和观念，以便更好地融入公民集体。此外，教育的目的是促进公民有效参与民主社会的进程。过渡阶段教育体现初级教育以上更高水平的教育整合功能，是初级教育的继续。同时，过渡阶段教育是为了培养学习者从事建设性的实际工作所需要的某些能力设置的。中等教育旨在继续进行更高水平的教育。中等教育

① BAGO A L. Curriculum development：the Philippine experience［M］. 2nd ed. Quezon：C & E Publishing Inc.，2008：74.

② 同①.

③ 同①75.

通过丰富多样的课程为学习者提供机会以发展他们的特殊能力。课程编制者预期，在中等教育阶段，学生们能在探索和发现自己的兴趣和倾向之后得到指导，从而去选择某些专业或职业课程。

（三）公立学校体系改革

《1940年教育法案》引领了菲律宾联邦政府时期一次重大的初等教育课程改革，其主要目标是满足人们日益增长的对公共初等教育的需求，同时遵守宪法对公共教育的指导。

在1935年宪法框架下，公立学校体系的改革遵循以下原则：（1）简化初级和中级教学课程或缩短课时，使之更实用、更经济，以便尽可能多的学童能够接触到这些课程；（2）为每一名学龄儿童提供足够的设施，使他们能开始和完成小学课程；（3）让每一个完成小学课程的孩子都获得足够的阅读和写作知识，算术、地理、菲律宾历史和政府的基础知识，以及接受性格教育和公民培训；（4）确保所有的小学儿童能够识字，发展其成为有用、正直和爱国的公民。

《1940年教育法案》提出了公立学校的改革措施：（1）调整学校假期以配合菲律宾的工作时间安排；（2）初等教育年限缩减为6年；（3）提高公立小学的入学年龄至最大9岁；（4）承诺（让公民）至少完成初级课程，以满足下一阶段入学要求的条件；（5）采用双–单学期计划；（6）实施一名教师负责一个班级的计划；（7）国家政府对初等教育给予支持。[①]

（四）联邦政府时期的教育评价

联邦政府时期在菲律宾教育法律和教育哲学发展史上是一个重要的里程碑时期，这一时期通过宪法、教育法案等引领教育改革，提倡教育平等。

六、日本占领时期的教育

这一时期，菲律宾小学的课堂教学包括传统科目教学，比如阅读、写作、语音、拼写、数学、音乐、品德教育、健康教育和体育。[②] 中等教育阶段更

---

① BAGO A L. Curriculum development：the Philippine experience［M］. 2nd ed. Quezon：C & E Publishing Inc.，2008：76.

② 同① 78.

重视日语学习，政府把日语教学看作引导和培养菲律宾人热爱日本文化的一种途径。中等教育课程还包括家政学和为男孩开设的职业课程，但是殖民政府撤掉了中等教育阶段课程中的社会学科，原因是这些学科中包括一般传统课程。

日本对菲律宾群岛的占领是短暂的，大约三年，并没有对菲律宾的教育体系做出显著的改变。

第二节　菲律宾独立后的教育

随着第二次世界大战的结束和菲律宾恢复独立，菲律宾第三共和国政府重新确立了以培养民主作为一种生活方式的信仰的菲律宾教育理念。

1947年，菲律宾教学部改名为教育部，成立了公办和私立学校局(Bureau of Public and Private Schools)，严格规范和监督公办和私立学校的运作，包括其课程和教学。这标志着菲律宾教育系统开启了一个新的方向。

一、新教育体系的目标

1946 年 7 月 4 日菲律宾第三共和国成立之后，教育体系并没有立即改变。直到 1955 年，国家教育委员会（共和国第 1124 号法案成立）批准了一套新的目标，反映了国家要把年轻人塑造和培养成有用、正直公民的愿望。除此之外，新政府想要建立一个“一体化、民族主义和民主主义的教育体系”。新体系的目标包括以下内容：培养民主社会中开明、爱国、有用的和正直的公民；逐渐灌输勤奋和节俭的习惯，使每个人做好为国家的经济发展和自然资源的理性保护做贡献的准备；维护家庭团结，促进社区生活改善，使民族遗产中理想的一切永存，并为世界和平事业服务；促进科学、艺术和文学发展，促进生命的丰富和对人类尊严的认识；等等。①

① BAGO A L. Curriculum development：the Philippine experience［M］. 2nd ed. Quezon：C & E Publishing Inc.，2008：81.

二、独立后菲律宾教育的法律基础

（一）1953 年初等教育法案[①]

该法案规定，儿童必须在七岁生日后的下一学年入学，直到完成初等教育，特殊情况除外。法案还恢复了七年级。但该法案实施时，如果已经完成六年级学业，则不需要继续完成七年级学业也可以升入中学一年级。这一法案相关的教育法律和政策基本上是以 1935 年宪法为指导的，即坚持“所有学校都将致力于培养学生的品德、自律、公民意识和职业效率，并教给学生公民职责”的原则。

（二）1973 年宪法[②]

1973 年宪法界定并确立了军事统治后菲律宾教育的框架：（1）所有教育机构都应接受国家的监督和管理，国家建立和保持与国家发展目标相适应的完整、充分、统一的教育体系；（2）高等学校享有学术自由；（3）学习宪法应成为所有学校课程的一部分；（4）所有教育机构都应致力于培养学生的爱国意识，传授公民义务，提升他们的道德品质、个人纪律以及科学技术水平和职业效率。

（三）《1982 年教育法》

根据 1973 年宪法，《1982 年教育法》建立了一个综合教育体系，涵盖各级正规和非正规教育。根据该法，教育和文化部更名为教育、文化和体育部。该法还授权教育、文化和体育部通过学校、学院和大学的自愿认证，提高教育机构的标准，以实现优质教育，确保各级教育的质量。它把教育监督和管理视为政府的主权职能，以便为公众谋福利。[③]

---

① DE BELEN A R T. Education laws，jurisprudence & governance［M］.Quezon：Jobal Publishing House，2019：20.

② 同①21-24.

③ 同①25-26.

三、独立后对教育体系的修订

（一）初等教育体系修订

1. 1953 年初等教育体系修订[①]。

（1）修订措施。1953 年，菲律宾立法机构通过了《1953 年初等教育法案》，恢复了七年级，这个级别曾经在《1940 年教育法案》中被删除。新法案同样恢复了五、六年级全天授课，两个班级由三位教师负责（或三个班级由五位教师负责）的计划。然而，新法案通过以后的五十多年里，初等教育包含七年级的做法因预算限制并没有真正完全得以实施。

（2）修订后的初等教育课程。修订后的初等教育课程包括综合活动（以社会研究和公民身份为核心）、语言和拼写、阅读和语音、品格教育、音乐和写作、数学、菲律宾语、工作教育（工艺美术和家政学）和体育（包括卫生保健和童子军活动）。这些课程科目体现了以下目标：①为儿童提供足够的教育，以使他们做好成为民主社会公民的准备；②教授给儿童基础知识；③发展基本技能，并树立促进民族团结和培养开明、爱国、有用和正直的公民所必需的理念；④向儿童传递菲律宾人民的文化、理想、传统和美德；⑤使儿童为充分参与社区生活和更好地认识一个日益扩大的社会做好准备。

2. 1957 年初等教育体系修订[②]。

1957 年第 1 号教育部政令规定，小学班额从 60 人降到最多 40 人，鼓励在农村地区采用复式班模式并强调社区参与。新政令要求初等教育为所有 7 ～ 13 岁儿童提供强制性义务教育，并规定使用民族语言作为全国不同地区一、二年级的教学用语。1957 年修订的初等教育课程将品格教育与地理、历史、公民、社会问题、良好举止和正确行为以及菲律宾习俗和传统一起列为社会科学的一个组成部分。

3. 1970 年初等教育体系修订[③]。

国家教育委员会于 1970 年 2 月 17 日通过了修订后的初等教育计划，

---

① BAGO A L. Curriculum development：the Philippine experience［M］. 2nd ed. Quezon：C & E Publishing Inc.，2008：81.

② 同 ①82.

③ 同 ①82 -83.

并于1970—1971学年生效。修订后的课程包括以下科目：品格教育、语言艺术（方言、菲律宾语、英语）、社会学科、初级数学、卫生和科学、音乐和艺术、工作教育及体育和健康教育。方言成为一、二年级的教学媒介，而菲律宾语和英语成为学习科目。其他的变化包括以下内容：从三年级开始，英语被引入作为教学用语，菲律宾语成为学习科目；卫生和科学变成一门综合学科；从四年级开始，音乐和艺术成为一门综合学科，体育和健康教育也综合成一门学科；工作教育从三年级开始成为一门独立学科。1970年修订的初等教育课程仍把品格教育作为一门独立的学科。

4. 1982年初等教育课程改革。

作为一项重要的初等教育课程改革方案，"分权教育发展计划"是为期四年的发展计划（1982—1986年）。该方案是为了缩小菲律宾不同地区之间和各地区内部不同区域在提供服务和资源分配方面的差距，主要目的是确保总体教育质量，提高初等教育的效率。

（二）中等教育体系修订

1. 中学的增设及原因。

1946年以后，菲律宾政府在省会城市和省会城市外的自治市里建立了很多中学，为适龄青年提供接受中等教育的机会。在这之后的10年里，中学的数量大量增加，到1955年，增加的中学数量大约是1941年的4倍。[①]据分析，普通中学入学人数增长的原因如下：

（1）三年日本占领期许多本该完成中学学业的学生迫切希望继续自己的学业，却发现在省会城市找不到合适的住宿处。

（2）高昂的住宿成本，包括食宿费用和在校学生的其他基本开销，使得在学生居多的地方开设这些中学势在必行。

（3）交通费用昂贵且不方便，因此，更多孩子到本地区或附近的学校上学。[②]

2. 二战后的普通中学课程体系[③]。

二战后的普通中学课程体系是1932年实验课程体系的延续，包括学术

---

① BAGO A L. Curriculum development：the Philippine experience［M］. 2nd ed. Quezon：C & E Publishing Inc.，2008：83.

② 同①83-84.

③ 同①84.

性课程和职业性课程两类。该体系涵盖升学所必需的核心课程，其中包括一些传统科目，如阅读、文学、科学、语法和写作、历史、数学、社会科学、经济学、品格教育、体育和卫生保健、工艺美术/家政学。第一、第二学年开设的职业性课程本质上是探究性的，这对于确定学生的兴趣和倾向是必要的，因为学生的倾向是高年级选择专门职业课程的依据。体系还包括其他的课程如高等数学、物理学、几何学、西班牙语、化学、打字和速记、制陶以及一些给予学分但不作为升学必需的职业科目。

3. 1954 年普通中学课程方案的修订。

（1）课程方案的修订措施。

1954 年修订的普通中学课程方案被称作普通中学课程体系的“2-2 计划”，即把中等教育分成两部分：第一部分由升入中学的所有一、二年级的学生修习的公共课程组成；第二部分针对更高年级的学生，包括大学预科和职业教育两个方向。公共课程本质上都是探究性的，以帮助学生决定接下来两年里自己应该选择哪种学习方向。为了帮助学校实现这一目标，该计划还制定了一个指导方案。

（2）公共课程体系[①]。

1954 年修订后的普通中学课程方案公共课程体系见表 2-1。

表 2-1　1954 年修订后的普通中学课程方案公共课程体系

课程方向	学年	课程
公共课程	第一学年	菲律宾语，英语，社会科学，数学，科学，体育，健康与菲律宾军事训练，家政学（女生）/ 职业教育（男生）
	第二学年	菲律宾语，英语，社会科学，数学，科学，体育，健康与菲律宾军事训练，家政学（女生）/ 职业教育（男生）
大学预科方向	第三学年	英语，菲律宾语，社会科学，数学，科学，体育，健康与菲律宾军事训练
	第四学年	英语，菲律宾语，社会科学，数学，科学，体育，健康与菲律宾军事训练

① BAGO A L. Curriculum development：the Philippine experience［M］. 2nd ed. Quezon：C & E Publishing Inc.，2008：85.

续表

课程方向	学年	课程
职业教育方向	第三学年	英语，菲律宾语，社会科学，数学，科学，体育，健康与菲律宾军事训练，工作经历
	第四学年	英语，菲律宾语，社会科学，数学，科学，体育，健康与菲律宾军事训练，工作经历

资料来源：BAGO A L. Curriculum development：the Philippine experience［M］.2nd ed. Quezon：C & E Publishing Inc.，2008：85.

职业教育方向的工作经历学时是一个比较棘手的部分，为了腾出这部分学时，职业教育方向的菲律宾语、科学、体育、健康与菲律宾军事训练科目的学时只相当于大学预科方向同样学科学时的一半。

（3）课程体系新变化。

这一时期教育的一个新变化是课程体系里加入了西班牙语，共和国第343号法案使得西班牙语教学成为所有菲律宾公立和私立中学的备选科目之一。法案的支持者们认为西班牙语是菲律宾民族遗产的一部分，但西班牙语教学作为选修课能否实施取决于学校是否拥有合格的教师。

4. 1973年的新课程体系[①]。

1973年修订的《中等教育修订方案》提出，新课程体系从第二学年开始设置选修课。为了支持新方案的实施，也同样制订了一套指导和咨询计划。修订的新课程具有如下变化：第一，一节课时长由40分钟变为一个小时。每一门科目要求至少一个小时的面授时间，而之前的要求是40分钟。各科目按照每节课一个小时，每周三次，或者每节课一个半小时，每周两次的节奏安排。第二，英语和菲律宾语科目更名为通用术语“传播艺术”。新课程重视传播艺术（英语和菲律宾语）和科学课程，并增加了这些课程的面授时间。第三，社会科学更名为社会研究。第四，健康和体育更名为青少年发展训练。第五，菲律宾军事训练更名为公民军事训练。第六，在童子

① BAGO A L. Curriculum development：the Philippine experience［M］. 2nd ed. Quezon：C & E Publishing Inc.，2008：85-86.

军活动、公民军事训练和体育的适当环节整合、渗透音乐素养培养。第七，所有校内外的活动中渗透品格教育。第八，从第二学年到第四学年提供选修课程（学术性的 / 职业性的）。

5. 中等教育发展计划。

“中等教育发展计划”是中等教育阶段一项重要的课程改革，这项计划跨越 10 年（1983—1993 年），经历了预备阶段（1983—1988 年）和实施阶段（1989—1993 年）两个阶段。该计划实施阶段是循序渐进的，起始于 1989—1990 学年，全面实施于 1992—1993 学年，也就是课程实施后的第四年。

第三节 “人民力量革命”以后的教育

1986 年，“人民力量革命”以后，科拉松·阿基诺当选总统，她上任后立即带领政府恢复国内民主秩序，菲律宾教育事业的发展进入了一个新时期。

一、阿基诺总统执政时期的教育改革

科拉松·阿基诺就任总统后，发布了第 117 号行政命令，重组了教育、文化和体育部，将体育发展局更名为体育教育和学校体育局，继续教育局更名为非正规教育局。第 117 号行政命令呈现的教育、文化和体育部的组织结构一直到 1994 年之前几乎没有改变。

1987 年 2 月 2 日通过了 1987 年宪法，取代了前总统马科斯政府批准的 1973 年宪法，制定了菲律宾教育的 10 个目标。

“人民力量革命”后的菲律宾教育政策维持了教育在保护人权、尊严的地位和取得人类进步方面的重要作用，认为教育不仅是道德转型的重要工具，而且是社会经济增长和可持续发展的重要工具。这正是 1987 年宪法框架下菲律宾教育主要关注和一直坚信的理念。

二、1987 年宪法的教育改革

1987 年宪法规定：所有教育机构的职责是宣扬爱国主义和民族主义精

神，培养热爱人类、尊重人权、欣赏民族英雄在国家历史发展中的作用的公民，传授公民权利和义务，强化道德和精神价值观，培养道德品质和个人纪律，鼓励批判性和创造性思维，拓宽科技知识视野，提高职业效率。[①]在追求上述目标的过程中，公立和私立教育机构的共同作用得到了重新确认。

1987年宪法把教育设想为实现社会正义、团结、自由和繁荣目标的工具，希望教育成为发展的工具，重申致力于国家发展的各项规定，相信教育能够赋予人们权利，激励人们改变他们的生活。

为此，1987年宪法还规定："国家优先发展教育、科学技术、艺术、文化和体育，培养爱国主义和民族主义精神，促进社会进步、人的全面解放和发展。"[②]

此外，1987年宪法还把教育看作一种维护社会公平和正义的工具，使之免费和获取无障碍。这表明1987年宪法将教育视为一种工具，以实现其创建一个拥有负责、高效、自立和爱国公民的社会的愿望。该宪法通过平衡社会经济力量、防止社会分裂，实现教育作为维护和平的工具的目的。

三、基础教育课程改革

除了延续中的"中等教育发展计划"，21世纪初，菲律宾基础教育领域还进行了重要的课程改革。

2002年，菲律宾教育部决定为全国所有公立学校的正规基础教育引进并实施一项经过调整或修订的课程，称为基础教育课程。[③]

（一）2002年基础教育课程的理念与宗旨

基础教育课程改革以终身学习为原则，赋予学习者积极建构学习体验的个人意义和获得生活技能的能力。通过这些赋能，学习者将被培养成爱国、关注人性、尊重自然和虔诚的人。教育部2002年相关文件指出，正如所设

① DE BELEN A R T. Education laws，jurisprudence & governance［M］.Quezon：Jobal Publishing House，2019：185.

② 同①.

③ BAGO A L. Curriculum development：the Philippine experience［M］.2nd ed. Quezon：C & E Publishing Inc.，2008：88.

想的那样，生活技能的发展将取决于功能性识字教育，功能性识字教育使学习者能够自律，调节自己的学习，并适应不断变化的时代的要求。[①]

功能性识字教育包括语言能力（口头和书面）、科学能力（分析、解决问题等）和数学能力（数学运算技能）等基本能力。对菲律宾基础教育而言，使儿童掌握这些不可或缺的能力被认为是功能性识字教育的明确指标。为了确保效果，调整后的课程中增加了这些科目的时间分配，以便为任务和活动提供更多的时间，帮助学习者对内容进行反思，使内容情境化。

2002 年基础教育课程设计指向当代基础教育可靠和有意义的知识的两个主要来源：专家知识系统和学习者的经验。课程结构旨在促进这两种资源的互动。在这一过程中，课程旨在通过对原则和价值观的反思性理解，以及学习者多元智能的发展，促进学生生活技能的获得。除了语言和逻辑数学智能，多元智能还包括空间、音乐、身体运动、人际、内部智能和自然智能。

2002 年的基础教育课程旨在通过缓解过度拥挤的课程安排，提高菲律宾学习者和毕业生的质量，并赋予他们终身学习的权利[②]。为了实现这一目标，菲律宾教育部将课程调整为五个学习模块，即菲律宾语、英语、科学、数学和爱国主义教育。这五个学习模块旨在满足学习者的个人和社会需求。语言（菲律宾语和英语）、科学和数学是基础工具科目，爱国主义教育强调社会意识、移情能力以及养成学习者对共同利益的承诺。

（二）2002 年基础教育课程的学习领域与内容[③]

1. 语言学习领域（菲律宾语和英语）。

2002 年基础教育课程强调语言学习。通过使用不同的交流情境和资源，在菲律宾语和英语的学习领域培养和发展青少年沟通交流技能（听、说、读、写）。为实现此目标，课程为青少年提供按学年设置的丰富其学习经验的韵文、诗歌、故事和对话作为学习资源。

2. 科学学习领域。

这一领域强调将科学概念和原理应用于改善环境和提升国民生活质量

---

① BAGO A L. Curriculum development：the Philippine experience ［M］.2nd ed. Quezon：C & E Publishing Inc.，2008：89.

② 同①.

③ 同①90.

的实践中。在小学阶段，科学课程包括基本的健康概念；在中学阶段，科学课程贯穿一至四年级，包括综合科学、生物学、化学和物理。

3. 数学学习领域。

本领域提供学生在实践研究和解决日常生活遇到的问题中使用数学学习的经验。在小学阶段，早期的课程重点是学习加、减、乘、除的基本运算，以及如何应用这些运算解决实际问题。代数入门课程在小学中高学段（四至六年级）开设。在中学阶段，本领域课程贯穿一至四年级，具体包括初等代数、几何、统计学、三角学和高等代数。

4. 爱国主义学习领域。

爱国主义教育强调培养社会意识、同理心和对人类福祉的坚定承诺。小学阶段，此领域课程包括为一、二、三年级开设的社会学、公民与文化，为三、五、六年级开设的地理、历史和公民，为四、五、六年级开设的国内经济、音乐、艺术和体育。良好修养与得体举止课程内容包含在所有课程中。中学阶段，此领域课程包括社会学、技术与国内经济、音乐、艺术、体育与健康、价值观教育。社会学课程第一学年开设菲律宾史及政府，第二学年开设亚洲史，第三学年开设世界史，第四学年开设经济学。

（三）2002 年基础教育课程的特点

重新修订后的基础教育课程一个突出的特点是在中小学阶段的所有学习领域中都融合了价值观教育。“爱国”成为爱国主义学习领域中各种价值观的统合原则。作为“生活实验室”，爱国主义学习领域旨在通过充分了解菲律宾历史，真正欣赏菲律宾文化、工艺、艺术、音乐和游戏等，培养学生健康的个人概念和民族自我概念。

作为一个学习领域，爱国主义教育要求整合学习任务，使学习者能够自主构建自己对学习经验的理解和意义。通过自我调节，学习者加工、同化、内化所学知识，并以此去实践一套广泛的价值观和生活技能。学校的责任是对爱国主义教育进行整体设计并在情境中实施。

（四）2002 年基础教育课程的实施

按照设计，修订后课程的实施要求采用创新的、跨学科的、互动的和综合的模式。修订后的课程旨在促进学生与教师、学生与学生、学生与教学材料、学生与多媒体资源之间更多的互动。所有这些互动都有赖于各学科教师之间的良性合作，而课程设计者希望教师间的良性合作能促成合作教学（或团队教学）。[①]

（五）“基础教育课程修订版”的颁布

2002 年基础教育课程在全国所有公立中小学试点实验后，进行了修订。2003 年 6 月 12 日，该课程作为“基础教育课程修订版”，被批准在所有公立学校实施。[②]

四、菲律宾三分制教育管理体系

1994 年以来，菲律宾教育管理体系分为三个部分，即教育、文化和体育部（后来的教育部）管理基础教育，技术教育和技能发展署管理技术职业教育和培训，高等教育委员会管理高等教育。

菲律宾国会于 1991 年 12 月 28 日发布了《发挥菲律宾教育的作用：一项改革纲领》报告，建议将教育、文化和体育部划分为三个机构，报告是根据公共治理不善等原因导致的菲律宾教育状况下降的调查结果提出的。为此，政府重新制定了将教育、文化和体育部分为三个机构的规定，并通过各项立法建立了教育的三分制（three-fold division 或 trifocal system）。首先，国会于 1994 年 5 月 18 日通过了《1994 年高等教育法》，成立了高等教育委员会，承担高等教育局的职能，并监督和管理高等教育学位项目。其次，国会于 1994 年 8 月 25 日通过了《1994 年技术教育和技能发展法案》，成立了技术教育和技能发展署。该署合并了技术职业教育局、国家人力和青年委员会。技术教育和技能发展署负责管理非学位课程、技术和职业课程，教育、文化和体育部则负责所有的中小学教育。最后，2001 年 8 月，国会通过了《基础教育管理法案》，将教育、文化和体育部更名为教育部，并完善了分支办事处（地区办事处、部门办事处、地区办事处和学校）的职能。该法案还解决了教育部与同级教育管理机构，即与高等教育委员会和技术教育和技能发展署之间的职能重叠和冲突，加强了对基础教育的管理和监督。

三分制的教育管理体系中，三个机构相对独立，各自行使相应的管理和监督职能。但同时，三个机构又相互协调、通力合作，共同维护和支持菲律宾教育的发展，实现教育的共同目标。

---

① BAGO A L. Curriculum development：the Philippine experience［M］. 2nd ed. Quezon：C & E Publishing Inc.，2008：91.

② 同①.

第三章 菲律宾教育的基本制度与政策

菲律宾的现行教育系统包括学前教育、基础教育、职业教育和高等教育。学前教育主要指 5 岁前的教育。基础教育为义务教育，包括 1 年的学前班教育（学前一年教育）、6 年的初等教育（小学教育）和 6 年的中等教育（中学教育，初中 4 年，高中 2 年），称为 K-12 学制。公立学校免收学费。为了便于教育教学，幼儿园采用“基于母语的多语言教育法”。初中开始，学生可以学习技术和生计教育课程，获得国家证书。高中分为四个方向，分别为学术方向、技术 – 职业 – 生计方向、运动方向、艺术和设计方向。职业教育分为基于学校的、基于培训中心的、基于社区的和基于企业的四类。菲律宾没有全国统一的高等教育入学考试，私立高校数量多，高校实行学分制，学位有副学士学位、学士学位、硕士学位、博士学位和专业学位。

菲律宾各级各类教育分别由不同部门管理。菲律宾主要通过立法的形式推进教育发展，教育政策体系较为完善，在学前教育、基础教育、职业教育、高等教育和教师教育领域，政府实施了一系列重要的法律，并且根据社会发展的需要及时修订旧法、颁布新法。

第一节　学校教育制度

菲律宾学校教育分为四部分，即学前教育、基础教育、职业教育、高等教育，管理机构分别为全国幼儿保育和发展协调委员会（National ECCD Coordinating Council）、教育部（the Department of Education，简称DepEd）、技术教育和技能发展署（Technical Education and Skills Development Authority，简称 TESDA）和高等教育委员会（the Commission on Higher Education，简称 CHED）。学前教育主要指 5 岁前的幼儿保育和发展，基础教育包括学前一年（学前班）的教育、初等教育和中等教育，部分中学生可学习技术和生计教育课程。基础教育结束后，学生可接受职业教育或高等教育。

一、学前教育学制

菲律宾非常重视学前教育，认为幼儿时期是人发展过程中的重要阶段，政府颁行了一系列法律保障幼儿的生存和发展权利，如《描笼涯级儿童全面发展和保护法案》《幼儿保育和发展法案》等，并以此为基础，逐渐形成了较为完善的学前教育学制。

根据法律规定，学前教育的目标是多方面的，如确保所有幼儿及其母亲都能获得保健和营养方案以提高婴儿和儿童的存活率，加强幼儿的身体、社会、情感、认知、心理、精神和语言等方面的发展。学前教育的对象为所有 0 ～ 5 岁的儿童，优先照顾贫困和处境不利的儿童。学前教育机构既有公立，也有私立，机构类型多样，如托儿所、保育室、日托中心等。幼儿课程内容因年龄段和机构而异，如日托中心的活动项目采用主题形式，提供多元化的活动，包括戏剧、表演及团体游戏、艺术与手工、音乐、讲故事及其他语言体验。

二、基础教育学制

菲律宾现行基础教育学制是在《2013 年基础教育促进法》的基础上形成的，基础教育为义务教育，包括学前一年的教育、初等教育和中等教育三个阶段，初等教育为 6 年，中等教育为 6 年（初中 4 年、高中 2 年），称为 K-12 学制。

（一）学前一年教育学制

菲律宾比较重视学前儿童的发展，2012 年实施《幼儿园教育法》，使学前教育的发展有了法律依据。该法提出，要为所有孩子接受强制性、义务性的幼儿园教育提供公平的机会，使他们做好接受正规初等学校教育的准备[①]。幼儿园为 5 岁以上的孩子提供为期一年的预备性教育，这一年的教育是升入小学一年级的必要条件[②]，公立幼儿园免收学费。《幼儿园教育法》没有对 5 岁以下孩子的学前教育做出具体规定，不足 5 岁的孩子仍在日托中心等机构接受服务。在 6 岁前的教育中，只有学前一年的教育属于基础教育。

为了让孩子做好接受初等教育的准备，菲律宾幼儿园的课程以促进孩子的体力、社会、智力、情感、技能的发展和价值观的形成为目标。因此，幼儿园的课程内容与教学方法灵活多样，主要有游戏、唱歌、跳舞、讲故事、阅读、手工、小组讨论等，教学中注重运用综合和互动的教学策略，以儿童为中心。菲律宾是多民族国家，民族语言多样化，为了便于教学，幼儿园采用“基于母语的多语言教育法”，以学生的母语作为主要的教学语言。但如果同班学生母语不同或教师不会使用学生的母语，则使用英语教学[③]。

（二）初等教育学制

在 K-12 学制改革前，6 年制的初等教育是菲律宾基础教育系统中唯一的义务教育部分，随着改革的推行，义务教育延长至十二年级。1 年的学前教育结束后，6 岁的孩子开始接受为期 6 年的初等教育，12 岁毕业。六年级的学生达到升学要求可直接升入初中，无须参加入学考试，但私立学校除外。公立学校的学生免收学费。

---

① Republic Act No.10157［EB/OL］.［2020-01-05］.https：//laws.chanrobles.com/republicacts/102_republicacts.php?id=9986.

② 同①.

③ 同①.

《2013 年基础教育促进法》提出，基础教育课程设置应遵循以下原则：以学生为中心，有包容性，适于学生发展，有文化敏感性，有全球视野，有灵活性，课程的教法具有建构性、探究性、反思性、合作性和综合性，螺旋式编排课程内容等。[①] 根据以上原则，初等教育阶段的课程主要有菲律宾语、英语、数学、科学、社会科学、菲律宾历史和文化、体育和艺术。[②] 在一至三年级的教学中，教学、教材和评价使用学生当地语言或民族语言。由于中等教育阶段的主要教学语言为英语和菲律宾语，教育部为四至六年级的学生设立母语过渡项目，帮助学生适应中等教育阶段的学习。[③]

为了评价教育效果，保障教育质量，教育部制定了适用于一至十年级的学业等级制度，对学生的学习情况进行分级，作为学生是否升级的重要依据。在计算成绩时，知识、过程或技能、理解、结果或表现的权重不同（见表 3-1），对成绩按百分比排名，根据百分比排名把学生划分为四个等级：A 级（90% ～ 100%），B 级（80% ～ 89%），C 级（75% ～ 79%），F 级（74% 及以下）。单科成绩和年终总成绩为 C 级及以上的学生直接升级，F 级的学生需要在补习班学习，评价等级提高后才可以升级。[④]

表 3-1 学业评价内容及权重

评价内容	百分比 /%
知识	15
过程或技能	25
理解	30
结果或表现	30
总计	100

资料来源：The New K to 12 Curriculum Grading System［EB/OL］.［2020-01-06］.https：//www. ciit.edu.ph/k-to-12-grading-system/.

① Enhanced basic education act of 2013［EB/OL］.［2020-02-03.］http：//republicact.com/docs/statute/4315/ra-10533-enhanced-basic-education-act-2013.

② WENR.Education in the Philippines［EB/OL］(2018-03-06)［2020-02-06］.https：//wenr.wes.org/2018/03/education-in-the-philippines.

③ 同①.

④ 同②.

（三）中等教育学制

在 2013 年基础教育改革之前，菲律宾的中等教育年限为 4 年，并且不是义务教育，加上 6 年的初等教育，菲律宾的基础教育年限为 10 年。学生毕业后获得毕业证书，可继续接受职业教育、高等教育或就业。基础教育改革延长了中等教育年限，由原来的 4 年延长为 6 年，并且分为两个阶段，包括初中 4 年和高中 2 年。在公立学校，6 年的中等教育为免费的义务教育。

1. 初中阶段。

初中阶段为七至十年级，学生的年龄为 12 ～ 16 岁。初中的核心课程和小学相同，教学语言为英语和菲律宾语。对技术职业教育和培训（Technical and Vocational Education and Training，简称 TVET）有兴趣的学生可以在七年级和八年级开始学习技术和生计教育（Technology and Livelihood Education，简称 TLE）课程，也可以选择在九年级和十年级学习更广泛的技术和生计教育课程。完成一定的技术和生计教育课程学时并通过技术教育和技能发展署（TESDA）评估的学生，可以获得 TESDA 能力证书或一级国家证书（National Certificate Ⅰ，简称 NC Ⅰ）。[①] 合格的初中毕业生直接升入高中，无需毕业考试和入学考试。

2. 高中阶段。

高中阶段为十一、十二年级，学生的年龄为 16 ～ 18 岁。高中期间的升级标准和评价方法与初中相同，但更重视表现（见表 3-2）。高中各校收费不同，教育部向准高中生提供可以就读于公立或私立高中的教育券，教育券的额度因学生初中毕业学校和所选高中所在地不同而有差异。由于公立高中学费低于私立高中，教育券能抵付大部分公立高中学费，而只能抵付小部分私立高中学费。[②]

---

① WENR.Education in the Philippines ［EB/OL］.(2018-03-06)［2020-02-06］.https：//wenr.wes.org/2018/03/education-in-the-philippines.

② Senior high school in the Philippines：an overview［EB/OL］.［2020-02-07］. https：//www.courses.com.ph/senior-high-school-in-the-philippines-an-overview/.

表 3-2 高中科目权重

单位：%

评价方法		核心科目	学术方向		技术－职业－生计方向/运动方向/艺术和设计方向	
			其他科目	沉浸式工作/研究/工商企业模拟/展示/表现	其他科目	沉浸式工作/研究/展示/表现
十一、十二年级	书面作业	25	25	35	20	
	表现性任务	50	45	40	60	
	期中评价	25	30	25	20	

资料来源：The new K to 12 curriculum grading system［EB/OL］.［2020-01-06］.https：//www. ciit.edu.ph/k-to-12-grading-system/.

学生在注册前选择某一方向，进入相应的学校。高中分为四个方向，分别为学术方向、技术－职业－生计方向、运动方向、艺术和设计方向。学术方向为学生上大学做准备，分为四个专业：会计、商业和管理，人文和社会科学，科学、技术、工程和数学，综合学术。① 技术－职业－生计方向为学生毕业后进入劳动力市场或继续接受技术职业教育和培训做准备，分为四个专业，即农业和渔业、家政、信息通信技术、工业艺术，通过 TESDA 评估的学生可获得一级或二级国家证书（NC Ⅰ，NC Ⅱ）。运动方向、艺术和设计方向的学生获得中等技术证书，毕业后进入运动领域或创意产业。② 高中共开设 31 门课程，所有高中生必须修完其中的 15 门核心课程，这些课程属于 7 个领域：语言、文学、传播学、数学、哲学、自然科学和社会科学。③

学校根据国家职业评估测试（National Career Assessment Examination）

---

① Academic track［EB/OL］.［2020-03-08］.https：//www.deped.gov.ph/k-to-12/about/k-to-12-basic-education- curriculum/ academic-track.

② WENR.Education in the Philippines［EB/OL］.(2018-03-06)［2020-02-06］.https：//wenr.wes.org/2018/03/education-in-the-philippines.

③ 同②.

结果和本校入学筛选标准确定是否录取学生。会计、商业和管理，人文和社会科学，综合学术专业与技术－职业－生计方向的各专业在录取学生时不考虑国家职业评估测试结果，但科学、技术、工程和数学的学术方向各专业要求学生的数学和科学成绩达到相应要求。对于计划进入运动方向、艺术和设计方向的学生，如果国家职业评估测试中相应方向的测试成绩不低于相应要求，并且通过申请学校的技能测试，就可以被录取。[①]高中无毕业考试，根据评价标准，合格的学生在十二年级结束后获得中学毕业证书。

三、职业教育学制

为了向劳动力市场提供高质量、高效率的中级劳动力，菲律宾实施了《1994年技术教育和技能发展法案》。该法案鼓励不同部门尤其是私营企业积极参与技术职业教育和培训。2000年以来，技术职业教育和培训的规模迅速扩大。目前有多种项目实施技术职业教育和培训，技术教育和技能发展署对技术职业教育和培训进行质量监控。中学开始提供技术职业教育和培训，学生毕业后可就业，达到大学入学标准的，可继续接受高等教育。

（一）技术职业教育和培训项目的类型

技术职业教育和培训（TVET）项目有四类：基于学校的、基于培训中心的、基于社区的和基于企业的。（1）基于学校的TVET项目有短期、中期和长期三种，大部分为长期项目，长期项目的期限为一年、两年或三年，根据培训内容向学生发放相应的证书。中学和大学都可以提供技术职业教育和培训项目。根据资金来源不同，提供技术职业教育和培训的中学分为公立和私立两种。[②]（2）基于培训中心的TVET项目主要提供短期和中期课程，时间为3至6个月，一般不超过一年。隶属于技术教育和技能发展署的培训中心有60个，包括15个区域性培训中心和45个省级培训中心。除了隶属于技术教育和技能发展署的培训中心，隶属于国家部委的培训中心

① Senior high school in the Philippines：an overview［EB/OL］.［2020-02-07］.https：//www.courses.com.ph/senior-high-school-in-the-philippines-an-overview/.

② WU Q，BAI B，ZHU X. Technical and vocational education and training in the Philippines：development and status QUo［M］//BAI B，PARYONO.Vocational education and training in ASEAN member states：current status and future development.［S.l.］：springer，2019：155-171.

也提供技术职业教育和培训。[①]（3）基于社区的 TVET 项目为非正式教育，主要为满足基层社区的需要。为了提高公民的生产率和自主创业能力，项目提供基础能力提升课程。项目面向贫困及弱势群体。在实施过程中，项目与多方合作。技术教育和技能发展署向项目提供技术援助，推荐合格的培训员，批准适合的培训地点，共同签署培训证书，进行能力评估和认证，进行监测和评估，在可能的情况下协助向毕业生提供入门工具包。[②]（4）基于企业的 TVET 项目。受雇于某企业或为了在某企业工作而接受培训的人往往选择这类项目，受训者和企业签订合同，大部分基于企业的 TVET 项目在合同的基础上设立。这类项目有三种：学徒项目、学习者项目、双元培训制度。[③]

（二）技术职业教育和培训的质量保障

技术教育和技能发展署通过多种途径保障技术职业教育和培训的质量，包括强制性项目注册、制定培训规章、培训员认证、学习结果的评估和认证。

1. 强制性项目注册。

技术教育和技能发展署的质量保障是多层次的。《1994 年技术教育和技能发展法案》授权技术教育和技能发展署建立和维护一个官方系统，以认证、协调、整合、检测和评价正式和非正式的技术职业教育和技能培训项目。为了达到要求，技术教育和技能发展署发布了统一的项目注册和认证系统，要求所有的技术和职业教育机构都要注册。在技术和职业教育机构提供项目之前，它必须达到项目的注册要求。除了必要的行业许可，对项目申请的审查还包括现场考察和课程评估。只要符合要求，即颁发项目

---

① WU Q，BAI B，Zhu X. Technical and vocational education and training in the Philippines：development and status QUo［M］//BAI B，PARYONO.Vocational education and training in ASEAN member states：current status and future development.［S.l.］：springer，2019：155-171.

② Community based training program［EB/OL］.［2020-03-09］.http：//www.tesda3.com.ph/tesd-program/community-based-training-program/.

③ Enterprise-based training program［EB/OL］.［2020-03-09］.http：//www.tesda3.com.ph/tesd-program/enterprise-based-training-program/.

注册证书。[①]

2. 制定培训规章。

技术教育和技能发展署资格标准办公室召集各行业的专家制定培训规章。培训规章是一套有关能力、国家资质、培训标准、评估和认证安排的最低标准，如果项目有重大变化，需要每 3 ～ 5 年甚至更短时间内重新审查和更新标准。新的培训规章发布后的培训项目将被归入“有培训规章”类，否则将被归为“无培训规章”类。[②]

3. 培训员认证。

培训员需通过认证程序，在获得培训员证书前，培训员至少要有一种国家证书。培训员有以下几个级别：培训员方法一级、培训员方法二级（培训设计人员 / 开发人员）、培训员方法三级（培训导师）、培训员方法四级（硕士培训员）。一个培训员可以有几种证书。评估过程具有外部验证功能。政府鼓励毕业生获得国家证书，国家证书是特定能力的标志。[③]

4. 学习结果的评估和认证。

2012 年，菲律宾政府颁行《菲律宾资格框架》，为不同学习结果的共同认可提供标准，加强菲律宾不同教育和培训部门之间的流动性，并使菲律宾的资格认证符合国际资格框架，以促进国际流动。资格框架涵盖中等教育、职业教育、高等教育，分为 8 个级别。

技术职业教育和培训资格有五个级别。具备实用技能的十年级和十二年级学生，毕业时可获得一级和二级国家证书。三级、四级国家证书和毕业文凭为中学后资质，一般要求学生在参加项目前具有低级别的国家证书或中学毕业证书，培训的复杂程度逐级提高，理论性更强，更侧重培训技术工人的监督管理能力。国家证书项目实践性更强，毕业文凭项目理论性更强，这两个项目证书一般由大学提供。国家证书级别的技术职业教育和培训是基于能力的，这意味着学生获得证书不用局限于特定学期或学年。

---

① ORBETA A C，ESGUERRA E.The national system of technical vocational education and training in the Philippines：review and reform ideas［EB/OL］.［2020-03-15］.https：//dirp3.pids.gov.ph/websitecms/CDN/PUBLICATIONS/pidsdps1607.pdf.

② 同①.

③ 同①.

培训项目往往模块化、自定进度，那些已经就业的学生不必遵守严格的课程安排。在完成一定的学时或具备一定实践能力后，学生可以获得能力证书。国家证书和能力证书的有效期仅为 5 年。5 年后，证书的持有人必须申请延长认证并重新注册，如果证书持有人获得证书 5 年后，技术教育和技能发展署已经制定了新的标准，申请人必须根据新的能力标准再次接受评估。[①]

四、高等教育学制

为了保障高等教育的发展，菲律宾颁布了《1997 年高等教育现代化法案》。高等教育委员会管理高等教育，大部分高等教育学校为私立学校。

（一）入学要求、成绩等级和学分制度

菲律宾没有全国统一的大学入学考试。一般情况下，上大学需要高中毕业证，也就是 K-12 毕业证。高等教育委员会宣布，自 2018—2019 学年起，此前的 10 年制中学毕业证的持有人应在注册大学前完成衔接课程。一些机构有更高的要求，如有最低绩点要求，国家成就测试达到一定分数，或该机构实行单独入学考试[②]，如菲律宾大学根据本校的入学考试成绩和学生中学时最终成绩的加权平均数录取新生[③]。

在菲律宾高等教育中，没有需要统一遵循的成绩等级标准，高等教育机构往往有自己独特的成绩等级标准，并且在成绩单上有图例或等级标准的描述。通常有几个常用的成绩等级标准，最常用的是 1 ～ 5 级，其中 1 级为最高等级，最低通过级别为 3 级。常用的还有 0 ～ 100 级，最高级别为 100 级，最低的通过级别为 75 级（见表 3-3）。[④] 例如，菲律宾大学采用 1 ～ 5 级标准，但成绩级别划分更细致（见表 3-4）。学生达到通过标准，可以获得学分。

---

① WENR.Education in the Philippines［EB/OL］.(2018-03-06)［2020-02-06］.https：//wenr.wes.org/2018/03/education-in-the -philippines.

② 同①.

③ Undergraduate admissions［EB/OL］.［2020-03-28］.https：//www.up.edu.ph/index.php/students/ undergraduate-admissions.

④ 同①.

表 3-3　菲律宾常用的中学后成绩等级标准

单位：级

1 ～ 5 级成绩等级标准	0 ～ 100 级成绩等级标准
1.00 ～ 1.50	90 ～ 100
1.75 ～ 2.25	85 ～ 89
2.50 ～ 3.00	75 ～ 84
3.01 ～ 5.00（不及格）	0 ～ 74（不及格）

资料来源：Education in the Philippines［EB/OL］.［2020-02-06］. https：//wenr.wes.org/2018/03/education-in-the-philippines.

表 3-4　菲律宾大学成绩级别（1 ～ 5 级）

级别 / 级	语言描述
1.0	优秀
1.25	优秀
1.50	很好
1.75	很好
2.0	好
2.25	好
2.50	满意
2.75	满意
3.00	通过
4.0	有条件通过
5.0	不及格
Inc	未修毕

资料来源：Grading systems［EB/OL］.［2020-03-20］.https://www.nuffic.nl/en/education-systems/philippines/ grading-systems.

菲律宾的学分制度相对比较统一。1 学分往往相当于 16 个学时的课堂教学，大部分课程为每周 3 学时的课堂学习，因此，最普遍的 3 学分课程需要每学期课堂学习 48 学时。非讲授型的课程，如实验或其他实践类课程，1 学分往往相当于 32 学时。[①]

（二）学位制度

菲律宾高等教育学位制度和美国相似，分为学士、硕士和博士三个级别。

1. 副学士学位。

尽管副学士学位不包含在菲律宾资格框架中，一些机构仍然颁发这种学位。早期的副学士学位项目学习年限为三年，现一般为两年，学习内容主要是职业导向的，也包含一些通识教育内容。副学士学位项目可以转为学士学位项目，一些机构提供的副学士学位是 2+2 学位制度的一部分，副学士可以通过该制度获得学士学位。[②] 副学士学位涉及健康科学教育、图书馆与信息科学、文秘管理等学科。

2. 学士学位。

学士学位项目学习年限为四年，需修满 124 个学分，但大部分学校要求 144 ～ 180 学分。科学学士和文学学士证书颁发最多。工程或建筑等专业学科的学士学位项目学习年限通常为五年，并且学分要求更高，大约 200 学分。除专业科目外，项目还包括较多的通识教育核心课程，如语言和文学、数学和自然科学、人文和社会科学、必修科目。通识教育核心课程通常在前两年开设，而主要专业课程大多在三、四年级开设。

3. 硕士学位。

硕士学位项目需要学生获得学士学位才能申请，有些高校要求学生参加入学考试并限制大学期间最低成绩等级，或要求研究领域和学士期间相同或相近。硕士学位项目学制通常为两年，至少修满 30 个学分，学分要求因高校而异。一些学生有兼职学习的需求，因此部分高校提供周末或假期课程，学习期限可延长为五年。根据学科不同，硕士项目可能要求一篇论文，也可能没有论文要求，非论文硕士项目通常需要更多的学分并通过全面的考试。

---

① WENR.Education in the Philippines ［EB/OL］.(2018-03-06)［2020-02-06］.https：//wenr.wes.org/2018/03/education-in-the-philippines.

② 同①.

4. 博士学位。

博士学位是菲律宾教育系统的最高学位。博士学位项目需要学生获得硕士学位才能申请，通常在课程和论文方面都有要求，尽管也存在一些没有课程的纯研究项目。哲学博士颁发的证书最多，此外还有专业博士，如技术博士或教育博士。大多数项目学习年限最短为三年，但学生完成项目通常需要更长的时间。①

5. 专业教育学位。

医学、牙科、兽医和法律等学科的专业学位课程要么是研究生课程，需要学生获得学士学位才能入学，要么是长达六年的第一学位课程，其中包括高中后两年的基础学习。专业教育学位提供的项目虽然有一些变化，但一般结构如下：法律项目需要学生获得学士学位才能申请，通常为四年，最后授予法学博士学位。医学项目颁发医学博士学位，要求学生在获得学士学位后学习四年，其中包括两年的临床研究。医学专业的研究生教育需要学生在获得许可证后再进行三至六年的实习。牙科和兽医项目通常不需要学士学位就能入学，但学生在开始专业学习之前必须完成为期两年的初步基础项目，其中包括相当多的通识教育内容，学生学习六年后获得相应的专业教育学位。专业项目的毕业生必须通过许可证考试，其标准由国家专业管理委员会规定。该委员会管理大多数专业，并监督 40 多个专业管理委员会进行相关的许可证考试。律师必须通过由菲律宾最高法院管辖的、律师考试委员会管理的律师考试。②

第二节　教育行政管理制度

菲律宾没有专门的中央行政机构统一管理全国的各级各类教育，而是由不同的部门管理不同级别和类别的教育。学前教育主要由全国幼儿保育

---

① WENR.Education in the Philippines ［EB/OL］.(2018-03-06)［2020-02-06］.https：//wenr.wes.org/2018/03/education-in-the -philippines.

② 同①.

与发展协调委员会管理，基础教育由教育部管理，职业教育由技术教育和技能发展署管理，高等教育由高等教育委员会管理。

一、学前教育行政管理制度

根据《幼儿保育和发展法案》，全国幼儿保育和发展协调委员会管理全国的幼儿教育。该委员会隶属于总统办公室，各省、市、村镇设幼儿保育和发展协调委员会，负责本辖区的幼儿教育。

全国幼儿保育和发展协调委员会包括以下成员：儿童福利委员会的成员，由总统任命为委员的两位从业者和专家，社会福利与发展部、经济和社会事务部、卫生部、内政和地方政府部的部长担任委员会的联合主席。全国幼儿保育和发展协调委员的职能主要有：（1）通过与各级利益相关者协商，根据《幼儿保育和发展法案》规定的政策和项目框架，颁布幼儿保育和发展项目政策和实施细则；（2）制定幼儿保育和发展项目标准；（3）制定聘用、注册、继续教育和同等资质国家标准，制定幼儿保育和发展的服务提供者、监督者和管理者证书制度；（4）制定、奖励和表彰幼儿保育和发展项目实施者和服务提供者的制度；（5）协调各机构的幼儿保育和发展项目，并监测向全国幼儿保育和发展项目受益者提供的服务；（6）通过有效的信息系统，评价和评估全国各地各种幼儿保育和发展项目的影响和结果；（7）向贫穷和处境不利的社区提供对应资金，以建立和扩大幼儿保育和发展公共项目，改善有形设施、雇用幼儿保育和发展服务提供者；（8）鼓励和促进私营部门建立幼儿保育和发展项目；（9）为省、市和村镇各级的幼儿保育和发展协调委员会提供指导方针等。

各省、市、村镇的幼儿保育和发展协调委员会负责本辖区的幼儿教育，《幼儿保育和发展法案》明确了各级委员会的构成、职能等。以省幼儿保育和发展协调委员会为例，该法案规定，省幼儿保育和发展协调委员会由省长任主席，省规划和发展干事、省预算干事、省卫生干事、省社会福利与发展干事、省财务主任、实施幼儿保育和发展项目的两位非政府组织代表等人为委员。省幼儿保育和发展协调委员会隶属省发展委员会，并履行与全国幼儿保育和发展协调委员会类似的职能，包括《幼儿保育和发展法案》

实施细则和条例中规定的其他职能。

二、基础教育行政管理制度

教育部负责基础教育行政管理，由中央总部和大区办事处两部分组成。中央总部负责全面管理全国基础教育，大区办事处负责协作和管理地方基础教育。

（一）中央教育行政管理

根据《2001年基础教育治理法案》，教育、文化和体育部更名为教育部，负责基础教育的行政管理，由部长领导。教育部的任务是保护和促进每个菲律宾人获得优质、公平、基于文化的、完整的基础教育权利。教育部负责制定、实施和协调正规和非正规基础教育领域的政策、计划、方案和项目。教育部监督所有公立和私立小学和中学教育机构，包括替代学习系统；并规定建立和维持与国家发展目标有关的完整、充分和综合的基础教育制度。

2015年的“教育部中央、大区和学校部门办公室的新组织结构”对教育部组织机构进行重组，重组后的部长办公室下设五个司，包括课程和教学司、财务和行政司、管理和工作司、法律和立法事务司、战略管理司；五个附属机构，包括幼儿保育和发展协调委员会、国家图书开发委员会、国家儿童电视委员会、国家博物馆、菲律宾艺术高中；三个协调委员会，包括审批学校方案协调委员会、扫盲协调委员会、教师教育委员会。

大区办事处由以下机构组成：17个大区办事处和棉兰老穆斯林自治区，由大区干事领导（棉兰老穆斯林自治区由区干事领导）；多个省、市学校分部，每个分部有一名学校分部主管，学校分部办事处管辖相应学区，每个学区有一名督导。

中央总部下属的各个部门分工明确。部长办公室提供国家级的全面领导和指导，教育部的附属机构受部长办公室管理。在五个司中，课程和教学司提供相关的、回应性的、有效的基础教育课程，其余部门围绕这些课程提供支持。财务和行政司的任务是确保效率，以支持整个组织专注于核心业务，从而通过提供财务和行政服务实现目标。管理和工作司的职责是确保组织能力提升，以不断改进和战略性地管理“教和学”的环境。根据《2001年基础教育治理法案》，教育部部长将大区办事处（区域和学校分部）的监督工作委托给管理和工作司的副部长。法律和立法事务司的任务是提高本组织处理法律事务和积极推进立法议程的能力。战略管理司专注于长期发展方向，并协调内部和外部环境，与利益相关者进行沟通。

（二）地方教育行政管理

1. 大区教育行政管理。

根据规定，每个大区由干事主管本区事务，负责项目改进和支持、规划、管理和财政服务。干事的主要职责为确立大区教育政策框架，制订大区基础教育计划，制定大区教育标准，监测、评估大区学习结果，开发、管理大区的研究项目，保障所有人员的招募、选择和培训与国家标准一致，规划预算等。①

2. 省市教育行政管理。

省市分部管理一个省或市的教育，学校分部主管是最高管理者，负责项目改进、规划、管理、财政、法律、辅助及其他支持性服务。在与国家教育政策、计划和标准一致的前提下，主管的主要任务为：发展、实施分部的教育发展计划，规划和管理人力、物力、财力资源的有效使用，雇用、安置、评价分部督导和学区督导，监督基金的使用等。②

3. 学区教育行政管理。

根据学校分部主管的建议，大区干事可以在学校分部增设学区，已有学区仍可以保留。学区督导负责学区管理，其主要职责为向学校和学习中心的校长和教师提供专业的教学建议和支持，监督课程等。③

4. 学校教育行政管理。

所有中小学和学校群应有一名校长，政府鼓励公立中小学合建为联合学校。校长既是教学领导又是行政管理者，应该和教师一起向学生提供有质量的教育项目和服务。校长的主要职责为确立学校的任务和目标，创建能积极影响教和学的环境，发展学校教育项目和学校改进计划，引入新颖的、有创新性的教学模式，管理学校所有的人力、物力和财力资源，鼓励教师发展等。④

---

① DE BELEN A R T. Education laws，jurisprudence & governance［M］.Quezon：Jobal Publishing House，2019：57-58.

② 同①59.

③ 同①60.

④ 同①60-61.

三、职业教育行政管理制度

技术教育和技能发展署管理职业教育，分为中央总部和大区办事处，分别负责全国和地方的职业教育管理。

（一）中央教育行政管理

1. 技术教育和技能发展署的目的和职能。

菲律宾技术职业教育和培训由技术教育和技能发展署（TESDA）管理。根据《1994 年技术教育和技能发展法案》的规定，技术教育和技能发展署成立。TESDA 由几个部门重组而成，分别是国家人力和青年委员会（原属人力和就业部）、技术职业教育局（原属教育、文化和体育部）、地方就业局学徒项目（原属人力和就业部）。

TESDA 需要达到以下目标：（1）促进和加强技术教育和技能发展方案的质量，以使国家具有国际竞争力；（2）注重技术教育和技能发展，以满足不断变化的优质中等人力的需求；（3）传播中等人力开发项目的科学和技术知识库，鼓励批判性和创造性思维；（4）承认并鼓励公立和私立机构在技术教育、技能发展和培训系统中发挥互补作用；（5）通过发展道德品质，强调职业道德、自律、自力和民族主义，灌输理想的价值观。

《1994 年技术教育和技能发展法案》授权技术教育和技能发展署制订人力和技术计划,确定适当的技术标准和测试方案,协调和监管人力政策和项目，为公立和私立技术职业教育和培训机构的资源配置提供政策导向和指南。技术教育和技能发展署的主要权力和职能是制定、维持、协调和充分整合技术教育和技能发展政策、计划和项目。在行使权力和职能时还需考虑以下因素：（1）已宣布的国家政策，通过技术教育和技能发展项目，这些政策将为提高菲律宾人力资源质量提供新的方向和动力；（2）上述政策的执行需要菲律宾社会有关部门政策、计划和项目的协调与合作；（3）行业团体、行业协会、雇主、工人和政府的平等参与应形成规则，以确保紧急需要和建议得到及时关注；（4）在制订任何国家级的计划时，应优先考虑加强工业、劳工和政府之间的联系。

2. 技术教育和技能发展署的主要机构。

TESDA 由总干事领导，总干事由总统任命，有权对技术和行政人员进行全面监督和控制。总干事领导秘书处，秘书处也是 TESDA 委员会的成员。

TESDA 的主要机构为委员会和秘书处。

（1）委员会。

委员会行使技术职业教育和培训的最高决策权，由 13 名成员组成，其中 6 名为政府部门的最高级别官员，7 名来自私营部门，每年三分之一的私营部门成员任期届满时，总统可以在必要的时候变更委员会成员的数量。委员会成员每年至少开两次会。委员会下设的 7 个中央机构包括政策与规划办公室、合作和联络办公室、全国技术教育和技能发展执行办公室、社区和地方政府服务办公室、证书办公室、行政服务中心、财务和管理服务中心和 1 个负责地方事务的机构——大区办事处。

TESDA 委员会的权力和职能如下：第一，与行业团体、行业协会、雇主、工人进行适当协商后，颁布有效执行《1994 年技术教育和技能发展法案》所必需的政策、计划、项目和准则；第二，组建各种常设委员会、附属组织或技术工作组，以便国家、区域和地方有效整合、协调和监测技术教育和技能发展项目；第三，根据现行法律、规章和条例，签订、实施和执行国内外合同；第四，按照用户主导的战略，通过升级、合并和（或）逐步淘汰、改组整个分部门（包括所有参与促进和发展中等人力的机构和项目）；第五，批准私立部门制定和实施行业技能标准和行业测试；第六，建立和管理公共和私营机构的认证制度；第七，制订、发展和支持各机构的培训人员培训项目；第八，支持并鼓励更多地利用《1994 年双元培训制度法案》规定的双元培训制度；第九，根据 TESDA 颁布的准则，对各教育机构进行的测试和培训收取准确合理的费用，并留下这些收入以供使用；第十，根据秘书处的建议，向经核准的方案和项目分配资源；第十一，为了技术教育和技能的发展，确定和批准系统性供资计划，如征款和赠款计划；第十二，在必要时设立一个咨询委员会，向从学术界和私营部门中备选的董事会提供专家和技术咨询意见，设立咨询委员会后，授权董事会拨出部分业务经费使其运作使用；第十三，履行其他必要的职责和职能，以执行符合 TESDA 宗旨的规定。

（2）秘书处。

秘书处是技术和行政的支持部门，根据《1994 年技术教育和技能发展法案》，秘书处主要承担以下职责：第一，建立和维持规划进程，并制定国家技术教育和技能发展计划，确保 TESDA 各级成员机构和其他有关实体参加该计划；第二，根据 TESDA 核准的中等熟练工人人力计划，向 TESDA 的决策提供分析性投入；第三，为了切实有效地执行国家技术教育和技能发展计划，提出建议并经 TESDA 批准后予以执行；第四，根据批准的国家技术教育和技能发展计划，向 TESDA 提出具体的资源分配方案和项目；第五，向 TESDA 提交关于执行技术教育和技能发展计划及政策工作方案的进展和完成情况的定期报告；第六，撰写关于技术教育和技能发展的年度报告，经 TESDA 核准后向总统提交；第七，执行和管理《技术教育和技能发展法案》第十八条规定的学徒方案；第八，根据《技术教育和技能发展法案》第二十三条，经 TESDA 批准，编制和实施培训教师、主管人员、规划人员和管理人员的相关方案；第九，确保执行经批准的计划和项目达成一致，并按照技术教育和技能发展法案的政策开展活动；第十，履行委员会可能委任的其他职能和职责。

（二）地方教育行政管理

1. 大区办事处。

TESDA 设有 16 个大区办事处，由总统任命大区干事领导，大区办事处由总干事直接控制，具有下列职能：（1）承担大区技术教育和技能发展委员会秘书处的职责；（2）在各自管辖范围内有效监督、协调和整合技术教育和技能发展方案、项目及相关活动；（3）在 TESDA 的政策范围内，制订和推荐在大区和地方实施的 TESDA 项目；（4）履行其认为必要的其他职责。

2. 省 / 区办公室。

TESDA 设有省 / 区办公室、大区 TESD 中心、省 / 区中心和 TESDA 直接管理的学校。省 / 区办公室由总干事直接领导，具有下列职能：（1）承担省 TESDA 委员会秘书处的职责；（2）向地方政府提供技术援助，以便有效监督、协调、整合和监测本地区的技术职业教育和培训项目；（3）建议和审查 TESDA 项目，以便在当地实施；（4）履行可能被授权的其他职责和职能。

TESDA 在地方设置管理机构，形成权威性的机构网络，为了加强管理和指导，每年统一培训数千名管理人员补充到全国各地办事处。当私营部门不能为人们提供足够的培训机会，或收费高昂，或提供的培训质量不高时，TESDA 管理的技术机构网络将直接为人们提供职业技术教育培训。这种管理机制，使 TESDA 委员会向地方政府部门下放职业技术教育权力的同时，又保证 TESDA 委员会拥有干涉和提高私营部门培训能力的权力。①

四、高等教育行政管理制度

高等教育委员会负责管理全国公立和私立高等教育机构、所有公立和私立中学后教育机构授予学位的项目，相关的地方事务由大区办事处负责。

（一）中央和地方教育行政管理

1. 中央教育行政管理。

高等教育原来由教育、文化和体育部管理，根据《1994 年高等教育法》的规定，菲律宾政府于 1994 年成立了高等教育委员会，是总统办公室的下属机构。

（1）高等教育委员会的任务。

鉴于政府将教育作为资助菲律宾人民、减少贫困和增强国家竞争力的核心战略，高等教育委员会承担以下任务：第一，提供有价值、高质量的高等教育，使高等教育机构和项目符合国际标准，毕业生和专业人员具有较高能力，并在国际上得到认可；第二，确保所有需要接受高等教育的人，特别是那些可能负担不起高等教育费用的人，都能获得高质量的高等教育；第三，保障和保护学术自由，以促进智力的持续成长，促进学习和研究的开展，发展负责和高效的领导，培养高水平的专业人员，丰富历史和文化遗产；第四，承诺道德至上，消除腐败，使问责透明和制度化，并鼓励委员会和次级部门参与治理。

（2）高等教育委员会的人员构成和机构设置。

高等教育委员会由总统任命的一位主席和四位委员组成，另设顾问委员会协助高等教育委员会，使政策和计划符合国家的文化、政治和社会经济发展需要，并符合世界一流学术的要求。顾问委员会由以下人员组成：教育部干事（主席），国家经济和发展局总干事（副主席），科学和技术

---

① 岑东莲．菲律宾职业技术教育体系的研究［D］．桂林：广西师范大学，2014：25-26.

部干事，贸易和工业部干事，菲律宾认证联盟协会主席，私立教育基金会主席。总统可根据高等教育委员会的推荐，增加两名成员。

高等教育委员会下设秘书处，秘书处由一名行政人员领导，高等教育委员会确定秘书处的人员配置模式，确定秘书处职责、资格、责任和职能，根据执行官员的建议制订职位替补计划，进行编制和批准预算。主席和委员办公室向所有高等教育委员会办公室提供总体政策和业务指导。

2. 地方教育行政管理。

菲律宾设有 18 个大区办事处，负责地方高等教育行政管理，每个办事处下设技术分部和管理分部。大区办事处在执行高等教育委员会的政策方案以及在高等教育改革中发挥着关键作用。大区办事处有以下职权：监测国家政策和项目的执行情况，并在大区执行学术标准；与其他大区办事处协商，协调制订符合本区需要、有潜力的高等教育计划和项目；在本区的资源分配、高等教育综合预算编制方面，向高等教育中央办公室提供援助；开展研究，组织或委托其他机构开展适用于该区的研究，并向所有机构提供信息；向高等教育机构提供技术援助和制定相关培训方案；收集和分析与本区有关的高等教育信息，并维持信息管理制度有序进行。①

（二）对公立和私立高校的行政管理

菲律宾是东南亚地区高校数量较多的国家，高等教育委员会对全国的高校实施管理。

1. 对公立高校的管理。

菲律宾公立高校包括三类：国立高校、地方高校和由其他政府机构管理的学院。国立高校有独立的董事会，由中央政府制定章程、提供经费；地方高校由地方政府建设、提供经费；还有一些提供公共服务培训的特殊学院，如菲律宾国家警察学院、菲律宾军事学院等，由其他政府机构管理。

2. 对私立高校的管理。

私立高校由高等教育委员会管理，高等教育委员会可以授权建立或关闭私立高校，决定学费水平和学位项目。私立高校可自愿向专业认证机构

---

① CHED regional offices［EB/OL］.［2020-04-20］.https：//ched.gov.ph/ched/official-organization-structure/ched-regional-offices.

申请认证，通过专业认证可获得“自治”或“解除管制”资格，从而获得更多的自主权。“自治”和“解除管制”体现了不同程度的高等教育机构的教学自治自由。高等院校的质量认证分为四个等级，等级越高，高校享有的办学自主权越大。

根据菲律宾的相关法律政策，被认证为“自治”的高等教育机构拥有以下权力：不受一些特别规定限制；不受高等教育委员会监控和评估，但仍须向其提交所需数据；有机会获得某些特别项目的资助；有自由安排和决定课程的权力；通过备案，有权开设学位课程学习；通过备案，有权设立分校；有权建立与国外有关联的教育机构，提供远程教育。“解除管制”的自由程度低于“自治”，如“解除管制”的院校要实施以上最后两条活动必须经过高等教育委员会的批准。①

第三节　教育宏观政策

为了推进教育发展，菲律宾颁布了《1982 年教育法》。这是菲律宾历史上第一部系统规范的教育基本法，适用于正规和非正规的各级公立和私立教育。该法提出的教育目标如下：提供广泛的普通教育，帮助每个人适应自己所在的特定社会环境，以提高每个人和群体参与社会基本运转的范围和质量，促进个人通过基本教育成为有生产力、有才能的公民；为国家的发展培训中等技术人力；为了提高生活质量，在前沿知识领域，发展能够提高国家领导力的专业；通过教育规划和评价制度，有效地应对国家不断变化的需要和条件。1987 年宪法规定，国家应保护和增进所有公民在各个阶段的受教育权，并应采取措施让所有人都能接受这些教育。《1982 年教育法》和 1987 年宪法中的教育条款，是菲律宾教育政策制定的依据。

一、学前教育政策

2000 年，菲律宾国会通过了《幼儿保育和发展法案》（Early Childhood

① PIJANO C V. 菲律宾高等教育质量保障体系及实践［J］. 教育发展研究，2009（3）：51-53.

Care and Development Act）。该法案重在保障儿童生存、发展和受到充分保护的权利，承认儿童期的特点和特殊需要，明确父母是孩子的主要保护者和第一任老师。该法案要求建立一个全面、综合、可持续的全国幼儿保育和发展制度，通过国家和地方政府、家庭、社区、私营部门、非政府组织、专业协会等的合作，为孕期妇女和6岁以下儿童提供服务，提高儿童和家庭的生活质量。该法案提出，建立国家幼儿保育和发展制度的目的如下：为孕妇和幼儿设立便利、适当的健康和营养项目，提高儿童的存活率；促进儿童身体、社会、情感、认知、心理、精神和语言的发展；帮助父母和其他养育者发挥主要照顾者和教育者的作用；促进儿童养育和教育从家庭顺利过渡到社区或学前机构再到小学；提高服务提供者及监管部门遵守幼儿保育和发展项目质量标准的能力；加强和维持社区的能力，以提升社区在幼儿保育和发展项目的作用、保障向贫困和处境不利社区提供特别支持；确保幼儿为正规学习做好准备，确保公立和私立学校都能满足幼儿的发展需要；建立一个有效的制度，识别、预防、转诊和干预幼儿早期发育障碍和残疾。通过幼儿保育和发展服务提供者的登记和证书制度及其他制度，提高公立和私立幼儿保育项目的质量标准。

为了达到以上目的，菲律宾建立了幼儿保育和发展制度，包括以下内容：（1）幼儿发展课程。课程基于儿童的个人需求和社会文化背景，关注儿童的全面发展，为健康护理、营养、早期教育、卫生和文化活动提供全面综合的服务。（2）家长教育和社区参与、宣传和动员。利用和发展家长作为幼儿保育和发展提供者的力量，倡导正面影响儿童的社区关爱服务，重视社区的支柱作用。（3）人力资源开发项目。通过现场教学或远程教育注册参加教育项目、职前或在职培训（包括继续教育项目），建立系统专业化的幼儿保育和发展服务提供者机制，建立幼儿保育和发展登记及证书制度。（4）幼儿保育和发展管理。重点关注规划、执行、监督、财务管理、监测、评价和报告的持续过程，为了维持项目，鼓励服务提供者、家长和地方政府官员积极参与、提高能力。（5）质量标准和认证。确保幼儿保育和发展制度中各组成部分符合国家质量标准。法案要求在5年内建立覆盖全国的幼儿保育和发展系统，还明确了各级部门的职责。

《2013年幼儿法案》致力于0～4岁幼儿的保护。该法案保障儿童的生存、发展和受特别保护的权利，支持父母承担主要照顾者和第一任教师的角色。该法案要求，国家应将全面、综合和可持续的国家幼儿保育和发展系统制度化，这需要国家和地方政府多部门和机构之间的合作，服务提供者、家庭和社区、公共和私营部门、非政府组织之间的合作，专业协会和学术机构之间的合作。幼儿保育和发展系统对有特殊需要的儿童应有更强的包容性，应为残疾儿童提供适当的住宿和无障碍环境，尊重文化和语言多样性，必要时使用菲律宾手语作为聋人的视觉语言。该法案认为，应当确定幼儿保育和发展的补充策略，包括为 0 ～ 4 岁幼儿提供服务，教育父母和照顾者，鼓励父母和社区积极参与幼儿早期保育和发展项目。

二、基础教育政策

2006 年，基于《达喀尔全民教育行动框架》，菲律宾通过了《2015 年全民教育国家行动计划》，强调为所有人提供基础教育。该计划提出了四个目标：满足所有校外青年和成人的学习需要；一至三年级儿童全部入学、完全消除辍学和留级；每个年级或每年普遍完成基础教育，并取得令人满意的成绩；所有社区承诺有能力实现全民基础教育。为了达到以上目标，需要完成以下任务：（1）建设更好的学校，使每所学校能持续良好运转；（2）建立选择性学习系统，将非正式的教育干预转型为选择性学习，产生更好的全民教育效果；（3）教师应提升教学质量；（4）延长学习年限，将正规基础教育延长为 12 年，初中和高中各延长 1 年；（5）加快基础教育课程的衔接、丰富和发展。为了完成任务，中央和地方政府提供充足、稳定的资金来源，创建社区团体网络，监测全民教育的进展，制定、实施质量指标。

为了使基础教育治理有法可依，菲律宾议会通过了《2001 年基础教育治理法案》。该法案保护和促进所有公民接受优质基础教育的权利，并通过向所有菲律宾儿童提供小学免费义务教育和中学免费教育，保障所有人都能接受基础教育，基础教育还包括为校外青年和成人学习者提供学习机会的替代学习系统。该法案的宗旨和目标为：提供基础教育治理框架；确定地方办事处的作用和责任，并向它们提供资源；使学校和学习中心成为传授和学习国家价值观和培养菲律宾学生爱国情感和对丰富遗产自豪感的核心场所；确保学校和学习中心得到应有的关注，确保教育方案、项目和服务考虑到社区所有成员的利益；使学校和学习中心能够反映社区的价值观，使教师和其他工作人员能够灵活地满足所有学习者的需要；鼓励地方改善学校和学习中心的办学条件，并提供实现和维持这些条件的手段；建立学校和学习中心，或向校外青年和成人学习者提供替代学习项目，使他们获得至少相当于中学教育的证书。基础教育管理的层级为国家、大区、分部（省或市）、学区、学校，该法案明确了各级管理机构的人员配置和职责，各级地方机构的职责是把基础教育的管理政策和原则转化为适应当地需要的项目。

2012 年，《幼儿园教育法》和《幼儿园教育法实施条例》实施。《幼儿园教育法》提出，要为所有的儿童提供平等的受教育机会，使他们能够接受可获得的、强制性的、义务性的幼儿园教育，有效促进儿童身体、社会、智力、情感和技能的发展和价值观的形成，使他们充分做好接受正规小学教育的准备。幼儿园教育成为基础教育体系的组成部分，满 5 岁的儿童接受一年的预备教育，作为一年级入学的先决条件。《幼儿园教育法实施条例》指出，幼儿园具有包容性，除了满足儿童的一般需求，还满足残疾、穆斯林、土著、处境不利等学生的特殊需求；使用母语教学，根据儿童的个人需要和社会文化背景设置课程，重视儿童的全面发展，为儿童的认知发展、健康和安全、护理、营养、卫生、心理 – 社会 – 情感、文化和价值观形成提供综合服务；学习方式主要有听故事、阅读、编故事，重视儿童的经验。教育部向公立幼儿园提供教室、教学材料、设施等方面的支持，制定教师资格和专业发展标准，审批私立幼儿园的设立，监测、评价公立和私立幼儿园项目。

《2013 年基础教育促进法》是 2013 年以来颁布的一部重要教育法。该法进一步明确，基础教育包括幼儿园、小学和中学教育以及为校外学习者和有特殊需要的人提供的替代学习系统，中学由 4 年延长为 6 年，分为初中 4 年和高中 2 年，最终确立了从幼儿园到高中的 K-12 学制。在幼儿园和小学三年级之前，教学语言为母语，四至六年级为过渡阶段，中学的主要教学语言为菲律宾语和英语。课程立足于提高毕业生的全球竞争力，为接受高等教育做好准备。要求加强教师培训。教育部、高等教育委员会、技术教育和技能发展署协同做好基础教育学制由 10 年向 12 年的过渡。教育部向国会汇报包括以下基础教育机会和质量的关键指标：入学率、保留率、国家成就测试结果、完成率、教师福利和培训情况、资金需求情况、其他学习设施配备情况。

2014 年，《开放中学制度法》颁布，旨在通过替代性中等教育项目，扩大获得优质教育的机会，使青年能够克服个人、地理、社会经济和身体方面的限制完成中等教育。该法要求，为了向小学毕业的青年和成人提供受教育的机会，在中学建立学习中心，或单独建立学习中心，接受开放教育的学生可以在学习中心的教室里学习。学习中心功能齐全，有教室设施、图书、实践操作区域，学习内容为 K-12 基础教育课程。中学对一个或多个学习中心进行全面管理和教学监督，社区顾问帮助接受开放教育的学生协调学习和社区服务、休闲之间的关系，中学教师负责指导和评价，教育部、地方政府、民间组织和私营部门合作，保障开放中学制度有效运行。

2019 年，国会通过了《中学职业指导和咨询法案》，该法案计划为所有中学设立职业指导和咨询项目并提供适当的资金。该法案提出，为向政府、工业、经济领域提供所需要的人力资源，国家应通过改进教育保障青年的全面发展。该法案的目标为：向继续接受高等教育的学生提供合适的指导，使全国公私立中学生的职业指导和咨询项目制度化；使中学生具备正确的职业决策能力，并引导他们接触相关的劳动力市场；确保高等教育的毕业生能符合政府、工业和经济领域的要求。为了达到以上目标，该法案要求设立由教育部管理的国家中学职业指导和咨询项目。该项目从七年级开始在公私立中等教育机构中实施，教育部和高等教育委员会等机构协调制订、开发职业指导和教育咨询模块，作为指导中学生的基本教学材料。所有中学设立由学校管理者领导的职业指导和咨询项目中心。为评估学生在特定职业领域的能力、技能和倾向，教育部实施年度国家职业评估考试。国家每年对项目进行拨款。

三、职业教育政策

菲律宾全面系统的职业教育政策始于《1994 年技术教育和技能发展法案》。根据该法案的规定，成立技术教育和技能发展署（TESDA），负责全国职业教育的管理。实施该法案的目的是促进技术教育和技能发展项目的质量提升，以获得国际竞争能力；注重技术教育和技能发展，以满足不断变化地对优质中级人力的需求；通过传授中级人力开发项目的科技基础知识，鼓励批判性和创造性思维；承认并鼓励公共和私营部门的互补作用；通过发展道德品质，灌输理想的价值观。该法案明确了 TESDA 的组成机构及各机构的职能，要求在地方设立技术教育和技能发展委员会、技能发展中心。TESDA 应制订中级人力发展计划，制定国家行业技能标准、管理培训方案，向雇主和组织提供援助，协调所有技能培训计划，制订奖励计划等。

《2014 年阶梯教育法》是 2014 年以来菲律宾实施的一项重要职业教育法案。实施该法的目的是将技术职业教育和培训（TVET）与高等教育之间的阶梯式衔接制度化，为学生和劳动者的职业发展和接受教育提供机会，建立一个无缝、无边界的教育制度，使学生和劳动者能选择何时进入和退出教育阶梯，并在每次退出时向他们提供就业平台或获取收入的机会。为了达到以上目的，法案授权高等教育委员会、技术教育和技能发展署、教育部密切协调、有效实施统一的菲律宾资格框架，建立等效路径，提供机会，使 TVET 和高等教育之间的过渡更容易。该框架应包括资格认证标准和衔接机制，如学分转换机制、阶梯化学位课程中嵌入 TVET 资格认证标准、TVET 后衔接课程机制、增强等同性机制、采用阶梯化课程 / 项目机制、先前学习的认可或认证标准。因此，高等教育委员会、技术教育和技能发展署、教育部在咨询专业管理委员会和各行业的基础上，统一制定制度、程序和机制，发布、修订、更新现有的指南，以保障项目目标的实现。高等教育委员会、技术教育和技能发展署、教育部向符合条件的学生和劳动者提供奖学金、助学金和贷款。

四、高等教育政策

《1994 年高等教育法》重点关注高等教育宏观管理改革，其主要目的是建立菲律宾高等教育国家管理制度。该法明确了高等教育委员会的人事安排与职权分配，设立了顾问委员会、技术委员会等辅助机构。该法规定，成立高等教育发展基金，基金由高等教育委员会监管，政府对基金拨款。该法规定，保障学术自由，尤其是不能限制私立教育机构的课程自由，除非其违背了以下要求：特定学术课程的最低要求，由委员会决定的总体教育布局要求，由许可机构规定的特定专业科目要求。私立教育机构享有与特许国立高校一致的、不受学术与课程限制的权利。委员会应提供激励措施，以奖励课程通过认证或需求符合认证目的的公立、私立高等学校。

《1997 年高等教育现代化法案》是菲律宾颁布的另一项有关高等教育的法案。该法案的目的在于改革国立高校内部的管理制度。法案确立了国立高校的董事会制度，国立高校由董事会管理，董事会由高等教育委员会主席、高校校长、教师协会主席、学生会主席或学生代表、校友会主席等组成。除了具有一般的行政权力，董事会有权制定学校的规章制度、接受和划拨款项、确定学费标准、制定学生入学和毕业政策等。为了适当调整大学的行政和发展规划，法案规定成立行政委员会，负责审查董事会的政策或提出建议。法案规定成立学术委员会，负责对课程设置和课程纪律进行审查和提供建议，确定学生的入学和毕业要求，审查学位授予工作。该法案再次明确学术自由原则，禁止歧视学生，任何一所大学或学院不能因性别、民族、宗教、政治背景或身体等原因禁止学生入学。

为了保障学生尤其是贫困学生公平地获取优质高等教育的机会，菲律宾国会于 2015 年通过了《高等教育统一经济资助制度法》。对学生的资助形式有三种：奖学金、捐赠援助和国家学生贷款项目。根据可靠数据库的客观指标，董事会确定奖学金和捐赠援助补助金的发放制度，奖学金主要面向优秀的、贫困的学生，捐赠援助主要面向贫困家庭的学生。国家学生贷款方案由董事会制定，向符合条件的学生提供短期和长期贷款，董事会应努力确保国家学生贷款项目管理的专业化，成立组织机构，建立问责、制裁和奖励机制，保障学生高效地偿还贷款，同时向所有公立高中的前十名毕业生，优先发放助学贷款。

2017 年，国会通过了《普及优质高等教育法案》，目的在于统一高等教育学生资助制度，推进优质高等教育的普及。根据该法案，国立高等学校、地方高等学校和国立技术职业机构应向学生免收学费和其他费用。学生如通过入学考试或达到其他入学条件，即可学习学士学位课程、证书课程或其他相当于本科学位的课程；在国立高校或地方高校就读的学生可免交学费；国立高校和地方高校应建立一种机制，使有支付能力的学生支付学费、自愿放弃补贴或向学校捐赠，学校需上报向这些学生收取的学费和捐赠金额。中学后国立技术职业教育机构提供免费的技术职业教育和培训，对有支付能力的学生的收费制度和高校相同。

2019 年，国会通过了《跨国高等教育法》，努力实现菲律宾高等教育的现代化，并将国际质量标准和专业知识引入国内，使高等教育具有全球竞争力，能够吸引人才、改善国家的人力资源基础。因此，政府积极推动跨国高等教育项目，推动高等教育国际化，加强菲律宾的大学和培训机构与外国大学之间的合作关系，使学生能获得经验、知识技能、国际或外国学位和其他证书。跨国高等教育项目的主要模式有：（1）学术特许，即一国高等教育机构（授权方）授权另一国的合作机构（被授权方）提供授权方的项目和资质；（2）衔接，在一国攻读副学位的学生在达到商定的学习成绩后，可提前学习另一国的学位课程；（3）建立分校；（4）联合学位；（5）双学位；（6）在线、混合和远程学习；（7）开放式远程学习；（8）设境外机构等。法律规定，根据课程创新程度、学生的多样性、毕业率、就业、设施等指标对跨国高等教育机构的教育质量进行评价。

五、教师教育政策

为了监督和规范教师资格考试和教师专业化水平，1994 年《菲律宾教师专业化法案（1994）》实施。根据该法案要求，成立教师专业委员会，其主要职责如下：根据专业委员会章程，颁布、管理和执行本法案规定的规则和条例；确定考试的频率、日期和地点，根据需要任命主管、考官和其他人员；签发、暂停或撤销教师职业注册证书；规定、收取考试费用和其他合理费用；为教师专业实践制定和通过道德与专业标准守则；监督和规范专业教师的注册、证书和实践；分析影响教师专业实践的条件，并在必要时采取适当措施，提高和维持教师职业的高度专业化与道德标准等。该法案规定了教师资格考试和证书注册的要求。教师资格的申请人需参加书面考试，在担任专业教师之前，所有人必须具有委员会颁发的有效的注册证书和专业执照。中学教师和小学教师考试分开进行，小学教师考试内容为专业教育和通识教育，中学教师考试内容为专业教育、通识教育和专业领域。对教师的最低学历要求如下：学前教育教师应具有幼儿教育学士学位或同等学历；小学教师应具有小学教育学士学位或同等学历；中学教师应具有教育类学士学位、主修或辅修同等学历，或具有文学、理学学士学位并至少参加 10 个学分的专业教育学习；职业教育和两年技术课程的教师，应具有专业领域的学士学位或同等学历，并至少参加 18 个学分的专业教育的学习。2004 年，国会修订了该法案，中学教师专业教育学习要求由 10 个学分增加到 18 个学分。修正案还规定，在过去 5 年没有任教的专业教师，如果想从事教学，应至少参加 12 个学分的教育课程学习，其中包括至少 6 个学分的教育学课程和 6 个学分的情境课程或同等培训，并从董事会和教育部提供的课程目录中选择 1 个小时的课程学习。①

在终身学习背景下，专业标准在教师继续专业发展和进步中发挥重要作用。2017 年，教育部发布《菲律宾教师专业标准》（Philippine Professional Standards for Teachers，简称 PPST），致力于提高教师素质。《菲律宾教师专业标准》的目标是：明确不同教师专业发展阶段的职业期望；使教师积极参与持续的学习，以达到熟练程度；采取统一的措施评估教师的表现，确定需求，为专业发展提供支持。《菲律宾教师专业标准》规定了菲律宾教师应具备的素质，提出了对教师知识、实践和专业参与水平不断提高的要求。《菲律宾教师专业标准》在 7 个领域对教师提出了要求：内容知识和教学、学习环境、尊重学习者的多样性、课程和规划、评估和报告、社区联系和专业参与、个人成长和专业发展。教师专业发展是一个连续的过程，《菲律宾教师专业标准》把教师专业发展分为四个阶段：新手教师、熟练教师、高度熟练教师和杰出教师。在不同的发展阶段，7 个领域的内容需要达到的指标不同。

---

① Republic Act No.9293［EB/OL］.［2020-05-09］.https：//lawphil.net/statutes/repacts/ra2004/ra_9293_2004.html.

第四章 菲律宾学前教育

菲律宾学前教育的发展深受历史的影响，在西班牙、美国、日本殖民统治时期，学前教育体系得到建立，学前教育基本掌握在私人手中。菲律宾独立以后，政府加大参与力度，制定相关的法规、政策，保育园、公立幼儿园的数量快速增长，学前教育质量大幅度提升。

21 世纪以来，菲律宾日益凸显学前教育的重要价值，把它作为消除贫穷、保持经济稳定、实现人民美好生活愿望的重要途径。政府部门在学前教育领域制定了诸多政策、法规，依法治教、保障幼儿健康发展达到了一个新的高度。学前教育在入学准备方面取得明显进展，推进幼儿在学前认知、习得词汇、社会情感等领域不断进步。[①] 教育部门加强对弱势、特殊儿童群体教育权利的保护，强化家庭、社区的参与，不断增加学前教育经费投入，加快普及学前教育的步伐。但学前教育仍然是菲律宾整个教育体系中的薄弱环节，该领域发展中的不平衡、不充分等问题依旧存在。

① AQUINO L N，MAMAT N，MUSTAFA M C. Comparing the kindergarten curriculum framework of the Philippines and Malaysia[J].International journal of early childhood education and care，2017(6): 27-40.

第一节　学前教育的培养目标与实施机构

学前教育发展需要明确、系统的培养目标，因为培养目标会影响学前教育的课程设置、教师教学、课程评价等多个方面。学前教育的实施机构保障着培养目标以及各项政策、制度的落实。

一、学前教育的培养目标

学前教育是开端教育，它在菲律宾整个国民教育体系中的地位、归属经历了一段曲折的历程。

（一）学前教育的地位、归属

1982—1997 年，学前教育被包含在初等教育之中，同时也是正规教育的一部分。《1982 年教育法》宣布，建立和保持与国家发展目标相适应的完整、充分、综合的教育体系。正规教育是指由正规学校系统组织和提供的按等级结构和时间顺序分级的学习，为了让学习者升入更高的级别层次需要获得证书，正规教育包括初等教育和中等教育两个阶段，其中初等教育包含学前教育项目。

1998 年开始，学前教育不再被包含在初等教育之中。1998 年，《私立教育师生政府援助法案》指出，初等教育包括六年的基础教育，不包括学前教育和七年级。

2001 年后，幼儿教育成为基础教育的一个组成部分。《2001 年基础教育治理法案》将基础教育定义为“旨在满足基本学习需要的教育，为以后的学习奠定基础。它包括幼儿教育、初等教育和中等教育以及失学青少年和成人学习者的替代性学习系统，并包括有特殊需要者的教育”。《2013 年基础教育促进法》强调将 5 岁幼儿教育纳入免费、义务基础教育。

综上所述，学前教育一直处于教育系统的最底端，它与初等教育的关系时而紧密，时而疏离，但幼儿在进入小学之前需获得的学前教育经验的理念逐渐获得国家、父母的重视和认可，由此学前教育逐渐成为教育系统的一个独立组成部分，5 岁幼儿的学前教育也被纳入义务教育。

（二）学前教育的培养目标

在菲律宾，学前教育主要发挥保育和教育的功能。综合来看，0 ～ 4 岁强调保育，5 ～ 6 岁强调教育。综合学前教育领域的多项政策，菲律宾学前教育的培养目标主要表现在以下方面：

（1）确保幼儿及其母亲从产前到幼儿期都能获得充足的保健和营养支持，提高婴儿和儿童存活率。

（2）提升幼儿的健康、营养水平，使其形成良好的生活、行为习惯。

（3）重视对幼儿进行发育障碍和残疾的早期识别、预防、转诊和干预，保障特殊儿童（如盲童、聋儿或聋哑儿童）在最适宜的语言、交流模式下接受教育，在适宜的环境中生存和发展。

（4）加强幼儿的身体、社会、情感、认知、心理、精神、语言、艺术等方面的发展。

（5）尊重文化多元性，提升幼儿的学习动机和能力，使幼儿享受在幼儿园的生活和学习，为幼儿进入小学学习做好充足的准备。

二、学前教育的实施机构

学前教育的实施机构包括国家层面的管理机构和具体的实施机构。

（一）国家层面的管理机构

1991 年的《地方政府法》规定通过地方分权制建立一个更加负责的地方政府，并授权将基本服务（特别是卫生和社会福利服务）下放给地方政府，自此，地方政府直接负责日托中心的管理和运作。

学前教育政策的制定和实施是多部门分工合作、共同决策的结果。自《幼儿保育和发展法案》通过以来，社会福利与发展部、教育部、儿童福利理事会等政府部门与社会组织、学术界共同开展的项目拟订和标准制定活动明显增加。该法案肯定了日托项目的保育和社会化职能与幼儿园的教育职能之间的差别，将两个政府机构的项目管理职责分开。教育部下属的初等教育局，负责学前教育政策、计划的制定及推行，而社会福利与发展部负责监督日托项目。

《幼儿保育和发展法案》推行国家幼儿保育和发展体系，并建立独立的管理体系，由全国幼儿保育和发展协调委员会管理，在省、市 / 地方政府描笼涯建立幼儿保育和发展协调委员会，同时，清晰界定了家庭、社区、非政府部门 / 私营部门、地方政府和国家政府机构等多个层次的幼儿保育和发展参与者的角色和关系，以确保机构间和多部门间的持续协作，为实现 0 ～ 4 岁儿童幼儿保育和发展系统全覆盖奠定基础。

2012 年，教育部实施《幼儿园教育法实施条例》，强调对 5 岁幼儿学前教育的管理，教育部设立幼儿园司，负责管理公立、私立学校中幼儿园教育项目的组织、运作或实施。该司隶属于初等教育局。教育部、幼儿园司的管理权限如表 4-1 所示：

表 4-1　教育部、幼儿园司的管理权限

对幼儿园的管理权	教育部部长有权管理公立和私立幼儿园教育项目的组织、运作或实施。私立学校只有在教育部授权的情况下才能提供幼儿园教育。 区域主任在批准建立私立幼儿园和确保学校遵守国家教育政策、计划和标准方面拥有权力、责任和问责权限。 教育部制定《基础教育私立学校条例修订手册》，规定向幼儿园颁发许可证或承认幼儿园以及撤销幼儿园的准则。
监测和评估	教育部加强公立和私立幼儿园教育项目的监测和评估。初等教育局与规划服务办公室合作，确定监测的共同指标。监测与评估系统的目标和范围如下：跟踪各种幼儿园项目的实施进度，以确定最佳实践时间及存在的问题和差距；每三年确定各种幼儿园项目的完成效率和有效性；开展各种研究，发展创新、尖端的幼儿园项目；利用现有信息系统收集数据，加强政策的制定和计划的实施。每年向各教育利益相关方公布幼儿园的表现，以确保政策透明度和问责制的实施。 区域总监和学校部门总监严格遵守现有的幼儿园教师调配制度。 为了跟踪学习者的进度，教育部给幼儿园的每个孩子指定一个学号。

资料来源：Implementing rules and regulations of republic act No.10157 otherwise known as "kindergarten education act" ［R］. Metro Manila：Department of education，2012.

（二）具体实施机构

菲律宾学前教育机构分布不均衡，大多数集中于都市地区，乡村地区普遍缺乏学前教育机构。[①]2010年以来，随着国家政策向贫困地区、乡村地区的倾斜，乡村地区的学前教育状况有所改善。菲律宾幼儿园分为公立和私立两种类型，公立幼儿园的学习时间是1学年（10个月），私立幼儿园除托儿所外，一般为2年制，即幼一（K1）和幼二（K2）。公立幼儿园受国家政策指导，其课程、活动、内容全部按照教育部制定的全国统一标准实施[②]。

菲律宾的学前教育机构包括教育部管辖的托儿所、保育室、幼儿园和社会福利与发展部管辖的日托中心，同时还建立了覆盖全国的幼儿保育和发展系统。总之，菲律宾推出多种幼儿教育项目，建立各类早期教育机构，以满足不同儿童、家庭的多样化需求，具体类型如下：

公立幼儿园及托儿所。通常是公立小学的一部分，能获得国家或地方政府的支持。公立幼儿园入学是免费的，在某些情况下，家长会被要求捐款，以帮助支付设备或用品的费用。

私立幼儿园及托儿所。通常是自给自足的，因此家长需要支付高昂的学费。每周5天教学，每天上半天课。在一定程度上，学校组织的活动取决于父母的需求，一般来说，私立幼儿园注重知识水平的提升，为幼儿上小学做准备。幼儿在私立幼儿园会有更丰富的游戏活动，这些活动是为了让幼儿做好进入下一个阶段学习的准备。

日托中心或儿童看护中心。通常是为职业母亲准备的，中心会帮有需要的家庭照顾婴儿。中心可能为私人拥有和管理，可能是公共资助的，也可能是慈善家资助的。在私人拥有的日托中心，父母需要支付孩子的学费，以供日托中心支付职工工资，购买教学设备与资料，保证公司的利润。在公共和慈善资助的中心，学费根据父母的支付能力来收取。如1935年由全国妇女俱乐部联合会赞助的日托中心，通常位于低收入社区，每天负责对孩子进行2个小时的指导和监督，以帮助工作忙碌的家长照顾年幼的孩子。

---

① 刘洁．独立后菲律宾教育发展研究［D］．贵阳：贵州师范大学，2014：26.

② 向红姣．中菲幼儿园音乐教育比较研究［D］．桂林：广西师范大学，2015：2.

社会福利与发展部制定标准对日托中心进行认证。

以家庭为基地的学前教育机构包括三种类型：（1）家长合作托儿所和幼儿园。这种早期教育项目由家长共同出资聘请合格的教师（一位或多位）来实施，家长轮流协助运行。家长通常自己制作教具。教学活动的类型与质量取决于教师所接受的训练和经验、家长的需求以及他们的集体资源。有时参与合作的家长会接受相关培训，提高应对课堂的能力，为活动做好准备。（2）监督下的邻里游戏。邻里游戏通过建立一个非正式的幼儿同伴团体，开发刺激丰富的环境，帮助幼儿实现社会化和早期学习。政府对邻里游戏的监督有限。（3）家庭日护。家庭日护由 2 ～ 4 名 3 岁以下的幼儿组成小组，由家庭提供一个刺激丰富的环境，由一个训练有素的母亲或看护者负责管理。

残疾人学校。残疾人学校为身心残疾的幼儿提供特殊服务，重视自我表现的活动，将重点放在具有治疗价值的身体活动或社会活动上。大多数残疾人学校都由政府资助，隶属于社会福利与发展部。

实验学校。这些学校与提供学前教育或小学教育课程的公立学校、私立学校、师范院校存在紧密联系。实验学校师资力量雄厚，经常开展教育实验；同时也有师范院校的学生来校实习，由资深教师指导实践教学。实验学校中公立学校收取很低的学费，私立学校则学费昂贵。

以研究为导向的早期教育项目。早期教育项目为幼教专业的学生提供在学校中做研究的机会，其职能是开展关于菲律宾儿童、青少年特点与发展需要的研究。

预科幼儿园。预科幼儿园的主要目的是让幼儿为进入学术水平较高的学校做好准备，课程根据小学各年级正式、规范的要求组织。该类幼儿园大部分附设在私立学校中，以确保学校早期教育目标的实现。

第二节　学前教育的课程与教学

2016 年，东盟教育工作计划提出可持续发展目标：到 2030 年保证所有幼儿获得高质量的发展，得到精心的照料，并获得良好的学前教育，从而为接受小学教育做好准备。[①] 作为东盟的成员国之一，菲律宾在学前教育领域的努力，充分反映在学前教育课程和教学改革之中。

菲律宾学前教育的课程不按学科，而是按领域划分。活动和游戏是幼儿学习的重要方式，也是最自然、最有效的方式。学前教育的教育目标强调儿童的心理、情感、社会、身体和美感体验的发展。所有学校均须提供安全和健康的环境，考虑空间的可用性和实用性；须提供一些基本的游戏和学习区域，如阅读区、建构区、休息区、手工区和洗手间等。一日的常规安排须体现各项活动的平衡，如保证学习时间、集体活动时间、加餐时间和休息时间的平衡，确保安静的时间与剧烈的身体活动时间交替安排。

一、学前教育的课程

在学前教育阶段，不同年龄段的学习内容有所差异。菲律宾教育部对5岁幼儿的课程内容做了详尽说明和规定，其他年龄段则没有相关的规定。但受到《幼儿园教育法》的影响，菲律宾的学前教育普遍强调：课程根据儿童的个人需求和社会文化背景安排，侧重儿童的全面发展；课程提供补充性、综合性服务，为儿童的认知发展、健康和安全、护理、营养、卫生、心理–社会–情感、文化和价值观形成提供综合服务；课程要确保最大限度地利用每天至少3个小时的时间开展活动；课程的开展以游戏为基础，通过积极的学习体验来实施，让幼儿体会学习、探究的快乐与意义；课程考虑儿童身体、社会、情感和认知的独特特征，提供适合其年龄、发展阶段的环境、文化和价值观教育。

（一）课程类型

按照内容组织形式，学前教育阶段的课程可以分为以下三种类型，如表4-2所示：

① AQUINO L N，MAMAT N，MUSTAFA M C. Comparing the kindergarten curriculum framework of the Philippines and Malaysia[J].International journal of early childhood education and care，2017(6)：27-40.

表 4-2　学前教育阶段课程的三种类型

类型	特点
面向传统小学，以教师主导型的教授法为基础，按学科领域组织教学内容	注重认知、读写、识字和算术技能。孩子们大多是在教师的指导下开展结构化的、久坐不动的课堂任务，他们的经验仅限于纸笔任务，还有少量的艺术、手工艺、音乐和运动
以游戏、活动为主导的课程	让孩子们以相对随意的方式探索各种各样的主题，从儿童的学习经验出发，设计学习活动，以支持身体、社交、情绪、语言和认知的发展
课程内容多元、全面，配合儿童各方面的发展	内容更为综合、平衡，围绕精选的主题或研究课题来安排活动。以学习者为中心，强调儿童的积极参与。一些幼儿保育和发展中心实施特定的项目模式，如基于蒙台梭利理论的项目模式、银行街学院的发展互动模式、华德福学校模式以及日本公文式教育模式

资料来源：UNESCO International Bureau of Education. Philippines early childhood care and education programs［R］.Geneva，2006.

公立幼儿园及日护中心的课程设计，更接近上述第二类课程，并具备第三类课程的一些特色。日护中心的活动项目采用主题形式，提供多元化的活动，包括戏剧、操作能力及团体游戏、艺术与手工、音乐、讲故事及其他语言体验。日护工作者的主要参考资料如下: 每周活动计划指南(Weekly Plan Activity Guide)，包括为 10 个月（1 学年）教学设计的可选活动主题；幼儿保育和发展资料手册(Resource Book on ECCD)，其中包括额外的主题、推荐的教学概念及学习经验。日托中心的日常工作、活动空间与幼儿园相似，符合以活动为中心的课程类型，有明确的游戏活动区域，儿童每天的活动时间表体现在不同时段进行的特定活动中。

（二）课程内容

2011 年，菲律宾教育部制定《幼儿园课程指导》(Kindergarten Curriculum Guide)将幼儿园课程规定为 5 个领域，即价值观教育，身体健康与运动发展，社会情感发展，认知发展（数学被包含其中），语言、读写能力和沟通发展。

2012 年 1 月 31 日，菲律宾教育部颁布了《K-12 课程指导——幼儿园》（K to 12 Curriculum Guide Kindergarten），指出课程在年龄、个性、社会

文化等方面要与幼儿的发展保持适宜性，制定五岁幼儿的发展基准，强调迎合学习者的兴趣与需求、使用母语作为教学媒介等策略。在该文件中，幼儿发展领域扩展为6个，包括健康领域、社会情感领域、角色和价值观领域、认知领域、语言领域、创造性和审美领域。

2012年，《菲律宾幼儿园课程标准》（The Philippines Kindergarten Curriculum Standard）将幼儿园课程划分为七大领域，当年实施，2013年又进行了修订。2016年，《幼儿园教育综合政策》最终将幼儿园课程确定为以下七大领域：价值观教育，身体健康与运动发展，社会情感发展，美感与创造性发展，语言、读写能力与沟通发展，数学，物质与自然环境的理解。每个领域的目标和能力标准如表4-3所示：

表4-3　菲律宾幼儿园课程的学习领域

领域	目标	幼儿能力标准
价值观教育	重视人际关系；展示积极的自我观念；尊重、关心自己和他人；遵守社会秩序；在不同的情况和场合有适当的举止，爱祖国、爱同胞。	忠诚于自己的言行；爱家庭、爱国家，为自己是菲律宾公民而感到骄傲；尊重他人、同情他人、表现仁慈；关注卫生和环境；以饱满的热情参加小组活动。
身体健康与运动发展	发展幼儿精细动作、大肌肉动作，以便参加有益于身心健康的各项活动。	有足够的精力参加每天的日常活动；身体动作协调、能够正确使用手和手指；养成基本的个人卫生习惯；具有一定的自我保护意识。
社会情感发展	发展幼儿社会和情感技能，与周围人融洽相处；欣赏学校、社区和他人之间的文化差异。 发展关于自己的基本概念；学会在家庭、社区等环境中如何友好地与他人相处；展现对自己社会身份的认识。	学会表达不同的情感，能控制自己的感情；能理解他人的情感和情绪；与同伴、抚养者有良好的互动；理解并欣赏自己与他人的差异；能根据环境调整自己的言行。
美感与创造性发展	重在发展幼儿的天赋和创造性技能，包括音乐、视觉艺术、戏剧、舞蹈和创造性运动。	探索声音、音乐和节奏，通过绘画和操控活动等，发展儿童的创意表达能力。

续表

领域	目标	幼儿能力标准
语言、读写能力与沟通发展	为幼儿提供使用母语自我表达的机会；培养幼儿使用母语进行沟通的技能。	能区分声音的不同类型，并做出相应的反应；正确表达自己的情感、思想和观念；能利用已有的词汇描述物体或事件；具有基本的阅读技能；理解简单的文字，与他人分享从图画书和经验中得来的思想和观点；能抄写简单的单词。
数学	能够辨别数字；理解长度、体积、质量、时间等概念；使用具体物体进行简单的操作。	理解基本的数量、时间和空间的概念；认识 10 以内的数字，计算 10 以内的加减法；了解长度、质量、容量和体积的概念。
物质与自然环境的理解	理解生物、非生物等概念；理解天气；能够利用上述知识对生活环境中的事物进行分类。	具有相关物理和自然环境概念。

资料来源：① Kindergarten curriculum guide［R］. Metro Manila:Department of Education，2011.
② K to 12 curriculum guide kindergarten［R］. Metro Manila: Department of Education，2012.
③ Omnibus policy on kindergarten education［R］. Metro Manila: Department of Education，2016.

幼儿园课程领域的日益明确，深刻影响了学前教育各个年龄段的课程设置，整个学前教育阶段普遍强调为幼儿提供高质量的保育和看护服务，为“入学准备”做出努力。此外，为做好幼小衔接工作，教育部在一年级新生入学初期开展为期八周的“幼儿保育和发展课程”，确保幼儿顺利实现从幼儿园到小学生活、学习的过渡，为后续学习和终身发展奠定坚实的基础。

二、学前教育的教学

2012 年以来，在《幼儿园教育法》的影响下，菲律宾学前教育阶段的教学进一步规范。教育部为幼儿教师提供《学前教育手册》，明确教学目标、解释相关概念或内容，并推荐优秀的课堂活动和具体学习材料，其中包括为优化课堂管理提供的每日课程表及指导方针。此外，教育部还提供向公立学校推荐使用的基础幼儿园“课堂包”，其中包括一本儿童工作手册和几本适合五六岁儿童阅读的故事书。

（一）教学目标和原则

《全国早期学习框架》由幼儿保育和发展协调委员会制定，该学习框架指出，儿童是国家最宝贵的财富，幼儿必须得到良好的照料，关注他们目前的发展需求，为他们的终身学习做好准备。

学前教育必须致力于促进儿童身体、社交、情绪和认知等方面的发展，使他们能更好地适应学校生活和正规学校教育的要求；在考虑儿童兴趣和能力的基础上，精心挑选有意义、有价值的经验，挖掘儿童潜能。

《全国早期学习框架》提出 16 项基本原则，用于指导幼儿成长与发展、学习项目、学习评估。其中幼儿成长与发展的原则如下：（1）每个孩子都是与众不同的。他们的成长经历和发展状态都不尽相同，其中幼儿成长的头 6 年是最重要的。幼儿有一种与生俱来的学习欲望，学习最好通过有意义和真实的经历来完成。（2）每一个成长与发展的方面都既相关又独立。孩子需要在充满关爱的环境中得到培养，以增进其与同伴、父母、教师等之间健康、可靠的关系。（3）每个孩子的成长与学习都包含一系列复杂、动态的过程，教育者要以积极、互动的方式做出反馈。（4）鼓励孩子不断获得新能力。（5）每个孩子都对世界充满好奇、爱思考，同时他们又活泼、好动，家庭、社区要创造良好的环境，促使他们积极参与自我学习和发展。

学习项目的原则包括学习项目要以儿童为中心，采用整体方式促进幼儿的成长和发展，强调家庭和社区在支持儿童成长和发展的各个阶段的作用。

（二）教学活动与教学方法

幼儿教师的素养是多方面的，因为幼儿在每一个领域的发展水平都不一样，幼儿教师应注意：每间教室都是多功能的；每个教师都是幼儿全面发展的促进者；在认知、身体、社会情感等方面，每个幼儿都有自己独特的兴趣、智能、学习方式与学习需求；每个幼儿都有发展自己独特之处的权利。

为促进和确保幼儿的全面发展，教学活动必须精心设计，不同学习领域的活动安排亦须平衡，室内、室外游戏必不可少。学前教育阶段的教学采用主题单元形式，主题来自幼儿熟悉的生活，包括“我自己、我的家庭、我的学校、我的社区以及我周围的事物”。在孩子们获得使用英语和菲律宾语表达自己想法的能力和信心之前，学前教育机构的教学语言是幼儿的母语。

2016 年的《幼儿园教育综合政策》为幼儿教师组织、实施教学活动提供了极大的便利。该政策可以有效地指导教师在一日常规时间中开展学习活动，培养幼儿的能力。如表 4-4 所示：

表 4-4　幼儿园一日常规的时间分配

活动	时长 / 分	学习活动描述	幼儿能力培养举例
到校	10	在等待其他幼儿来到学校的时间里，幼儿单独或与同伴一起在教室的不同游戏区域或活动中心开展探索活动。	1. 精细运动技能，如涂鸦、画画、搭积木、玩橡皮泥等。 2. 语言、读写能力和沟通技能，如使用问候语、学会礼貌地表达。 3. 社会情感技能，如自主、与他人合作、自律。
集体时间 1	10	教师介绍活动，并为一天的活动做好准备，包括如下内容：教师与幼儿围成一圈，教师指导吟诵、唱歌等；教师引导体育锻炼。	语言、读写能力和沟通技能，如听从教师的教学指令、表达自己的看法、参与交流或讨论等。
工作时间 1	45	幼儿可以组成小组、结成对子或个人，依据教师分配的任务自主地开展活动。	1. 数学能力，如认识数字、书写数字、比较大小等。 2. 工作和学习技能，如在规定的时间内完成任务、集中注意力。
集体时间 2	10	教师又一次将幼儿集合起来，让幼儿洗手，为加餐做好准备。	语言、读写能力和沟通技能，如听从教师的教学指令、回忆信息等。
课间休息	15	营养加餐时间。教师指导幼儿了解适宜的饮食礼仪。	1. 个人自主或自助技能，如自主进食、使用餐具等。 2. 精细运动技能，如打开盖子和容器等。
安静时间	10	幼儿可以休息，也可以参加放松活动。	听从教师的指令。

续表

活动	时长/分	学习活动描述	幼儿能力培养举例
欣赏故事、韵律诗、诗歌、歌曲	15	在教师指导下进行互动朗读活动。	语言、读写能力和沟通技能，如回忆故事细节、将个人经历与故事中的事件联系起来。
工作时间 2	40	幼儿可以组成小组、结成对子或个人，依据教师分配的任务自主地开展活动。	1. 认知技能，如能够辨别事物特征，并按照具体的特征对事物进行配对、分类、排序。 2. 推理和问题解决技能。
室内/室外游戏	20	活动包括简单的体育运动、活动、室外游戏等。	1. 大肌肉动作、精细动作等运动技能，如平衡、跑步、投掷、抓取等。 2. 接受语言信息、口头表达的技能，如听从教师的教学指令等。
集体时间 3	5	幼儿收拾、整理玩具等，为离校做好准备；教师整合幼儿的学习经验，这一时段也提供延时学习。	1. 语言、读写能力和沟通技能，如表达自己的情感、描述经验、听从教师的教学指令等。 2. 自助能力，如整理自己的物品、将物品放回合适的地方等。
总时长	180 分钟		

资料来源：Omnibus policy on kindergarten education［R］. Metro Manila: Department of Education，2016.

日护中心以一种整体、全面的方式为儿童提供适合其发展的经验，满足他们成长的需要和能力培养。大多数日护中心开展半天的活动，包括教师监督之下的游戏和集体活动（艺术和手工艺活动、音乐和运动、讲故事）、个人卫生保育、补充喂养、健康和营养教育、早期识字和数学学习经验培养课程，以及支持社会和情感发展的社会化经验培养课程。

（三）教学时间

大多数幼儿园的教学时间是周一至周五，入学人数较多的学前教育项目，每个年龄组一般分 2 ～ 3 个班，上课时间共计 3 ～ 4 个小时。菲律宾没有全日制的幼儿园和托儿所。

大多数村镇日护中心（也称为托儿所）开展 3 小时或半天的活动，为 3 至 5 岁儿童安排每周 5 天的游戏小组活动。满负荷运转的日护中心通常分两班，为两组儿童提供服务：一班在上午，另一班在下午。少量中心为那些急需照管孩子的父母提供儿童保育服务。

20 世纪 90 年代后期，菲律宾教育、文化和体育部出台相关政策，倡导在工作场所建立日护中心。因此，越来越多的政府部门、私营公司提供与父母工作时间相匹配的全天儿童保育项目（full-day childcare programs），即从上午 8 点或 9 点到下午 4 点或 5 点提供保育服务，其中一些保育项目与城市的地方政府相联系，为在当地工作的公务员提供支持与服务，减少他们的顾虑。

第三节　学前教育的保障体系

菲律宾学前教育的保障体系主要包括经费保障和师资保障两个方面。充足的学前教育经费、健全的经费投入制度奠定了菲律宾学前教育发展的物质基础，规范的幼儿教师培养、高素质的师资队伍则是菲律宾学前教育发展的质量保障。

一、经费保障与投入体系

在菲律宾人的价值观中，教育非常重要，所有公立学校均为 5 ～ 6 岁儿童提供幼儿园免费教育。然而，由于教育投入不足以满足不断增长的教育需求，免费教育政策实际执行起来困难重重。

菲律宾出生率高，根据世界银行统计数据，2011 年菲律宾人口增长率为 13%。此外，菲律宾的人口结构较为年轻。2007 年人口普查统计数据显示，菲律宾人口为 8 857 万，其中大约 46% 是 18 岁以下的儿童，0 至 6 岁的儿童约占总人口的 18%；2000 年，0 至 6 岁的儿童人口为 1 350 万。[①] 根据世界银行提供的数据，2021 年，菲律宾人口为 11 104 万，0 ~ 14 岁人口

① MANUEL M F，GREGORIO E B. Legal frameworks for early childhood governance in the Philippines［J］. International journal of child care and education policy，2011（1）：65-76.

为 3 279 万，占总人口的 29.5%。儿童数量的增长表明抚养比率（dependency ration）很高，需要大量的额外资源来满足基本需求，如食品、医疗保健和教育。

菲律宾儿童成长面临的挑战主要有疾病和营养不良、早期教育有限、缺乏适当的社会心理关怀和刺激、保护不足等，这些因素影响、威胁着儿童生存、发展和受保护的权利。同时，保障弱势家庭儿童的健康成长也一直是困扰菲律宾政府的问题。以上问题表明国家迫切需要加强努力，以确保儿童的稳步发展。

基于此，菲律宾政府决定规范学前教育的经费投入，为学前教育的发展提供物质保障。2011 年 12 月 12 日，菲律宾教育部发布《支持普及幼儿园教育项目的拨款指导方针》，通过初等教育局向所有地区和部门拨款，用于以下幼儿园项目、计划和活动：（1）使用 8 周暑期课程和国家幼儿园课程指导对教师进行培训；（2）支持利益相关者组织幼儿园课堂；（3）为幼儿园课堂提供技术支持和监测；（4）通过多种传递渠道，在公立小学幼儿班（包括地方政府部门照看的 5 岁幼儿）、日托中心、私立幼儿园和教会学校等，建立一个精确的幼儿园数据库系统，发布入学报告；（5）发放多种幼儿园教学材料。

不同地区，拨款数额有所不同。国家投入向贫困地区倾斜，加强农村和弱势地区的学前教育普及，保障教育公平。

2012 年的《幼儿园教育法》规定，除了当前国家已经规定的幼儿教育经费，政府还需提供专项的幼儿园教育经费，用于保障免费公立幼儿园教育的实施，另外，政府应将幼儿园教育经费写入年度拨款法案中，以增强其法律效应，从而保证幼儿园教育经费落实到位。

《2013 年幼儿法案》规定，早期教育费用应从本年度教育部、社会福利与发展部、卫生部、国家营养委员会的拨款中支付，持续实施所需的款项将列入年度总拨款法案。

幼儿保育和发展项目将通过公共和私人资金相结合的方式获得资助。资助形式如下：（1）财政和技术支持。教育部、社会福利与发展部、卫生部通过向幼儿保育和发展项目提供财政和技术支持，确保全国幼儿保育和发展系统的有效实施。（2）其他支持形式。地方政府支持各自地区的公立幼儿保育和发展项目。来自政府中的捐赠者和政府财政机构的追加资金，用来资助包括城市贫民的公立项目。在社区层面建立基金，以便在社区一级与经认可的私人教育提供者签订幼儿保育和发展项目合同计划。（3）费用和捐款。为公立、私立幼儿保育和发展项目募集的费用和捐款由幼儿保育和发展协调委员会监管，保证这些项目家庭能够负担得起，并且收费应控制在合理范围内。（4）鼓励家庭投入时间、行动支持幼儿保育和发展项目。

二、师资队伍建设体系

对不同年龄段儿童成长、发育模式的了解是具备幼儿教师资格的首要条件，也是教师计划、指导和评价教学有效性的基础。在菲律宾，教师要培养、激发儿童的好奇心，这意味着教师的课堂教学有可能偏离事先准备好的计划。理解儿童的教师更容易接受这一点。

幼儿教师教育课程，包括幼儿教育学、儿童心理学、儿童文学和课程设计。从学院或者大学毕业并且学习过这些课程的教师，更受高标准学校的青睐。

除了增进教育学知识和教学技巧，教师还要证明他们能够为儿童树立适当的社会行为模范。教师应该具有良好的个性，愿意承担责任，自尊和尊重他人，有较强的沟通交流能力。

（一）教师培养与资格考试

日托中心和幼儿园的职能有所差异，前者重保育，后者重教育，因此，两种机构对教师的任职要求不同，两者的教师资格标准也有很大的差别。日托中心虽然也有很多教育功能，但由于教师的受教育水平、素质要求相对较低，可能会对幼儿入学后的学习产生不利影响。

1. 教师资格条件。

日托中心的教师资格标准由社会福利与发展部确定，条件是18～45岁，女性，高中毕业，身体健康，有良好的道德，最好有照顾幼儿的经验。除了年龄、性别、高中毕业资格外，其他条件都比较模糊，标准比较低。与此相反，教育部制定的幼儿园教师资格要求大学毕业。

2. 教师培训课程。

菲律宾培养衔接小学教育的幼儿教师，重视教育实习，组织教师进行资格考试及体验式学习。之前菲律宾的小学教育是6年，中等教育为4年，进入大学教育的学生水平较低，这也影响到教师的素质。K-12改革之后，中等教育增加至6年，教师的素质也得到提升。

准教师为获得幼儿教师资格，必须接受4年的教师专业学习。在进入大学前，要经过6年小学、6年中学，从小学到大学，至少21岁才能获得教师资格[①]。高等教育委员会制定教师培训的教育课程标准。

试以菲律宾某大学教育系的幼儿教师培养为例，对菲律宾幼儿教师的培养情况进行说明。该大学是私立4年制大学，学生家庭的经济阶层属于中产阶级。该校教育系的教师培训课程有初等教育、中等教育两个方向。学前教育被包括在初等教育之中，教师培训课程的相关内容如表4-5所示。第一年主要是教师教养教育，第二年开始教养+修养教育，前两年大部分的科目是专业知识与教育内容。从第三年开始，学生要到附属学校实习，第四年学生的大部分时间都在实习。在专业教育科目中，有理论、方法论、实习、专题等课程。

表4-5 该大学教育系初等教育教师培训课程

科目领域		学时数
一般教育科目（general education courses）		63
专门教育科目（professional education courses）	理论（theory/concept courses）	12
	方法论（methods/strategies courses）	27
	实习（field study courses）	12
	专题（special topics courses）	3
教育内容科目（content courses）		57
合计		174

资料来源：GONDO K. Early childhood education and teacher training in the Philippines［EB/OL］. https：//www.doc88.com/p-9893191094130.html.

菲律宾师范教育重视教育实习工作。从实习地的选择到实习内容，高等教育委员会及教育部都进行了详细的指导。基于指导方针，该大学制订

① 2012年进行基础教育领域的K-12改革，中等教育增加至6年，与国际学制一致。

了教育实习指导的具体方法：大学内的实习指导教师对学生进行 4 次指导；大学教师指导实习生确认实习目的，在实习中采取适宜的行动、态度和方法与孩子及实习学校的负责教师交流。实习安排在大三第一学期和大四第一学期，一周 5 天，一天 5 个小时。大三的实习在该大学的附属幼儿园以及私立幼儿园进行，实习中强调多观察，做教师的助手，积累教学经验。大四时学生在公立幼儿园实习，要写教案并实际授课。学生在上课的时候，班主任随堂听课，观察并对实习生进行课后指导。通过私立和公立幼儿园的教育实习，学生积累了丰富的经验。

在实习中，负责实习的大学教师，每周访问实习地两次，参观幼儿园并随堂听课，同实习地的教师和学生交流。实习结束后，学生完成一份实习报告，在学期末以论文的形式提交。通过这种集中的教育培训，毕业生基本具备了教育教学能力。

在一些缺乏有效师资力量的贫困地区，当地居民和大学合作，共同运营免费的学前教育机构，只有上午上课，约 20 名幼儿在拥挤、狭小的教室里接受教育，教学楼都是当地居民无偿提供的。课程由教育系专攻学前教育的大四学生轮流负责，大三学生担任大四学生的助手，体验实习。学习计划、指导计划、远足等活动，大部分由学生完成。教育系的教师每日指导学生，这个项目是学生自愿参加的，教育活动全部由学生完成，这也是学生毕业取得教师资格的一个条件。该项目自 1982 年开始，一直持续至今。它不仅有益于提高立志于从教学生的素质，也成为当地幼儿成长的重要教育资源。

3. 教师资格考试制度。

学生大学毕业后，为获取教师资格，必须接受国家教师资格考试。《菲律宾教师专业化法案（1994）》指明了教师资格考试的范围、资格认定等具体标准。教师资格考试分为小学教师资格和中学教师资格两种，如果想获得幼儿教师资格，只需接受小学教师资格考试即可。考试科目为基础知识、专业知识，考试时间是一年 1 次，通常在 8 月份举行。考生要参加考试讲座，以备考试。可以看出，菲律宾学前教育是小学教育的准备阶段。

菲律宾学期通常在 3 月结束，4 月、5 月为暑假，6 月开始新学期，8 月进行教师资格考试。毕业生在 6 月份新学期开始之前是不能获得教师资格的。所以，应聘私立学校的毕业生一般在考试前被雇用，参加完资格考试，才能成为正式教师。没有通过教师资格考试的学生，也不会立即被解雇。而在公立学校，毕业生必须通过教师资格考试才能被录用，关于教师录用也没有清晰标准。教育部对没有备案的学前教育机构，会进行查证、验证。

（二）教师聘用政策

2007 年 8 月 24 日，菲律宾教育部发布《幼儿教师聘用和配置指南》，强调提升幼儿教师运用与儿童发展相适宜的方法和策略等能力，注重促进幼儿身体、社会、情感、认知能力等潜能的开发。

菲律宾教育部于 2007 年发布的《教师职位聘用修订指南》，以及 2012 年 10 月颁布的《关于幼儿教师聘用和配置的附加政策指南》，为规范幼儿教师的准入提供了重要标准。幼儿教师职位要求与师资配置如表 4-6 所示。

表 4-6 幼儿教师职位要求与师资配置

<table>
<tr><td rowspan="9">教育资格</td><td rowspan="5">幼儿教师职位申请人必须获得右侧任何一个学位，或同等学位</td><td>学士学位　幼儿教育专业</td></tr>
<tr><td>理学学士学位　学前教育专业</td></tr>
<tr><td>理学学士学位　家庭生活和儿童发展专业</td></tr>
<tr><td>学士学位　小学教育专业（学前教育或幼儿教育方向）</td></tr>
<tr><td>学士学位　小学教育专业（低年级教学方向）</td></tr>
<tr><td rowspan="4">可选择的同等学位举例</td><td>学士学位　小学教育专业（特殊教育专业方向，包含 18 个幼儿教育课程学分）</td></tr>
<tr><td>学士学位　中等教育专业（拥有幼儿教育的额外文凭，参与幼儿园教育实践教学）</td></tr>
<tr><td>其他相关课程，包括日托中心课程，应至少包含幼儿教育或儿童发展课程的 18 个学分</td></tr>
<tr><td>教育经验</td><td colspan="2">考虑申请者在公立和被认可的私立学校的幼儿园或学前班的教学经验</td></tr>
<tr><td>申请资格</td><td colspan="2">申请人必须持有 LET/PBET 证书</td></tr>
<tr><td>附加要求</td><td colspan="2">申请人不得超过 45 岁</td></tr>
</table>

续表

幼儿教师的配置	幼儿教师职位应配置在设有学前班并拥有大量 5 岁儿童入学的公立小学之中
	每名幼儿教师每天负责两个班级，上午、下午各一个班。每班至少有 25 名 5 岁以上的儿童，上课时间至少 3 小时。师生比是 1 ∶ 25，两个班级的师生比为 1 ∶ 50
	只有一个幼儿班级的学校，教师须负责附近学校另一个班级的教学
	作为基础教育制度的一部分，幼儿教师有权享受与 2012 年《幼儿园教育法实施条例》中规定的相同的福利和获得持续性专业发展
应急措施	任何年级学生人数超额的正规教师，可被安排为全职的幼儿教师，并接受幼儿园培训。上述教师只要符合规定的标准，可被推荐参加由初等教育局承办的院校培训或由分局办公室或地方政府组织的任何学术培训
	如果拥有幼儿教育课程学分的合格教师数量有限，对于没有获得幼儿教育课程学分的合格教师，可采取以下措施：教师受聘后，分局办公室将要求教师逐步接受幼儿教育课程培训。第一年年底可获 9 个幼儿教育学分，第二年年底可获 18 个学分，第三年年底可获 21 个学分。如果任何年级的教师人手不足，校长可委派幼儿教师讲授任何年级的课程，但不得影响幼儿班级已定的教学和活动时间

资料来源：Additional policy guidelines on hiring and deployment of kindergarten teachers ［R］. Metro Manila: Department of Education，2012.

（三）组织建设与师资培训

为提升教育质量，菲律宾教育部组织多次会议，构建学前教育组织，加强师资培训，为学前教育的发展奠定基础。

1. 组织建设。

为响应政府行政管理部门在“十项议程”（Ten-Point Agenda）中提出的幼儿园和日托中心标准化的倡议，2006 年 3 月 15 日，菲律宾教育部初等教育局与菲律宾国家教育学院、投资早期干预的菲律宾港口协会有限公司合作，决定于同年 5 月 18—20 日在碧瑶市教师夏令营召开第一届学前教育全国代表大会，主题是“学前教育：良好开端、聪明成长”。大会为与会者提供以下机会：分享学前儿童教育的新趋势、良好举措；鉴别与早期教育相关的项目和服务；分享教学策略，促进学前儿童潜能最大程度发展；

确定学前教育统一的课程标准；加强学前教育利益相关者在全国学前教育体制内的合作。

2013 年 4 月 18—20 日，全国幼儿教育协会组织全国会议，主题是“帮助教师和家长应对 K-3 新幼儿课程的挑战”，分主题包括以下内容：使用以母语为基础的多语言教育，促进儿童的学习；使用本地素材加强课程建设；行为管理；价值观教育问题；建立一个实践 K-3 课程的社区。这次会议的参与者包括来自菲律宾全国公立和私立小学的教师。

2. 职业部门举行的教师培训。

菲律宾职业发展协会、职业发展卓越中心等长期举行学前教育师资培训、组织研讨会，为提升幼儿教师的教育、教学技能，培育现代学前教育理念起到了重要作用（见表 4-7）。

表 4-7　菲律宾教育职业发展协会组织全国研讨会 – 工作坊

名称	具体内容	
全国学前教育（幼儿园教育）研讨会 – 工作坊（2011 年 10 月、11 月）	主题	发展、丰富幼儿的学习环境
	目标	1. 指导幼儿教师为幼儿建立和保持高活力、低压力、安全、健康的学习环境；2. 提升幼儿教师建立创新、有趣的学习和活动中心的能力；3. 形成在有利的学习环境中管理、指导幼儿的问题或挑战行为的技能
	参与人员	幼儿教师、协调员、园长，地区督学，幼儿教育专业的学生，感兴趣的教师、父母等
全国学前、小学教育研讨会 – 工作坊（2012 年 4 月、5 月）	主题	创新幼儿园、小学阶段教育学生的策略与教学方法
	目标	1. 加深教师 – 参与者对不同形式的游戏以及其他与发展相适宜的活动的理解力；2. 提升幼儿教师使用如大声阅读、阅读戏剧、室内戏剧、爵士乐吟唱、讲故事等识字策略技能；3. 提升幼儿教师使用歌曲、舞蹈和其他韵律活动的能力
	参与人员	全国公立、私立小学及幼儿园的教师，幼儿园协调员、园长，地区督学，幼儿教育专业、小学教育专业的学生，感兴趣的教师和家长

续表

名称	具体内容	
全国学前、小学教育（一至三年级）研讨会－工作坊（2012年10月、11月）	主题	幼儿园和小学阶段适宜的识字实践
	目标	1. 加深幼儿园和小学教师在教授字母知识、语音意识、初步阅读以及独立阅读等具体方法方面的理解力并提升其技能；2. 培训教师采用有助于提高读图意识和提高学生写作技巧的策略；3. 指导教师正确评估学生的阅读及写作技能；4. 增强教师创造一个文化丰富的课堂环境的能力
	参与人员	来自公立、私立幼儿园和小学（一至三年级）的教师；幼儿园协调员、校长；地区督学、教育项目督导员；对之感兴趣、专业是幼儿教育和小学教育的研究生和本科生

资料来源：① National seminar-workshops on preschool/kindergarten education［EB/OL］.（2011-08-25）［2022-06-24］. https: //www. deped. gov. ph/wp-content/uploads/2018/10/DA_s2011_430. pdf.

② National seminar-workshops on creative teaching and learning for kindergarten teachers［EB/OL］.（2012-09-28）［2022-06-24］. https: //www. deped. gov. ph/wp-content/uploads/2018/10/DA_s2012_473. pdf.

③ National seminar-workshops on kindergarten/preschool and primary level（grades 1 to 3）education［EB/OL］.（2012-08-15）［2012-06-24］. https: //www. deped. gov. ph/wp-content/uploads/2018/10/DA_s2012_396. pdf.

3. 教育部、高等院校举行的教师培训。

菲律宾教育部借助高等院校的研究力量，积极提升幼儿教师的学历水平。为提高幼儿教师质量，达到教育部 2007 年公布的标准，2008 年 5 月 5 日，教育部、初等教育局课程发展部宣布在菲律宾师范大学、比科尔大学、菲律宾东南大学、宿务师范大学举行针对普通幼儿教师、幼儿教育协调员或督导员、初等教育局幼儿教育工作人员的暑期学院项目。这是一个文凭课程项目，教师在学习结束后可以获得幼儿教育硕士学位，50 岁及以下的幼儿教师、任职 3 年以上的幼儿园管理员都可参加。培训包括两个学期：第一个学期在 2008 年夏季，第二个学期在 2009 年夏季。

2012 年 2 月 27 日，教育部为提升幼儿教师以母语为基础的多语言教育能力对相关人员进行培训。幼儿园协调员和 1 名在职幼儿教师代表地区组成小组参加培训。培训结束后，他们要向本单位教师传达培训内容，以有效实施幼儿园项目。地区负责幼儿园项目的督学和分局办公室的相关人员也必须参加。

为了满足教育部对 K-12 课程合格教师的需求，提升教师掌控幼儿园课堂的能力，2013 年 5 月 15—29 日，菲律宾师范大学在加的斯市和奎松洛佩斯镇校区开设学前教育证书项目。这是一个包含 18 个学分的后学士学位项目，旨在为教师提供教育 5 岁及以下儿童的专门知识和技能。具体目标如下：（1）打造一支具有弹性和适应能力强的工作队伍，以满足幼儿教育日益增长的需要，适应可持续发展社会过渡所带来的变化；（2）回应幼儿教师的呼声，协助他们成为合格的幼儿教师；（3）与当地学校官员合作，指导他们参与监测、评估和研究。课程适用于拥有学士学位或教师资格证书的教师。

第五章 菲律宾基础教育

基础教育在菲律宾教育体系里发挥着重要的奠基作用，有助于提高菲律宾国民的识字率、实现全民教育的目标，为菲律宾高等教育和社会经济发展培养和输送人才。

自 1935 年宪法颁布以来，基础教育权在菲律宾已被正式确认为一项人权并得到落实。作为一项人权的基础教育权意味着，基础教育是菲律宾人普遍享有的一项权利，菲律宾人无须支付费用就可以申请，政府有义务免费提供基础教育。

在菲律宾，基础教育是一个发展的概念，也是一个广义的概念。在本章中，基础教育既包括正规的 K-12 教育（学前教育、初等教育和中等教育），也包括替代学习系统（Alternative Learning System，简称 ALS）。

第一节 基础教育的培养目标与实施机构

早在《1982 年教育法》中，菲律宾就确立了“建立和维护与国家发展目标相关的完整、充分和综合的教育体系”的国家政策。[①] 菲律宾《2015 年全民教育国家行动计划》中也明确了为“所有人将来的功能性识字提供基本能力”的目的。为了应对日益加剧的国际竞争对人才素质要求的不断提高的挑战，并与国际接轨，菲律宾对其基础教育进行了重要改革，在 2012—2015 年颁布了《幼儿园教育法》《2013 年基础教育促进法》等一系列教育法案、实施条例和相关文件，普及了至少一年的学前教育，并将其纳入义务基础教育体系；将正规教育中基础教育周期由 2013 年前的 10 年延长至 13 年，称为 K-12 基础教育。K-12 教育全面正式实施始于 2016—2017 学年。改革后的基础教育更加凸显包容性、基础性、普及性，以及关注学生终身发展的目标。延长学制后的 K-12 教育带来了课程与教学的新变化，其有效实施需要教育管理组织各部门之间的协调与衔接。

一、基础教育的培养目标

（一）基础教育的概念

在菲律宾“基础教育”是一个发展的广义概念，在不同历史时期的相关政令文件中有不同的界定。

菲律宾《1982 年教育法》中明确了正规教育和非正规教育的概念。正规教育指由正规学校系统组织和提供的按时间顺序、层级组织的学习形式，其学习者必须通过资格认证才能升入更高一级的学习。[②] 基础教育指正规教

---

① AQUINO D R C. Education law compendium［M］. Quezon：Central Book Supply，Inc.，2019：6.

② BAUZON P T. Handbook in legal bases of education ［M］. Mandaluyong: National Book Store，2006：62.

育的前两个阶段：初级教育，通常涵盖6～7年，包括学前教育；中等教育，初级教育的后续阶段，相当于四年中学。[①] 在《2001年基础教育管理法案》中，基础教育被界定为满足基本学习需求，为后续学习奠定基础的教育，包括幼儿教育、初等教育和中等教育，以及为校外青年和成年人提供的替代学习系统[②]，也包括为有特殊需求的学习者提供的教育[③]。

《2013年基础教育促进法》中，基础教育被界定为满足基本学习需求，为后续学习奠定基础的教育，包括学前班、初等教育和中等教育，以及为校外学习者和有特殊需求的人提供的替代学习系统[④]。此法案及后续颁布的实施条例明确，"强化基础教育计划"具体包括至少一年的学前班教育和12年的初等教育及中等教育，即K-12教育，也叫义务基础教育。[⑤]

在菲律宾"基础教育"是个广义的概念，而"强化基础教育"主要指正规学校教育。

而在教育部关于《2013年基础教育促进法》的实施条例中，又提到"强化基础教育计划"也可以通过替代学习系统实施。[⑥]

2020年7月，菲律宾国会通过的《替代学习系统法案》[⑦] 中，明确将替代学习系统制度化，纳入基础教育体系。

所以，此部分的菲律宾基础教育培养目标既包括正规教育体系中的K-12教育目标，也包括替代学习系统（ALS）的目标。另外，学前班教育虽被纳入K-12教育体系，但它又有相对独立和专门的立法及实施条例。

① AQUINO D R C. Education law compendium［M］. Quezon：Central Book Supply，Inc.，2019：6-7.

② 替代学习系统（ALS）是菲律宾的一个平行学习系统，为失学青年和成人学习者提供机会，以发展基本和实用的识字技能，并获得完成基础教育的同等途径，是正规教育的一个替代性方案。

③ 同① 10.

④ VARGAS-TRINIDAD A F C. DepEd issuances and the K to 12 program［M］. Quezon：University of the Philippines Law Center，2016：111.

⑤ 同④.

⑥ 同④.

⑦ 全名为"An Act Institutionalizing the Alternative Learning System in Basic Education for Out-of -School Children in Special Cases and Adults and Appropriating Funds Therefor"，Republic Act No. 11510.

（二）K-12 基础教育的培养目标

1. 总体目标①。

K-12 基础教育旨在培养具有全球竞争力的菲律宾人，通过提供充足的时间来使之掌握相关概念和技能，并成长为终身学习者；它重视并把语言作为影响学习者成长期的策略，使毕业生为高等教育、中等程度的技能发展、就业和创业做好准备。

《2013 年基础教育促进法》中规定，国家建立、维护和支持与人民、国家和社会的需要相适应的完整、合理的教育体系。每一名基础教育毕业生都应是有能力的个人，通过一项以健全的教育原则为基础、以卓越为目标的学习计划，获得终身学习的基础，从事工作和生产的能力，与当地和全球社区和谐共存的能力，进行自主、创造性和批判性思考的能力，去改变他人及自己的意志和能力。

为了实现这一目标，国家应给予每个学生一个平等的学习机会，让他们接受具有全球竞争力的高质量教育，这种教育的基础是与国际标准相当的、安排合理的课程；在迅速变化和日益全球化的环境中，扩大高中教育的目标，为升入大学、职业和技术发展以及创意艺术、体育和创业就业提供机会；通过适当的教学语言，包括作为学习资源的母语，使教育以学习者为导向，并对学习者、学校和社区的需求等做出应对。

为此，国家应建立一个实用的基础教育体系，培养有生产力和负责任的公民，使其具备终身学习和就业所必需的能力、技能和价值观。

2. 学前班教育的培养目标②。

在 2012 年《幼儿园教育法》中，明确将学前班教育制度化，纳入基础教育体系中，成为国家基础教育体系中不可分割的一部分。该法第二条规定，所有 5 岁儿童均应获得平等的学前班教育机会。为实现 2015 年全民教育的目标，将“为所有儿童提供平等机会，使他们能够接受有效促进身体、社会、智力、情感和技能发展以及价值观形成的强制性的、义务的学前班教育，

---

① DE BELEN A R T. Education laws，jurisprudence & governance［M］.Quezon: Jobal Publishing House，2019：46.

② VARGAS-TRINIDAD A F C. DepEd issuances and the K to 12 program［M］. Quezon：University of the Philippines Law Center，2016：1.

为他们接受正式小学教育做好充分准备”确立为一项国家政策。该法适用于作为正规教育中强制性义务教育第一阶段的初等学校体系（elementary school system）。[①]

基于研究，教育部认为，5岁是从非正式识字到正式识字（一至十二年级）的过渡期，是必须培养积极经验的关键阶段，也是建立自尊、世界观和道德基础的阶段。因此，该法规定，应引导教师/父母/看护人/成人，以促进年幼的学习者在适合发展的和创造性的课程中进行探索，让他们沉浸在有意义的体验中。提供各种以游戏为基础的活动使他们成为新的识字者，并帮助他们自然地获得全面发展的能力。在被鼓励去创造和发现时，他们能够通过探索周围的环境来理解世界，培养勇于冒险的品质，并为应对正式的学业做好准备。

（三）替代学习系统的培养目标

替代学习系统是菲律宾的一个平行学习系统，是为失学青年和成人学习者提供学习机会，以发展其基本和实用的识字技能，并获得与正规教育同等的完成基础教育的途径。

作为第二次机会的教育计划，它旨在使失学青年和成人学习者能够以满足自身偏好和适应具体情况的方式、时间和地点继续学习，并帮助他们提高生活质量，成为有益于社会的人。

2020年《替代学习系统法案》中明确，替代学习系统制度化是基于“促进所有公民获得各级优质教育的权利，并采取适当措施使所有人都能接受这种教育”，其目标之一是“促进以ALS-K-12课程为基础的终身学习机会……以确保学习者成长为有爱心、自力更生、独立、高效和爱国的公民，并为参加ALS计划的学习者在通过教育部的认证和等效评估后能继续接受后续教育或寻求就业提供机会”。

二、基础教育的组织管理

菲律宾由教育部管理基础教育，包括K-12教育和替代学习系统（ALS）。

① 在后续颁发的《2013年基础教育促进法》中，明确学前班教育为义务基础教育第一阶段，小学为义务基础教育第二阶段。

（一）基础教育的组织管理机构与职能

菲律宾的 K-12 基础教育由教育部及地方学校董事会进行组织管理。

由于学前班教育和替代学习系统都在教育部监管之下，在此合并论述。

1. 菲律宾教育部。

菲律宾教育部是根据 1863 年教育法令成立的，当时作为初级教育的最高委员会，由一名主席领导。为了更好地诠释其针对不断变化的管理机构和章程的职能，教育部在 20 世纪进行了多次重组，最终通过《2001 年基础教育治理法案》获得授权。该法案确立了教育部的职责。

教育部是菲律宾政府的主要部门，负责管理和监督实施 K-12 基础教育课程的所有公立和私立教育机构。教育部负责制订基础教育规划，出台和评估国家规范、标准和政策。它的主要目标是提供人人都能平等享有的优质教育，为儿童所需的技能、知识和价值观发展奠定基础，使其成为有爱心的、自立的、高效的和爱国的公民。

教育部的管理功能综合体现在其愿景、使命、任务、权力与职能上。

（1）菲律宾教育部的愿景。

菲律宾教育部在对愿景的表述中清晰地表达了其职能与使命："我们梦想着那些热爱祖国的菲律宾人的价值观和能力使他们能够充分发挥自己的潜力，为建设国家做出有意义的贡献。作为一个以学习者为中心的公共机构，教育部不断完善自身，更好地为利益相关者服务。"①

（2）菲律宾教育部的使命。

菲律宾教育部在其使命中表述道："保护和促进每个菲律宾公民获得高质量、公平、基于文化的和完整的基础教育的权利。其中，学生在友好的、尊重性别差异的、安全和激励的环境中学习；教师的作用是不断促进学习，用心培养每一个学习者；行政人员和工作人员作为学校的管理人员，确保为有效学习创造支持性的有利环境；家庭、社区和其他利益相关者积极参与并共同承担培养终身学习者的责任。"②

---

① DE BELEN A R T. Education laws，jurisprudence & governance［M］.Quezon: Jobal Publishing House，2019：49.

② 同① 49-50.

（3）菲律宾教育部的任务。

菲律宾教育部的具体任务是："制定、实施和协调正规和非正规基础教育领域的政策、规划、方案和项目；监督所有中小学教育机构，包括公立和私立的学校及替代学习系统；建立和维持与国家发展目标有关的完整、充分和综合的基础教育体系。"①

（4）菲律宾教育部的权力与职能。

教育部中央办公室负责国家层面的基础教育宏观管理，地区办事处负责各地区基础教育的管理与协调。教育部组织结构如图 5-1 所示。目前，教育部部长协同 6 位副部长合作处理财务会计、财务预算、法律服务、课程开发和规划、外地业务以及行政服务等领域的业务。②

为完成其任务和目标，教育部有权制定、规划、实施和协调下列政策、计划、方案和项目：①小学、中学、体育和国际教育；②非正规职业技术教育；③高等教育；④文化发展、外国和当地援助项目以及与①、②、③、④内容相关的其他活动；⑤履行法律规定的其他此类职能。

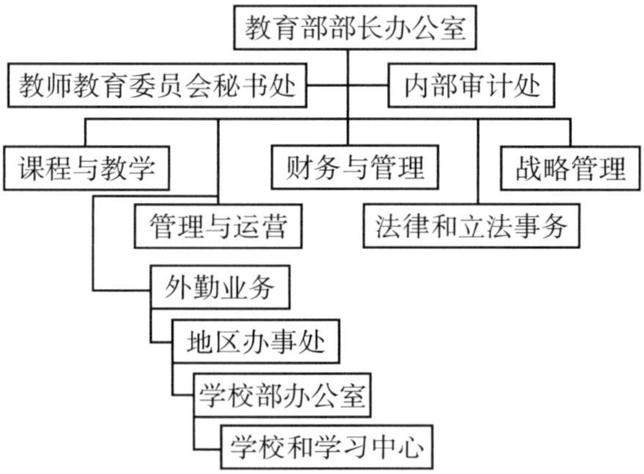

图 5-1　菲律宾教育部组织结构图

资料来源：DE BELEN A R T. Education laws，jurisprudence & governance ［M］. Quezon：Jobal Publishing House，2019：63.

---

① DE BELEN A R T. Education laws，jurisprudence & governance ［M］.Quezon：Jobal Publishing House，2019：50.

② 同① 54.

（5）“强化基础教育计划”中的教育部管理职能。

《2013年基础教育促进法》规定：教育部负责监管实施基础教育的所有公立、私立学校；负责“强化基础教育课程”的整体设计和细节处理、教师的培训、课程与教学资源的扩展与实施、经费的拨付与使用等细则；协同其他政府部门组成咨询委员会，监督对基础教育课程实施情况的审查和评估；进行职业指导等。

2. 地方学校董事会。

地方政府机构中的地方学校董事会也是基础教育的重要管理机构。

《1987年行政法》（Administrative Code of 1987）规定：各省、市、自治市分别设立省级学校委员会、市学校委员会和自治市学校委员会，其组成、权力和职能由法律规定。[①]

（1）地方学校董事会的组成。

省级学校董事会由省长和学监共同担任主席；省财政部部长、省家长—教师协会正式选举产生的主席代表、省级教师协会正式选举产生的代表、省公立学校正式选举产生的非学术人员代表为成员。

市、自治市级学校董事会由市长和市级主管共同担任主席；成员构成与省级基本一致，即为市级的各位代表。

（2）地方学校董事会的权力与职能。

各省、市、自治市的学校董事会负责：①根据教育部规定的标准，确定省、市、自治市（视情况而定）公立学校运营和维护的年度补充预算需求，以及满足这些需求的地方补充成本，应以学校董事会年度预算的形式反映，该预算应与构成特殊教育基金的不动产特别征费收入的份额相对应；②授权省、市、自治市财政局根据实际情况，按照编制的预算和现行规章制度，从特殊教育基金中拨付资金；③担任有关教育事务的咨询委员会，咨询范围包括但不限于当地教育拨款的必要性和用途等问题；④建议更改地方政府单位属地管辖范围内的公立学校名称。[②]

对于地方学校董事会的部门主管、地区主管、校长和其他学校官员的

---

① DE BELEN A R T. Education laws，jurisprudence & governance［M］.Quezon：Jobal Publishing House，2019：50.

② 同① 52-53.

任命，教育部应当向当地学校董事会咨询、协商。[①]

3. 初等教育局。

初等教育局是教育部下设的学前班教育主管部门，其下又设学前班教育办公室。根据《幼儿园教育法》，教育部部长有权管理公立和私立学校学前班教育计划的组织、运作和实施。通过初等教育局、学前班教育办公室，教育部对学前班教育执行以下管理职能[②]：（1）监督和监管学前班教育计划的组织、运作和实施；（2）制定符合普遍接受的规范和标准的学前班教育课程，课程包括符合发展需要的价值观的形成和使用以母语为基础的多语言教育作为教学媒介，以及对此定期复审，以修订和提高；（3）根据以母语为基础的多语言教育的特点，制定教学策略；（4）为学前班教师设计、开发和扩展持续专业发展计划，以确保他们在学前班教育的发展趋势、教学法、方法论和概念方面不断更新知识；（5）规定未来学前班教师的聘任和认证资格；（6）行使对私立学前班机构的管理权力；（7）监管各种幼儿教育场所的建立，这些场所或以幼儿教育机构为基础，或以家庭为基础，或以医院为基础，或以社区为基础，应得到教育部的正式认证；（8）在适用的情况下，在学前班中引入创新项目，包括教育技术。

同时，教育部负责审批私立学前班教育机构的经营管理权，负责学前班教育学校许可证的发放，制定学前班教育学校的认证标准指南，并根据修订后的《私立基础教育学校条例手册》予以撤销。具体事务由地区主管负责。

此外，教育部通过初等教育局对学前班教育实施监测与评估。《幼儿园教育法实施条例》规定，教育部应加强对现有的公办及私立学前班教育项目的监察及评估制度。初等教育局应与规划处合作，确定监测与评估的指标体系。体系应针对以下目标和范围：（1）跟踪各种学前班项目的实施进度，以确定最佳方案、问题和差距；（2）每三年确定各种学前班项目的相关性、效率和有效性；（3）进行创新和尖端学前班项目发展的各种研究；

---

① DE BELEN A R T. Education laws，jurisprudence & governance［M］.Quezon: Jobal Publishing House，2019：53.

② VARGAS-TRINIDAD A F C. DepEd issuances and the K to 12 program［M］. Quezon：University of the Philippines Law Center，2016：6-7.

（4）充分利用教育部现有的信息系统收集数据，以便促进项目改进和政策形成。学前班绩效应每年向各教育利益相关部门公布，以确保透明度和问责制的落实。为追踪学习者的学习进度，教育部须为学前班内的每一个学童分派一个学童查询编号。

4. 替代教育局（Bureau of Alternative Education）。

2020 年《替代学习系统法案》中规定，设立替代教育局，作为实施教育部替代学习系统（ALS）计划的联络办公室。具体负责替代学习系统计划的政策制定、课程开发、学习计划实施和学习材料开发。为确保替代学习系统的有效实施，替代教育局应建立质量保证和支持系统，并定期开展学习活动。其权力与职能如下：

（1）确立替代学习系统的课程和学习材料的开发、项目规划、实施、监控、评估和管理等方面的最低质量标准，包括学习成果的认证、替代学习实施机构的认可、替代学习系统工作人员的能力标准以及对替代学习环境的要求等。

（2）通过非正规和非正式的替代学习计划，促进和确保学习者最终得到认证，这是替代学习系统 K-12 课程要求的核心素养。

（3）与其他政府部门、私营部门合作，确保那些具有不同兴趣、学习需求、能力、人口特征和社会经济地位，以及无法完成正规基础教育的学习者获得教育机会。

（4）与各机构、行业协调合作以促进学习者的能力提升，如就业能力、生产效率和参与劳动力市场竞争的能力，并帮助学习者成为创业者。

（5）协调、鼓励在替代学习系统计划的可持续实施、计划后支持活动和社区规划等有关的事务上与地方政府部门及私立机构密切合作，并建立一个针对特殊情况下失学儿童及成人信息的全国性数据库。

（6）有效和高效地实施替代学习系统计划、项目及活动可能需要的其他权力和职能。

（二）教育部与其他政府部门的协调与合作

1. K-12 基础教育计划中的各部门协作。

在 K-12 基础教育计划下，由劳工与就业部、教育部、技术教育和技能发展署以及高等教育委员会共同成立一个机构间联合委员会。该委员会根据《2013 年基础教育促进法实施细则》第 31 条规定，发布了关于实施 K-12 基础教育计划的劳动和管理部分的联合指南（joint guidelines）。

该指南的目标是：（1）确保私立、公立教育机构的可持续性；（2）保护所有教职、非教职人员的权利和利益；（3）减缓就业拥堵或滞留；（4）防止在由之前的 10 年基础教育周期向 K-12 基础教育计划过渡期间私立和公立高等教育机构的教职员工和非学术人员的流失。①

在联合委员会中，教育部优先聘用由于 K-12 基础教育计划的实施受影响或失业的高等教育机构合格学术人员。高等教育委员会负责提供各种机会以提升高等教育机构及其人员的资格与资历。技术教育和技能发展署为受影响的工人提供技能再培训，以更新他们的知识和技能，并提高他们的素质，使其更适合工作，为他们进入劳动力市场做好准备。劳工与就业部则通过财政支持、促进就业服务及培训和生计援助等实施“调整措施计划”，作为 K-12 过渡期间受影响的高等教育机构人员的跨机构缓解措施的一部分。

学前班教育计划中，教育部与菲律宾语委员会及教育领域的学术研究机构密切合作，共同制定基于母语的多语言教学用语框架。

2. 替代学习系统中的各部门协作。

2020 年《替代学习系统法案》中明确，为了有效实施替代学习计划，教育部与更多政府机构、部门亲密合作。例如，高等教育委员会协助教育部促进那些替代学习系统中评估项目的通过者进入高等教育机构学习。技术教育和技能发展署协助教育部提升替代学习系统学习者的技术–职业技能，帮助他们获取相关国家资格证书，为就业做准备。劳工与就业部为替代学习系统学习者提供就业、在职培训和实习机会。贸易和工业部提供创业机会，包括向替代学习系统学习者提供小额融资和原始资本。此外，农业部、社会福利与发展部、原住民全国委员会、信息和通信技术部、卫生部、地方政府机构都将在与教育部的合作中承担自己的职责，共同促进替代学习系统计划的有效实施。

① DE BELEN A R T. Education laws，jurisprudence & governance［M］.Quezon: Jobal Publishing House，2019：68.

三、基础教育的实施机构

菲律宾政府一直采用两种广泛的战略来进行人力资源的培养，以最大限度地利用人力资源，并实现国家发展目标：一是正规教育系统，层级结构设置，实行学年制，有计划、组织良好，从学前班一直到中等教育后学位的体系；二是非正规教育，指在正规的学术教育机构之外的教育、学习或技能培训等，主要是为帮助那些由于经济、社会以及地理等因素，无法进入正规教育机构接受教育的校外青年和成年人而设立的，旨在提高他们的识字率及获取谋生技能所需的教育内容与形式。所以，菲律宾基础教育的实施机构也包括上面两类，其中，K-12 基础教育属于前者，替代学习系统即为后者。而 K-12 教育中由于具体学习计划不同，实施机构和方式又与非正规教育有交叉。为了方便各自专门论述，此处把 K-12 基础教育分成了学前班教育和一至十二年级教育。

（一）学前班教育的实施机构

《幼儿园教育法实施条例》规定，学前班纳入基础教育体系后从2011—2012 学年开始部分实施。提供学前班教育的机构为公立、私立小学。私立机构必须获得教育部批准，才能提供学前班教育。学前班教育计划又分为普通学前班计划（general kindergarten program）和补习班计划（catch-up program for children under especially difficult circumstances）。实施机构因计划项目不同而有差异。

1. 普通学前班计划的实施机构。

普通学前班计划指为 5 岁及以上的儿童提供的普通小学内为期 10 个月的学习方案，采用专题和综合课程，以确保儿童发展基本技能，使他们为一年级做好准备。①

法令规定，学前班教育要有很强的包容性，为满足有特殊需要的学习者，普通学前班还应提供下列服务：（1）启智计划。指为公立小学有天赋的学生而设计的一项综合计划，旨在满足那些表现出超常智力的儿童的教育、审美和社会需求。（2）残疾儿童早期干预计划。指为有特殊教育需要

---

① VARGAS-TRINIDAD A F C. DepEd issuances and the K to 12 program［M］. Quezon：University of the Philippines Law Center，2016：5.

的儿童而设计的课程。该项目提供的服务将抑制残疾儿童的进一步残疾状况。这种干预可以在家里、学校或社区进行。（3）学前宗教学校计划。指教育部为在公立学校就读阿拉伯语和伊斯兰价值观教育班的穆斯林学生，以及在私立马达里斯学校使用标准宗教学校课程的学生提供的学习计划。（4）原住民教育。指确保保护、承认和促进原住民的权利、文化特性和遗产的学习计划。

2. 补习班计划的实施机构。

补习班计划是指为处于特别困难境况下的5岁及以上儿童，或由于以下境况，如慢性病、武装冲突造成流离失所、城市安置、灾害和童工行为等无法完成普通学前班课程而设置的补习干预计划。

该计划可以在学校、日托中心和社区的其他学习场所，甚至在家中进行。补习班计划有几种形式：（1）学校提供的补习班。学校内有可用教室，即使是半天空闲的教室也可用来学习；学校内没有空闲教室，可以在保证儿童安全与健康前提下的社区可用区域或任何临时学习场所内学习。（2）日托中心开设的补习班。儿童无法进入公立学校的，在日托中心工作人员同意并接受培训的情况下，中心可以开设补习班。（3）家庭 / 社区游戏组。在一些既没有公立学校，也不方便入驻日托中心的地方，教育部会组织一些家庭或母亲，为其社区内上述情况的儿童提供基本的指导。

（二）一至十二年级基础教育的实施机构

一至十二年级基础教育即6年初等教育（一般6岁入学）、4年初中（12岁入学）、2年高中（16岁入学）。主要由正规教育中的公立、私立学校提供。

公立学校是由政府财政拨款，学生免费就读的学校。大多数菲律宾儿童都就读于公立学校。英语和菲律宾语是主要的教学用语，正常学年是从六月到来年三四月，学周为周一到周五。

私立学校不是由政府出资，但课程方案却基本遵循公立学校的统一课程。菲律宾最初的私立学校大多是基督教学校，所以遵循以宗教信仰为基础的学习体系。菲律宾语和英语是主要教学语言。私立学校的班额比公立学校的小，办学设施和资源也较好。

除了正规教育体系中的公立、私立学校，《2013年基础教育促进法实施细则》中，明确“强化基础教育”也可以通过替代学习系统实施。

（三）替代学习系统的实施机构

替代学习系统旨在发展失学青年和成人学习者（包括原住民）的基本和实用的识字、生活技能，帮助其完成基础教育。作为现有正规教育系统的可行替代学习方案，替代学习系统包含了知识和技能获得的非正规与非正式的途径与方式，如社区学习中心、基于社区的其他学习机构、混合式学习、在图书馆或在家学习、远程或网络学习等。

第二节　基础教育的课程与教学

在基础教育改革之前，菲律宾实施 10 年基础教育学制。随着国际竞争的加剧，要求教育改革、与国际接轨的呼声推动菲律宾在过去十年内进行了广泛的基础教育改革，不仅延长了学制，还确立了全新的 K-12 基础教育课程方案。K-12 课程不仅把一年的学前教育纳入义务基础教育，也增强了各阶段之间的衔接性与贯通性。2020 年又把非正规教育的替代学习系统纳入基础教育。与 K-12 课程相匹配，替代学习系统也实施了相应的 K-12 课程。课程改革必然带来教学的变革，反过来，新课程实施也必然需要教学变革来支持。

一、菲律宾基础教育课程

（一）K-12 基础教育课程

1. 学前班教育课程。

菲律宾教育部 2012 年 1 月颁布的《K-12 框架下的学前班课程指南》和 2016 年 5 月颁布的《菲律宾五岁儿童能力标准》① 中提出，学前班课程是建立在建构主义的理论基础上，以综合性、主题式、协作式、探究式和反思性教学在游戏的方法中发展儿童的素质和能力，以主题或综合方法编制的螺旋式学习过程为基础进行课程开发，强调整合互动的教学策略以及以

① Standards and competencies for five-year-old Filipino children［EB/OL］.［2021-04-21］. https：//www.deped.gov.ph/wp-content/uploads/2019/01/Kinder-CG_0.pdf.

儿童为中心的学习体验。

（1）课程的总目标和学习结果。

课程的总目标是帮助五岁的菲律宾儿童为生活做好准备。

学习结果：学前班结束时，孩子们将成为有效的母语沟通者；身体健康、积极活跃；为自己、家庭、文化、遗产和国家感到自豪；拥有艺术的创造性和鉴赏力，以及对环境的关怀；成为好奇、热情、敬业的学习者等。

（2）课程中明确的儿童发展领域。

为实现以上目标和结果，学前班课程促进儿童在以下领域中获得发展。

①社会情感发展——培养儿童情感技能，了解与自己相关的基本概念，学习如何与周围环境中的其他人良好相处，展示自己的社会身份意识，欣赏学校、社区和其他人之间的文化多样性。

②价值观发展——期望孩子表现出积极的态度、自我概念，尊重和关心自己及他人，在各种场合和场所表现得恰到好处，表现出对国家和同胞等的爱。

③身体健康和运动发育——培养儿童精细运动技能和大肌肉运动技能，使他们从事有益身心健康的运动时，成为高效的运动者。引领儿童了解良好的健康习惯，培养他们对健康、安全重要性的认识，学会如何在家里、学校和公共场所预防危险。

④美感与创造性发展——通过绘画、手工活动等发展儿童的美感和创造性表达。审美发展包括对艺术、音乐和运动美的热爱和追求，并能寻找机会创造性地表达情感、思想和想法。

⑤数学——促进儿童理解并展示知识，培养儿童的思维技能和对数学模式、数字、长度、容量、质量和时间概念的洞察力；帮助孩子们通过丰富的动手活动，观察数学领域中的相互联系，并能通过使用具体实物或材料，在日常经历中灵活地理解和运用数学思想与概念。

⑥对物理和自然环境的理解——期望儿童能够基本理解生物和非生物等概念，并将其用于对环境中的事物进行分类。通过探索、发现、观察和用他们的感官（触觉、视觉、嗅觉、味觉和听觉）联系日常经历来获得基本技能，并在周围环境中保持天生的好奇心。

⑦语言、读写能力和交流——该领域提供了通过语言进行自我表达的

早期读写能力学习的机会。培养儿童使用母语、发展第一语言的交际能力，以及对阅读、写作形成更积极的态度，并将自己视为语言的有效使用者和学习者。

（3）学前班课程的主题。

学前班课程整合了课程学习的五项主题，如图 5-2 所示，以生物生态学理论定义了儿童生活环境的各个层次。

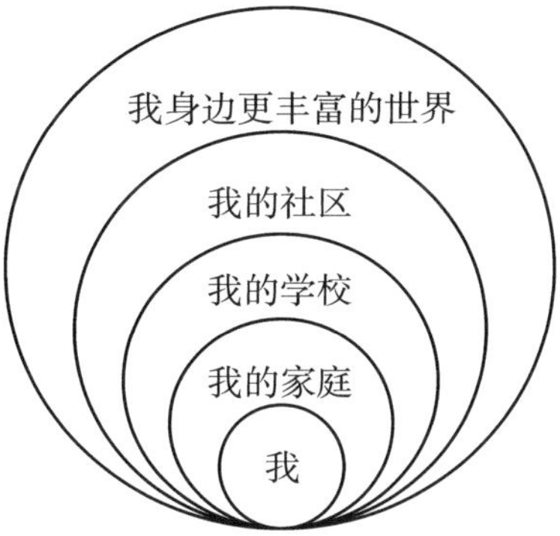

图 5–2　学前班课程主题

资料来源：Standards and competencies for five-year-old Filipino children［EB/OL］.［2021-04-21］. https：//www.deped.gov.ph/wp-content/uploads/2019/01/Kinder-CG_0.pdf.

①我——帮助学习者作为一个个体得到发展。

②我的家庭——引导孩子了解关于成长的概念、想法和实践，对自己和家人负责并感到自豪。

③我的学校——帮助孩子了解如何成为一个个体并与其他同学、老师和学校的其他成员进行社交。

④我的社区——理解社区，成为社区的有效成员。

⑤我身边更丰富的世界。

2. 初等、中等教育阶段的课程。

（1）K-12 课程的目标。

K-12 课程的目标是让所有学习者都能获得优质和相关的教育，使他们都有机会成为全面、快乐和聪明的人，并有信心追求自己选择的道路。通过 K-12 课程，培养全面发展的菲律宾人，为他们的终身学习奠定基础，使其具备应对 21 世纪挑战和机遇所需的信息、媒体和技术技能、学习和创新技能、生活和职业技能以及沟通技能。①

（2）K-12 课程原则②。

教育部明确了强化基础教育课程应遵循的标准和原则：①课程应以学习者为中心，兼容并包，适应发展；②课程应具有相关性、响应性和研究性；③课程应具有文化敏感性；④课程应具有本土性和全球化；⑤课程实施应采用建构主义的、探究的、反思的、合作的及整合的教学方法；⑥课程应遵循以母语为基础的多语言教育的原则，基于学习者的认知基础，从已知到未知，提供教材和有能力实施母语课程的教师；⑦课程将采用螺旋上升方式以确保掌握每一级的知识与技能；⑧课程应具有足够的弹性，允许学校本地化，基于他们各自的教育、社会背景等实际情况来实施课程。

（3）各阶段学习领域及时间分配。

在 2019 年《K-12 基础教育计划政策指南》中，又将基础教育分为 K 至三年级、四至六年级、七至十年级和十一至十二年级四个关键阶段。

① K 至三年级。

K 至三年级课程是正规学校教育的跳板。其中一至三年级是小学生最初接触到在不同时间段教授不同学习领域的阶段（见表 5-1）。

表 5-1　小学一至三年级学习领域及时间分配

<table>
<tr><th rowspan="4">学习领域</th><th colspan="4">时间分配</th></tr>
<tr><th colspan="4">每日时长 / 分</th></tr>
<tr><th colspan="2">一年级</th><th rowspan="2">二年级</th><th rowspan="2">三年级</th></tr>
<tr><th>第一学期</th><th>第二学期</th></tr>
<tr><td>母语</td><td>50</td><td>50</td><td>50</td><td>50</td></tr>
<tr><td>菲律宾语</td><td>30</td><td>30</td><td>50</td><td>50</td></tr>
<tr><td>英语</td><td>—</td><td>30</td><td>50</td><td>50</td></tr>
</table>

① Policy guidelines on the K to 12 basic education program［EB/OL］.（2019-08-22）［2020-03-23］. https：//www.deped.gov.ph/wp-content/uploads/2019/08/DO_s2019_021.pdf.

② VARGAS-TRINIDAD A F C. DepEd issuances and the K to 12 program［M］. Quezon：University of the Philippines Law Center，2016：112-113.

续表

学习领域	时间分配			
	每日时长 / 分			
	一年级		二年级	三年级
	第一学期	第二学期		
科学	—	—	—	50
数学	50	50	50	50
社会学	40	40	40	40
音乐、艺术、体育与健康（MAPEH）	40	40	40	40
人格发展（EsP）	30	30	30	30
总学时	240	270	310	360

资料来源：Policy guidelines on the K to 12 basic education program［EB/OL］.（2019-08-22）［2020-03-23］.https：//www.deped.gov.ph/wp-content/uploads/2019/08/DO_s2019_021.pdf.

②小学四至六年级。

四至六年级的目标是将已学的识字和算术应用到不同的内容领域；进一步提高学生的识字和计算能力，为初中学业做准备；运用高阶思维技能，调整、决策和适当应对各种情况；进一步发展有效参与社区和国家建设活动的知识、技能和态度。这一阶段学习领域和时间分配见表 5-2。

表 5-2　小学四至六年级学习领域及时间分配

学习领域	时间分配
	每日时长 / 分
菲律宾语	50
英语	50
科学	50
数学	50
社会学	40
家庭经济教育 / 技术和生计教育（EPP/TLE）	50
音乐、艺术、体育与健康（MAPEH）	40
人格发展（EsP）	30

续表

学习领域	时间分配
	每日时长 / 分
总学时	360

资料来源：Policy guidelines on the K to 12 basic education program［EB/OL］.（2019-08-22）［2020-03-23］.https：//www.deped.gov.ph/wp-content/uploads/2019/08/DO_s2019_021.pdf.

③初中（七至十年级）。

初中阶段课程的目标是掌握更复杂的基本概念，让学生在应用所学知识、技能和价值观方面养成更高的独立性。这一阶段学习领域及时间分配见表 5-3。

表 5-3　初中阶段学习领域及时间分配

学习领域	时间分配
	每周时长 / 分
英语	240
数学	240
菲律宾语	240
科学	240
社会学	180
人格发展（EsP）	120
音乐、艺术、体育与健康（MAPEH）	240
技术和生计教育（TLE）	240
教室指导计划	60
特殊课程计划	240
备注：每周 2 小时独立或合作学习	

资料来源：Policy guidelines on the K to 12 basic education program［EB/OL］.（2019-08-22）［2020-03-23］.https：//www.deped.gov.ph/wp-content/uploads/2019/08/DO_s2019_021.pdf .

初中阶段教育的一个特色是技术和生计教育（TLE）的学习领域，符合技术教育和技能发展署（TESDA）的培训条例。在七、八年级，技术和生计教育是探索性的。在九、十年级，学生从学校提供的探索性技术和生计教育领域中选择一个专业，并结合创业。这将为他们获得 TESDA 的国家证书（NC）做好准备。

④高中阶段（十一至十二年级）。

两年制专业高中教育是 K-12 基础教育的新特点。课程由核心科目、应用科目和专业科目组成，学习时间总计 2 480 小时。表 5-4 描述了核心课程中 7 个学习领域的 17 门必修科目。

表 5-4　高中核心课程必修科目及时间分配

学习领域	科目	每学期时长 / 小时
语言	口语交际	80
	读写	80
	语言文化传播与研究	80
	研究文献阅读与分析	80
人文	21 世纪世界文学与菲律宾文学	80
	当代菲律宾艺术	80
数学	普通数学	80
	概率与统计	80
科学	地球与生命科学	80
	物理科学	80
社会科学	个人发展	80
	文化、政治和社会理解	80
哲学	人文哲学导论	80
体育与健康	第 1 学期：健身运动	20
	第 2 学期：个人、双人和团体运动	20
	第 3 学期：菲律宾舞蹈	20
	第 4 学期：休闲运动	20

资料来源：Policy guidelines on the K to 12 basic education program［EB/OL］.（2019-08-22）［2020-03-23］.https：//www.deped.gov.ph/wp-content/uploads/2019/08/DO_s2019_021.pdf.

这些核心课程科目与 K-10 科目衔接，并响应高等教育委员会制定的大学预备标准和高等教育新通识教育课程。

除了核心课程科目，其余科目分布在高中教育的 4 个方向上，即学术方向、艺术与设计方向、体育方向，以及技术–职业–生计方向。每个方向都有一套应用科目和专业科目。无论学生注册哪个方向，都要选择这个方向的应用科目（见表 5-5），以获得高中教育所需的关键素养，即英语语言能力、研究能力、信息技术素养等，但教学内容和策略会根据每个方向的要求具体规定。

表 5-5　应用科目及时间分配

科目	每学期时长 / 小时	先修课程
学术和专业英语	80	
实践研究 1	80	
实践研究 2	80	概率与统计
特定领域（学术、体育、艺术和技术职业）的菲律宾语	80	
该学习链的赋能技术（Empowerment Technologies for the Strand）	80	
创业	80	
探究、调查与沉浸	80	

资料来源：Policy guidelines on the K to 12 basic education program［EB/OL］.（2019-08-22）［2020-03-23］.https：//www.deped.gov.ph/wp-content/uploads/2019/08/DO_s2019_021.pdf.

高中阶段的学生可以根据兴趣和需要选择自己修读的核心课程或特定的学科方向。开设高中教育的私立、公立学校必须制订评估计划，以确定学生的兴趣和优势，并帮助他们选择自己的专业方向。

（二）替代学习系统的课程

与正规教育的 K-12 基础教育课程相适应，替代学习系统也推出了相应的 K-12 基础教育课程。ALS 计划使用情境化的非正规课程，参照学习者的已学知识、能力和经验，并将功能性识字指标反映为六个相互关联的学习链（见表 5-6）。该课程聚焦于内容标准、表现标准和学习能力，还明确了与正规学校系统中平行的学习和认证计划的学习者最低能力标准对照（见表 5-7）。

表 5-6　替代学习系统课程的学习链

学习链（learning strands）	主题与技能
学习链 1	交流能力（英语）
	交流能力（菲律宾语）
学习链 2	科学素养和批判思维能力
学习链 3	数学和问题解决能力
学习链 4	生活和职业技能
学习链 5	了解自我和社会
学习链 6	数学素养

资料来源：Policy guidelines on the K to 12 basic education program [EB/OL].（2019-08-22）[2020-03-23].https://www.deped.gov.ph/wp-content/uploads/2019/08/DO_s2019_021.pdf.

表 5-7　替代学习系统 K-12 课程与 K-12 基础教育课程最低能力标准对照与衔接

替代学习系统能力级别	K-12 基础教育年级
小学水平（elementary level）	
基本识字（basic literacy）	学前班至一年级
小学低年级（lower elementary）	二至三年级
小学高年级（advanced elementary）	四至六年级
中学水平（secondary level）	
初中（junior high school）	七至十年级
高中（senior high school）	十一至十二年级

资料来源：Policy guidelines on the K to 12 basic education program [EB/OL].（2019-08-22）[2020-03-23].https://www.deped.gov.ph/wp-content/uploads/2019/08/DO_s2019_021.pdf.

所有教育的替代学习系统计划都是免费的，不允许收取各种费用和成本。违反此规定的替代学习系统教师、社区替代学习系统实施者和教育部的管理负责人应承担行政责任。[①]

二、基础教育的教学

K-12 基础教育课程改革，确立了新的 K-12 课程方案，必然带来教学上的变革，如教学环境、教学方式与策略、教学媒介、教学资源及教学评价等。新课程的实施也需要教学变革给予支持。

（一）学前班的教学

1. 教学媒介。

根据《2013 年基础教育促进法》中的规定，基础教育阶段的教学用语应使用学习者能懂的语言，因为语言在学习者的成长塑造期起着关键作用。

菲律宾的学前班教学采用以母语为基础的多语言教学。2012 年实施的《幼儿园教育法》明确，在公立学校，学习者的母语是学前班教育的主要教授语言和学习媒介，下列情形除外：（1）班里学生母语不同；（2）教师不会讲学习者的母语；（3）与母语相关的学习资源不足；（4）教师没有接受过以母语为基础的多语言教育的培训，不知如何实施。

《幼儿园教育法》还指出，教育部应与菲律宾语委员会协调，并与教育界的学术、研究机构密切合作，制订一套以母语为基础的多语言教学框架。2009—2013 年，教育部先后颁发了《以母语为基础的多语言教育制度化》《开展基于母语的多语言教育培训指南》《基于母语的多语言教育先锋学校教师培训》《实施以母语为基础的多语言教育指南》等一系列促进母语教育的政令文件，强化了学前班教育中母语的地位。

2. 教学方式。

学前班学习计划以儿童为中心，并强调家庭和社区在支持儿童成长和发展的各个阶段的作用。游戏是促进幼儿成长和发展的整体方式，儿童通过游戏成为积极的学习者。根据以母语为基础的多语言教育的特点，制定教学策略。主要教学策略有双轨式教学法（讲故事与听读故事、口语交际

---

① 摘自 Republic Act No. 11510 相关条例。

活动），互动策略，操作游戏的使用，经验、小组讨论和全身反应活动（total physical response，简称 TPR）。随着技术的发展，学前班教育可以通过多媒体技术辅助活动，如交互式广播、音频 / 视频，以及计算机、网络技术的支持。

3. 教学环境。

教育部为菲律宾公立学校内学前班教育提供教育支持，主要配备以下设施：

（1）教室。学前班教室允许小组和个人灵活活动，建议空间标准是平均每个儿童 2.10 平方米。

（2）家具。适合学前班儿童使用的桌椅、架子等家具，也包括供教师使用的桌椅、储物柜等。

（3）与学前班多媒体材料及辅助技术兼容的多媒体设备。

（4）卫生设施。适合学前班儿童身高的马桶、盥洗室和洗手设施等。

（5）适合学前班儿童的游戏区域。

4. 教学资源。

教师和儿童使用的基本教材应作为教育部规定课程必要的补充，包括《全国学前班教师课程指南》、《五岁幼儿发展能力标准》、练习册和补充阅读材料、手工玩具、学习游戏和多媒体材料等。鼓励使用本地开发或本地可用的学习材料和其他资源。学习发展材料应至少包括音频故事材料、小册书、大部头书、经验性书籍、初级课程以及课程范本。

5. 教学评价。

学前班教育阶段的评价理念与方式：（1）评估旨在帮助教师了解学习者的个人优势和劣势，并让教师为他们设计合适的学习活动。评估、监测孩子的学习、发展情况——为教师和家长提供有关孩子进步的建议。（2）评估对于确定孩子的总体发展需求至关重要，但不决定学业成绩。（3）评估的主要方法是在不同时间段内对幼儿进行观察。（4）要定期进行评估，以便及时做出反应或干预以改善儿童学习。（5）评价应该是定性的和描述性的，而不仅仅是数字。用定性和非数字记录及评分系统描述儿童如何根据学前班课程指南中概述的预期学习成果表现。（6）可以将学习的一般结果告知家庭和社区，以鼓励进一步的合作和伙伴关系。

（二）初等、中等教育阶段的教学

1. 小学一至三年级。

（1）教学媒介。

《2013 年基础教育促进法》中规定，课程应提高学生使用菲律宾语和英语的熟练程度，但前提是必须以学习者的第一语言和主导语言作为教学基本用语。对于学前班和小学一至三年级的基础教育，教学、教材和评估应使用学习者的本地语言。教育部应制订一个从母语 / 第一语言到课程后续语言的母语过渡计划，该计划应适合四至六年级学习者的语言能力和需求。菲律宾语和英语应逐步作为教学语言使用，直到这两种语言成为中学的主要教学用语。

所以，这一阶段的教学是从母语占主导地位（从幼儿园到一年级第二个学期）向菲律宾语和英语（分别用于一年级的第二和第三个学期）都能适应过渡，直到计划结束。

（2）教学方式与资源。

除了课堂教学与学习，学校每周为这个阶段的学生提供围绕课程主题的实践活动，学生可以单独完成，也可以与同伴一起完成，或者以小组形式完成。

课外活动是正式学习经验的延伸，旨在挖掘和丰富学习者的各种智力和技能。这些活动以学习吧的形式组织，每月安排 2 次，每次 30 分钟。教育部每年举办的全国学校新闻发布会和全国人才节等也为展示各种学习者的才能提供了途径。①

这个阶段也鼓励学生参加图书馆学习、学习站活动及其他阅读、游戏活动等。学习站为一至三年级的学生提供服务，以便在没有教师监督的情况下从任何学习领域进一步自主调查学习任何主题。这些学习站可用于额外的练习、探索等。

① Policy guidelines on the K to 12 basic education program［EB/OL］.（2019-08-22）［2020-03-23］. https：//www.deped.gov.ph/wp-content/uploads/2019/08/DO_2019_021.pdf.

（3）教学评价。

一至三年级进行形成性和总结性课堂评价，以提高学生的学习成果。形成性评价是一个持续的过程，为学生提供有关学习情况的即时反馈。此类评价的结果会记录在案，但不计算在学生的成绩中。总结性评价用于衡量学生是否达到了内容和表现标准。学生成绩计算以总结性评价结果为基础。

在三年级结束时，学生将参加一次全国性评价，以检查他们是否达到关键阶段标准，并评估学前班至三年级课程的有效性。从 2016—2017 学年开始，教育部为三年级学生进行早期语言、识字和算术评估。评估以多项选择题的形式设计，以学习领域的内容和计算技能作为标准。此外，英语、菲律宾语和母语为评估语言。

2. 小学四至六年级。

（1）教学媒介。

四至六年级的教学语言是菲律宾语和英语。教学媒介使用学习年级、科目如表 5-8 所示。

表 5-8　小学四至六年级教学与学习媒介使用年级及科目

教学与学习媒介	四年级科目	五年级科目	六年级科目
英语	英语、科学、数学		英语、科学、数学、音乐、艺术、家庭经济教育
菲律宾语	菲律宾语、社会学、人格发展、音乐、艺术、体育、家庭经济教育		菲律宾语、社会学、人格发展

资料来源：Policy guidelines on the K to 12 basic education program［EB/OL］.（2019-08-22）［2020-03-23］.https：//www.deped.gov.ph/wp-content/uploads/2019/08/DO_s2019_021.pdf.

（2）教学活动与资源。

除了正常的课堂教学，四至六年级的班级每周应安排一次 40 分钟的课堂辅导。特殊课程计划也应每周提供两次，每次 40 分钟。

与一至三年级一样，鼓励学校分配图书馆学习、学习吧活动的学时。

为了培养对阅读的热爱并鼓励学习者合作完成他们的项目，每周将在一天的课程结束时预留 40 分钟用于阅读和小组合作学习。

（3）教学评价。

小学四至六年级还进行形成性和终结性课堂评价，以提高学生的学习成果。

在六年级结束时，学生将参加国家和国际评估，以检查他们是否达到关键阶段标准，并评估四至六年级课程的有效性。

3. 初中阶段（七至十年级）。

（1）教学媒介。

七至十年级的教学语言为菲律宾语和英语。教学媒介使用学习领域如表 5-9 所示。

表 5-9　七至十年级教学与学习媒介使用年级及科目

教学与学习媒介	七年级	八年级	九年级	十年级
英语	英语、科学、数学 音乐、艺术 体育、技术和生计教育			
菲律宾语	菲律宾语 社会学 人格发展			

资料来源：Policy guidelines on the K to 12 basic education program［EB/OL］.（2019-08-22）［2020-03-23］.https：//www.deped.gov.ph/wp-content/uploads/2019/08/DO_s2019_021.pdf.

（2）教学方法。

初中课程采用螺旋上升方式编排。教学也参照垂直表达的能力与表现标准，采用螺旋递进方式进行。实验性课程中的校内学时不包括预期的校外学习经验，教师可能需要学生利用校外时间创造产品或表现，以此来考查学生的学习迁移能力。

（3）教学评价。

七至十年级仍采用形成性和终结性课堂评价，以提高学生的学习成绩。基础教育阶段学生学业评价内容及占比见表 5-10。

每半学期结束时，学校都会被鼓励举办跨学科的学生作品展览，展示他们在不同学科的表现，作为他们学习或达到表现标准的依据。

九年级时，学生参加全国职业能力倾向考试。旨在通过测试结果为学生的中学后课程或奖学金申请的自我评估、职业意识和职业指导提供信息。考试是强制参加的，但考试结果是推荐的。

学生还可以通过 TESDA 进行技术职业评估，以获得国家证书。完成初中阶段考试的学生必须在十年级参加毕业评估，即国家成就考试。

表 5-10　基础教育阶段学生学业评价内容及占比

评价内容	百分比 /%
知识	15
过程或技能	25
理解	30
作品 / 表现	30
总计	100

资料来源：VARGAS-TRINIDAD A F C. DepEd issuances and the K to 12 program［M］. Quezon：University of the Philippines Law Center，2016：130.

4. 高中阶段（十一至十二年级）。

（1）教学媒介（见表 5-11）。

表 5-11　高中教学媒介使用的科目

<table>
<tr><th>教学与学习媒介</th><th>十一年级</th><th>十二年级</th></tr>
<tr><td rowspan="2">英语</td><td colspan="2">普通数学</td></tr>
<tr><td colspan="2">概率与统计</td></tr>
<tr><td rowspan="11">英语</td><td colspan="2">地球与生命科学</td></tr>
<tr><td colspan="2">物理科学</td></tr>
<tr><td colspan="2">个人发展</td></tr>
<tr><td colspan="2">文化、政治与社会理解</td></tr>
<tr><td colspan="2">第一学期：健身运动</td></tr>
<tr><td colspan="2">第二学期：个人、双人与团体运动</td></tr>
<tr><td colspan="2">第三学期：菲律宾舞蹈</td></tr>
<tr><td colspan="2">口语交际</td></tr>
<tr><td colspan="2">读写</td></tr>
<tr><td colspan="2">学术与专业英语</td></tr>
<tr><td colspan="2">21 世纪世界和菲律宾文学</td></tr>
<tr><td rowspan="6">英语</td><td colspan="2">实践研究一、实践研究二</td></tr>
<tr><td colspan="2">该学习链的赋能技术</td></tr>
<tr><td colspan="2">创业</td></tr>
<tr><td colspan="2">探究、调查与沉浸</td></tr>
<tr><td colspan="2">菲律宾现代艺术</td></tr>
<tr><td colspan="2">媒体与信息素养</td></tr>
<tr><td rowspan="2">菲律宾语</td><td colspan="2">特定领域的菲律宾语（学术、体育、艺术和技术职业）</td></tr>
<tr><td colspan="2">语言文化传播与研究（菲律宾语）</td></tr>
<tr><td>英语 / 菲律宾语</td><td colspan="2">人的哲学导论</td></tr>
</table>

资料来源：Policy guidelines on the K to 12 basic education program［EB/OL］.（2019-08-22）［2020-03-23］.https：//www.deped.gov.ph/wp-content/uploads/2019/08/DO_s2019_021.pdf.

（2）教学方式。

高中阶段在核心课程以外，还有 4 个方向，即学术方向、艺术与设计方向、体育方向以及技术-职业-生计方向。学术方向和技术-职业-生计方向又有不同的分支。教学方式与活动因具体的方向和分支不同而有差异。但无论是哪个方向或分支，每个专业科目都有一个 80 学时的学科时段，学生可以进行工作沉浸、研究、职业宣传或最终展示（culminating activity）。这些选项可作为应用和展示他们在高中阶段学到的技能的途径。但是，具体的方式将取决于合作学校的能力。比如，在技术–职业–生计方向的工作沉浸方面，因合作学校能力，可以选择 80 学时、240 学时或 360 学时（分布在几个学期）等多种教学模式。①

（3）教学评价。

高中的课堂评价仍采用形成性和终结性评价方式。在选修方向上，具体的评价方式和活动又因所选方向和分支学科不同而不同。

（三）替代学习系统（ALS）的教学

1. 教学方式。

《替代学习系统 2.0 实施政策指导方针》② 中明确，替代学习系统教师应继续实行差异化教学，并根据学习者的不同学习需求采取适合他们的学习干预措施。对于基本识字和小学水平的学习者，主要由替代学习系统教师继续以学习支持为基础的现有学习方式进行教学。然而，鉴于新课程下初中阶段的学术能力更加复杂，替代学习系统教师可能需要寻求英语、科学和数学专家的额外支持以进行团队教学。

2. 教学资源。

在开发新材料的同时，替代学习系统教师将继续使用现有材料，包括旧的学术衔接课程模块，并辅以教科书、参考材料、基于互联网的材料和其他替代学习系统，以及教师可能能够识别和访问的学习材料。所有替代学习系统学习资源都将由教育部学习资源门户网站提供。

3. 学习环境。

对于基本识字和小学水平两个层次的学习者，现有的替代学习系统学习环境（即社区学习中心）适合大多数 ALS 2.0 课程。但是，中学水平学习者

① Policy guidelines on the K to 12 basic education program［EB/OL］.（2019-08-22）［2020-03-23］. https：//www.deped.gov.ph/wp-content/uploads/2019/08/DO_s2019_021.pdf.

② Policy guidelines on the implementation of enhanced alternative learning system 2.0［EB/OL］（2019-06-25）［2021-04-21］.https：//www.deped.gov.ph/wp-content/uploads/2019/06/DO_s2019_013.pdf.

现在将提升更高的英语、科学和数学以及数字公民能力，替代学习系统教师可能需要与当地高中或其他合作机构协调以使用这些设施，如科学和计算机实验室。

鉴于 ALS 2.0 扩展的学习环境和专业教师要求，教育部替代学习系统工作组目前正在探索以学校为基础的替代学习系统实施策略。

4. 教学评价。

（1）替代学习系统工作组已完成基于新 ALS K-12 基础教育课程的六个学习链的新功能读写能力测试的开发。

（2）在每次实施 ALS 2.0 时，应使用修订后的功能读写能力测试和现有的基本读写能力评估（仅针对基本读写能力水平的学习者）进行综合评估。替代学习系统教师将根据既定政策和程序使用最新版本的经批准的评估表。

（3）继续现有的替代学习系统评估政策和形成性学习者评估实践。替代学习系统教师应记录所有学习者评估的结果（副本保存在学习者的档案袋中），以监控学习进度并作为补救和未来课程计划的基础。

（4）但是，在 ALS 2.0 下，总结性评估将发生重大变化，特别是等效认证（accreditation and equivalency，简称 A&E）的要求。比如，除了参加 A&E 测试，建议 A&E 测试和档案袋评价的权重分别为 80% 和 20%。

（5）评价继续由教育评估局管理。除了评估局颁发的评级证书，学校部门主管还可以正式签署小学水平证书或初中结业证书。

第三节　基础教育的保障体系

菲律宾基础教育改革及“强化基础教育计划”对于提高菲律宾基础教育质量、提升劳动力基本素质乃至整个社会经济的发展无疑都具有深远的意义。但新的基础教育课程、ALS 2.0 教育计划、教学的实施及其成效必然基于必要的保障体系，如经费投入、师资配备和法律政策等。

一、基础教育的经费保障

（一）财政资助政策

1. 学前班教育。

2012 年实施的《幼儿园教育法》规定，教育部应立即推行免费、强制性和义务的公办学前班教育，将其纳入教育部项目计划。初期拨款将由教育部学前班教育现有拨款拨付。此后，继续实施免费公立学前班教育计划所需的款项应计入普通基金，并纳入年度一般拨款法案。①

2. 初等、中等教育。

《2013 年基础教育促进法实施细则》第 26 款明确：本细则规定的项目预算需要由国家政府保证。教育部应鼓励私人和公司捐赠者根据“第 8525 号共和国法案”以及其他相关的法律和政策的框架支持本节中的援助计划。②

3. 替代学习系统。

2019 年《替代学习系统 2.0 实施政策指导方针》中明确，应授权地方学校董事会拨出一部分特殊教育基金的收益，用于在地方政府部门各自管辖范围内实施替代学习系统计划，包括但不限于在地方政府机构管辖范围内雇用其他社区的替代学习系统教师。

（二）经费投入

1. 菲律宾教育部财政投入。

基础教育改革后，由于公立学校学生人数不断增加，政府每年增加预算主要用于建造新的校舍或修复受损的教室。2014 财政年预算（“第 10633 号共和国法案”）和 2015 财政年预算（“第 10651 号共和国法案”）持续拨款 318 亿比索。其中，34.7 亿比索用于 2014 财政年中“幼儿班、小学和中学建筑的建设、更换和竣工以及供水和卫生设施的建设，剩余的 283 亿比索用于 2015 财政年中建造、更换或完成幼儿园、小学、中学建筑和技术职业实验室，以及供水和卫生设施的建设”③。

---

① VARGAS-TRINIDAD A F C. DepEd issuances and the K to 12 program［M］. Quezon：University of the Philippines Law Center，2016：3.

② 同①

③ Fund released for the proper implementation of the K-12 program［EB/OL］.［2021-04-25］. https：//www.official gazette.gov.ph/2015/06/15.s

新冠肺炎疫情期间，为了保证基础教育持续性计划（Basic Education Learning Continuity Plan，简称 BE-LCP）的顺利实施，教育部审查并重新校准了财政预算方案，补充了最初没有的资金款项用于特殊时期增加的非预算开支。菲律宾教育部预算司司长塞维利亚表示，“目前，为 BE-LCP 提供资金的估计金额为 650 亿比索。我们将继续提出策略，以确保满足学校现有和新出现的需求”①。

2. 国际组织援助。

除了本国的经费投入，菲律宾基础教育也得到一些国际组织援助。国家基础教育计划支持项目（National Program Support for Basic Education）是一项世界银行对菲律宾基础教育的支持计划（2006—2012），旨在提高所有菲律宾人基础教育学习成果的质量和公平性。国际复兴开发银行提供了 2 亿美元的资金，用于支持这个为期六年的项目的四个组成部分。2014 年 3 月，世界银行批准的 3 亿美元贷款用于支持菲律宾基础教育改革已取得的成果，旨在提高目标地区和目标学校的儿童阅读和数学技能。②

二、基础教育的师资保障

基础教育改革加剧了菲律宾基础教育师资短缺的问题。为此，教育部制订了多项培养、训练和配置师资的措施和计划，并在《幼儿园教育法实施条例》《2013 年基础教育促进法实施细则》等文件中明确规定。

（一）学前班的师资管理

1. 教师招聘及其专业发展。

（1）招聘和安置。

《幼儿园教育法实施条例》规定，除了教育部部长签发的聘任条例，学前班教师应完成至少 18 个单元的学前教育内容或者相关机构制定的相应数量的单元学习。

① Deped assures funds available for basic education plan［EB/OL］.［2021-04-25］. https：//mb.com.ph/2020/08/17/deped-assures-funds-available-for-basic-education-plan/2021-04-25.

② National program support for basic education［EB/OL］.［2021-04-24］.https：//projects.worldbank.org/en/projects-operations/project-detail/P094063.

（2）专业发展。

根据《幼儿园教育法实施条例》，教育部将继续制定一套适用于学前班教师的标准。该标准应反映学前班教师在不同环境下的表现预期。

为使公立学前班教师达到所定标准，教育部应与优秀教师教育机构合作，提供持续的教师培训。学校分部办事处可利用其骨干培训师或与有资格的服务提供者合作，开展以需求为基础的培训。

2. 招募聘用志愿者教师。

菲律宾教育部鼓励学前班教育的志愿者教师服务，《幼儿园教育法实施条例》规定，志愿者教师必须符合条例中对教师招聘资格的要求。如果没有合格的志愿者教师，具有教育学位或学习过教育相关课程的人也应考虑在内。

经教育部认定，接受过足够幼儿教育训练的小学教师，应在不损害其职能的情况下被分配到学前班上课，并有权获得公正的补偿。

（二）K-12 基础教育师资管理

1. 教师教育和培训。

《2013 年基础教育促进法实施细则》明确指出，为确保“强化基础教育计划”满足对优质教师和学校领导的需求，教育部、职业技术委员会和高等教育委员会应与政府、学术界、工业界和非政府组织的相关伙伴合作，开展教师教育和培训计划。

（1）内容和教学法在职培训。

要实施“强化基础教育课程”，但未接受与“强化基础教育课程”相一致的职前培养的教育部在册教师，应接受符合强化基础教育课程内容和学业表现标准的培训。教育部将确保私立学校教育机构也获得这一机会，接受相同培训。

（2）新教师培训。

不符合“强化基础教育课程”标准要求的教师教育类新毕业生，在聘用时应接受额外培训，以提高其素质和技能，使其达到“强化基础教育课程”的内容和学业表现标准。

此外，高等教育委员会与教育部及其他利益相关者协调，确保教师教育机构所提供的教师教育课程能使新教师达到所需的素质标准。

（3）学校领导培训。

督学、校长、学科领域协调员等也应接受工作坊和培训，以提高他们作为学术管理和社区领导的技能。

2. 特定学科背景师资补充。

《2013年基础教育促进法实施细则》强调，尽管《菲律宾教师专业化法案（1994）》中有相关规定，但教育部和私立教育机构还应任用特定学科背景的人员。

（1）科学、数学、统计、工程、音乐等学科背景的毕业生。

教育部将聘用科学、数学、统计、工程、音乐以及其他拥有中小学教学所急需的学位课程背景的毕业生，到缺少合格教师（获得了教师资格证）的中小学去任教。这些毕业生也包括那些因符合教育专业权威机构的要求而被这些机构认可的学生，条件是他们必须在从受聘之日起的五年内通过教师资格考试。如果这些毕业生愿意以部分时间制的方式在基础教育学校工作，教师资格证书也可豁免。

上述中的"权威机构"指那些非股份制、非营利性、与学校不同运营方式的组织，由教育部定期承包，为师资匮乏地区提供基础教育志愿者。教育部应发布这些组织的选聘资格指南和程序。

（2）职业技术课程背景的毕业生。

教育部将聘用职业技术课程背景的毕业生到中学里任教，条件是这些毕业生已获得由职业技术委员会颁发的必需证书，他们将参加教育部资助的由教育部或高等教育机构管理的对口在职培训。教育部将对私立学校提供行政支持，帮助他们对自己的教师进行在职培训，以应对"强化基础教育课程"。

（3）高校教师。

教育部将聘用高校教师到中学教授通识课程，或者他们的学科专业领域课程，条件是这些教师必须持有相关学科背景的学士学位，且必须是全职高校教师，工作业绩良好。

（4）教育专家。

教育部和私立教育机构可以聘用"强化基础教育课程"方案里规定的特定学习领域的教育专家，条件是他们只能因此目的而在学校兼职教书。

教育部应与有关政府机构协调，确定雇用的专家应具备的资格标准。

（三）替代学习系统师资管理

1. 替代学习系统教师的聘用和晋升。

2020 年《替代学习系统法案》中明确，为了让替代学习系统计划惠及更多的失学儿童和成人，并为残疾学习者提供便利，应加强替代学习系统教师计划。

教育部和预算与管理部以及公共服务委员会协商，应设立替代学习系统教师教学职位并划分相应的工资等级。教育部还应聘请社区替代学习系统工作人员，以满足替代学习系统计划实施的人力资源需求。在该法案生效三年后，教育部应仅聘用替代学习系统专职教师。

替代学习系统教师有权根据公共服务委员会设定的资格标准晋升。教育部应确保替代学习系统教师晋升的机会平等和标准得到实施。在奖学金和培训机会方面，替代学习系统教师享有与基础教育课程所有学习领域中的普通教师相同的福利和专业发展机会。

2. 替代学习系统教师教育和培训。

为了促进替代学习系统教师的专业成长，教育部应与高等教育委员会、其他政府部门、学术界以及私立机构等相关合作伙伴协作，制订和实施定期培训计划，以确保替代学习系统教师、社区替代学习系统实施者和学习促进者拥有必要的知识和能力来执行替代学习系统课程，并提升他们作为学术人员、行政管理者和社区领导者的角色职能。

三、基础教育的法律、政策保障

菲律宾教育的发展伴随着教育立法的不断推进。历史上重要的教育理念都是通过法案提出、明确的，重大的教育变革也是通过立法来推动的。21 世纪初的 K-12 基础教育改革更是促进了一系列教育法规和教育部文件的出台。所有这些都为菲律宾基础教育的实施与发展提供了有力的政策保障。

（一）宪法和教育法律的保障

菲律宾历史上几部宪法都为当时的教育发展奠定了框架。1935 年宪法使基础教育权深入人心。1975 年宪法确立了菲律宾教育的宪法框架，指出国家建立和保持与国家发展目标相适应的完整、充分、统一的教育体系。

1987年宪法更是确立了新时期教育发展的任务，把教育设想为实现社会正义、团结、自由和繁荣目标的工具，重新确认了公立和私立教育机构的共同作用。除了宪法，20世纪之前菲律宾历史上几部重要的教育法案也对基础教育的发展和改革做出了重要的贡献。

（二）国际法和国际公约的规范

除了遵照本国宪法及其他相关法律的规范，菲律宾的教育制度在其发展历史进程中也一直以国际法和国际公约为指导。

（三）21世纪重要教育法案及教育部文件的规范

近十年来，伴随着K-12基础教育改革的推进，菲律宾教育部更是出台了一系列教育法案和文件，以支持、规范基础教育的发展。

1. 有关学前班教育的法案及文件。

2012年实施的《学前班教育纳入基础教育体系法案》、《幼儿园教育法》及《K-12学前班教育课程指南》，2013年的《承认零至八岁为教育发展的第一个关键阶段并加强儿童早期护理和发展系统的法案》，2014年的《实施学前班补习教育计划的政策指引》，以及2016年的《菲律宾五岁儿童能力标准》等政策文件为21世纪学前教育发展明确了发展方向、评价标准及实施细则。

2. 初等、中等教育的相关法案及教育部文件。

2012年的《2012—2013学年实施K-12基础教育课程一至十年级政策指南》《K-12教育框架下一至七年级的调控》，2013年的《2013年基础教育促进法》《2013年基础教育促进法实施细则》，2014年的《K-12教育框架下小学三年级强化课程实施的学习资源》，2015年的《K-12基础教育计划课堂评价的政策指南》，以及2019年的《K-12基础教育计划政策指南》等文件对菲律宾基础教育的课程、实施、学习资源、评价都做出了规定与约束。

3. 替代学习系统的相关文件。

2013年的《2013年基础教育促进法》、2019年的《替代学习系统2.0实施政策指南》《K-12基础教育计划政策指南》及2020年的《替代学习系统法案》都为替代学习系统的顺利实施，并使之与K-12基础教育课程相匹配做出了政策保障。

在经费、师资、法律的保障下，菲律宾基础教育不断向前发展。

第六章

菲律宾高等教育

菲律宾高等教育发展起源于西班牙殖民统治时期，天主教会和政府建立了主要由教会创立并控制的高等教育制度，实施机构多为教会大学和教会学院。美国殖民统治时期，美国模式的高等教育成功“移植”到菲律宾，新建了一些服务于当地经济和社会发展的高等院校，同时私立高等教育也得到很大发展。1946 年菲律宾独立后，其高等教育发展面临着各种社会环境的变化和挑战，促使菲律宾私立高等教育机构进入迅速发展时期，如 1977 年，私立院校增长为 649 所，学生注册人数比 1950 年增加 4 倍以上；到 1985—1986 学年，菲律宾高等院校数量为 1 158 所，其中私立院校为 838 所。① 据联合国教科文组织 1983 年的统计，1982 年，菲律宾接受高等教育的人口比例在世界各国中名列第九位。20 世纪 80 年代末，菲律宾全国人口约 6 000 万，大学生约 120 万②；至 1988 年，高等学校有 1 000 多所，比起其他发展中国家，菲律宾高等教育的普及程度很高③。进入 21 世纪，菲律宾高等教育机构的数量增长迅速，如从 2007 年的 1 776 所增加到 2016—2017 学年的 1 943 所。这使得菲律宾成为东南亚高等教育机构数量较多的国家。

---

① 张晓昭，赵国华. 浅析战后菲律宾高等教育发展的得失及对我们的启示[J]. 教育科学，1991(2)：59-64.

② 冯增俊，卢晓中. 战后东盟教育研究［M］. 南昌：江西教育出版社，1996：332.

③ 刘洁. 独立后菲律宾教育发展研究［D］. 贵阳：贵州师范大学，2014：43.

第一节　高等教育的培养目标与实施机构

菲律宾高等教育发展目标服务于国家发展目标，高等教育培养国家经济、社会发展需要的各种中高级人才，其实施机构包括公立和私立高等学校。高等教育委员会是直接隶属于总统办公室的高等教育治理机构，从职能和角色的角度，可以把高等教育机构分为大学、学院和专业机构；从质量认证的角度，可以把高等教育机构分为自治型、解除管制型或受管制型高等院校。

一、高等教育的培养目标

菲律宾高等教育的培养目标体现在国家教育法规中，并随着社会政治、经济的发展而进行适当调整。1972 年以前，马科斯政府先后出台了一系列高等教育政策，旨在推动教师质量、学生资助和高等教育机构经费等方面的改革。同时，菲律宾还面临着高等教育发展超前于国家经济发展、高等教育培养人才与国家经济社会发展所需的中高级技术人才不相匹配以及高校毕业生失业率高等问题。为解决高等教育面临的问题，1969 年，马科斯总统下令成立菲律宾教育调查总统委员会。该委员会于 1970 年提交了调查报告《为了国家发展的教育——新模式、新方向》（Education for National Development—New Patterns，New Directions）[①]，为《1972 年教育发展法令》（Educational Development Decree of 1972）的制定提供了前期准备。1972 年 9 月 29 日，菲律宾政府颁布的《1972 年教育发展法令》规划了菲律宾 1973—1983 年的十年教育发展目标和指导方针，指出教育发展目标是为国家发展目标而服务的，这能有效加强教育和国家各领域之间的关系。该法

① 冯增俊，卢晓中 . 战后东盟教育研究［M］. 南昌：江西教育出版社，1996：308.

令指出，政府要确保在一个自由与民主的体制范围内，使教育系统的贡献最大化，以实现以下国家发展目标：（1）实现并保持经济发展和社会进步的不断加速；（2）保证全民能最大限度地分享这种发展成果所带来的成就与喜悦；（3）在不断变化的世界里，增强国家意识和提倡优秀的文化价值观。[①] 为服务国家发展目标，《1972 年教育发展法令》提出高等教育的培养目标为：（1）提供普通教育课程，以促进国家统一，振兴文化意识、道德正气和精神力量；（2）发展为国家提供领导人才的专业；（3）通过研究提高知识水平，利用新知识改善人类的生活水平；（4）训练国家人力，使其拥有国家发展所需的技能。[②]

与《1972 年教育发展法令》相比，《1982 年教育法》对教育所服务的国家发展目标的第三方面内容进行了扩展，即“在一个不断变化的世界中，实现并加强国家团结意识和国家保护意识，发展和提倡优秀的文化观、道德观和价值观”；对教育系统目标的第三方面内容也进行了修改，即“发展能够引领国家知识进步以及引领人们生活质量提高的专业”。同时，为了更好地实现所提出的教育目标，《1982 年教育法》进一步规定了教育机构的教育目的，即“所有教育机构应旨在教授对国家的热爱，传授公民的责任，以及培养品德、个人纪律性和科学、技术与职业效率”。《1982 年教育法》第 23 条提出了菲律宾高等教育的整体目标：（1）提供能促进国家认同、文化自觉、道德诚信和精神活力的普通教育课程；（2）根据国家发展所需的技能，培养国家人力；（3）发展能为国家培养领导人才的专业；（4）通过科研工作来推进知识发展以及通过应用新知识来提高人类生活质量和有效应对不断变化的社会需求和社会环境。[③]高等教育的主要目的是“实现公立与私立高等院校的公平、效率和高质量，以使他们能够共同提供一套完整的人才培养计划，进而满足国家与地区的发展需要”[④]。可见，菲律宾高等教育的培养目标是为满足国家发展需要而培养各种中高级人才，并

① 张龙．独立后菲律宾高等教育政策研究［D］．南宁：广西民族大学，2013：40.

② 潘懋元．东南亚教育［M］．南京：江苏教育出版社，1988：66.

③ BAUZON P T. Handbook in legal bases of education［M］. Mandaluyong: National Book Store, 2006：103.

④ 同① 46.

强调人才对知识和技能的应用。

二、高等教育的实施机构

菲律宾独立后，随着经济的恢复和发展，逐渐形成了比较完善的由公立和私立高等教育机构组成的高等教育体系。菲律宾高等教育委员会将公立高等教育机构分为国立大学和学院、地方学院和大学以及其他政府学校三种类型。私立高等教育机构包括宗派性和非宗派性高等院校。（见表 6-1）

表 6-1 菲律宾高等教育的实施机构

公立高等教育机构			私立高等教育机构	
国立大学和学院	地方学院和大学	其他政府学校	宗派性高校	非宗派性高校

注：根据菲律宾高等教育委员会机构分类整理而成。

（一）公立高等教育机构

菲律宾公立高等教育机构包括：（1）国立大学和学院（state universities and colleges），被定义为“拥有独立的治理委员会和由国家政府建立、资助和维护的个体章程”的公共机构，这类高校的经费由国会直接拨付。此外，国立大学和学院可以使用来自学费、资产租赁和商业活动的收入来支持其运营。国立大学和学院产生的收入取决于他们的学生数量和参与商业活动的能力。每所大学都可以根据现有规则和规定选择将要从事的业务。实际上，许多国立大学和学院可以通过收取学费和从事各种创收项目来满足其运营需求。为了区分大学与学院，大学除了要在一系列学科中提供最低数量的学士学位课程，还需要提供研究生课程。（2）地方学院和大学（local colleges and universities），是由地方政府部门建立和资助的公共机构，其地位和声望都低于第一类高等教育机构。（3）其他政府学校（other government schools），主要是专业化的高等教育机构（specialized higher education institutions）。这类学校主要提供与公共服务有关的培训，例如菲律宾国家警察学院、菲律宾军事学院和菲律宾商船学院等。这些机构的建立是为了支持政府的利益以及其所属机构的授权。其中，菲律宾军事学院是菲律宾武装部队未来官员的培训机构，而菲律宾国家警察学院是菲律宾国家警察及其附属分支机构官员的培训机构。

（二）私立高等教育机构

菲律宾私立高等教育机构分为两类：第一类是由教会开办的高等院校，即宗派性高校（主要是天主教学校），通常是非股份制、非营利性的；第二类是由私人开办的高等院校，如财团、私人股份公司、富裕家族、基金会等出资举办的非宗派性高等教育机构，通常兼具营利性和非营利性。这些机构中的大多数都提供与公立高等教育机构相同类型的高等教育项目，并受高等教育委员会的监管。

对于私立大学和学院来说，除非它们得到各自赞助机构的支持，否则其运作在很大程度上依赖于学生的学费和杂费。在没有赞助的情况下，学生人数对维持私立高等教育机构的日常运营具有决定性的影响。与国立大学和学院一样，私立高等院校也没有统一的学杂费标准，学费标准取决于课程的质量、机构的受欢迎程度以及大学的诚信。一些私立高等教育机构，如圣托马斯大学和马尼拉雅典耀大学成立于 20 世纪 90 年代，其建校时间早于国立大学和学院、地方学院和大学，多年的成功运作证明了它们的优质教育质量。

（三）高等教育机构数量的变化

在菲律宾，私立高等教育机构发展迅速，在高等教育事业发展中有着举足轻重的地位。如：1977 年，私立院校数达到 694 所，是二战前的 7 倍多；1976 年，学生注册人数比 1950 年增长了 4 倍以上；1986—1987 学年，在菲律宾私立院校就读的大学生占全国大学生总数的 79%。[①] 截至 2010 年 8 月，菲律宾共有高等院校 2 180 所，其中私立高等院校 1 573 所，约占总数的 70% 以上。[②]2006—2007 学年至 2015—2016 学年，菲律宾高等教育机构数量和类别的变化情况如表 6-2 所示。

---

① 张晓昭 . 菲律宾的私立高等院校［J］. 外国教育研究，1990（4）：15，21.

② 李伟，田谧 . 菲律宾私立高等教育对我国民办高校的启示［J］. 东南亚纵横，2012（12）：71-74.

表 6-2 2006—2007 学年至 2015—2016 学年菲律宾高等教育机构数量和类别

单位：所

类别	2006—2007	2007—2008	2008—2009	2009—2010	2010—2011	2011—2012	2012—2013	2013—2014	2014—2015	2015—2016
高等教育机构总数	1 710	1 701	1 741	1 791	1 823	1 862	1 871	1 923	1 935	1 934
公立	196	201	205	218	219	219	219	224	227	228
私立	1 514	1 500	1 536	1 573	1 604	1 643	1 652	1 699	1 708	1 706
宗派性	299	300	302	322	334	347	345	359	360	359
无宗派性	1 215	1 200	1 234	1 251	1 270	1 296	1 307	1 340	1 348	1 347

资料来源：SUAREZ M T，CHAN C，OBIETA J O M. Higher education systems and institutions，Philippines［M］//SHIN J C，TEIXEIRA P N.The international encyclopedia of higher education systems and institutions. Dordrecht: Springer，2020：1-13.

高等教育委员会的统计数据显示：2016—2017 学年菲律宾高等教育机构总量为 1 943 所，公立高等院校数量为 233 所，私立高等院校数量为 1 710 所，占比分别为 12% 和 88%；公立高等教育机构，包括 112 所国立大学和学院、107 所地方学院和大学以及 14 所其他政府高等教育机构。① 菲律宾的许多私立高等教育机构是“吸收需求”（demand-absorbing）的机构。在菲律宾高等教育系统能力有限和低资金水平的情况下，这些机构为那些无法被具有竞争力的公共机构录取的学生提供接受高等教育的机会。

三、高等教育的治理机构

为进一步强化高等教育的“教学、科研、社会服务”三位一体职能，菲律宾政府撤销了教育、文化和体育部下设的高等教育局。1994 年 5 月，根据《1994 年高等教育法》成立了直接隶属于总统办公室的高等教育委员会。为了制定政府教育政策以确保所有菲律宾人享有接受优质教育的权利，高等教育委员会制定学术项目和研究的政策、标准和指南，监督项目的实施，评估新高等教育机构的创建以及管理奖学金的资助等。

---

① MACHA W，MACKIE C，MAGAZINER J. Education in the Philippines［R］. 2018.

（一）高等教育委员会的组织机构

高等教育委员会下设学生服务办公室和政策、规划、科研与信息办公室等，在全国15个地区设有地方办公室。高等教育委员会设置的特点如下：（1）它是隶属于总统的独立行政机构；（2）高等教育委员会的主席以及委员由总统任命，法律对其任职资格进行了明确规定；（3）高等教育委员会成立顾问团，委员会每年就制定政策、计划等事宜与其进行至少一次磋商，以保证政策与社会、经济、文化发展相适应。

（二）高等教育委员会的职能

高等教育委员会的职能主要包括：（1）制定宏观计划与政策。这些政策既包括教育领域，也可以涉及其他领域，并且可以向立法机构以及执行机构提供有关高等教育发展的政策建议。（2）设定并执行标准。既包括为保证教育健康发展而对教育机构提出的最低标准，也包括为了促进高等教育机构自我发展，而对其进行监督和评估的标准。（3）指导并支持有利于国家发展的项目以及研究，包括对项目研究方向进行宏观指导与提供支持。（4）根据国家发展教育的战略目标，对高等教育机构进行管理。包括以合理化为目标对机构的设立、机构类型的转化进行管理，对高等教育机构内部管理进行监督和建议，强行收回资助、撤回认证评估、暂停项目以及关闭学校。（5）管理高等教育发展基金。[①]

高等教育委员会专注于完善制度和实施项目，以提高工作效率，增强服务效能，收集和整合对机构各利益相关者进行决策所需的至关重要的数据。这些高等教育政策主要包括：全面实施《菲律宾高等教育中期发展计划（2005—2010年）》；高等教育委员会于2013年制定的《菲律宾高等教育路线图》；高等教育委员会信息系统战略计划（2007—2011年），增强了该机构的IT资产，包括其硬件和软件资源、人力资源、信息系统和通信基础设施；2008年出版的《私立高等教育规章手册》，包含了适当执行影响国家私立高等教育法律的规章制度；并继续实施《国家高等教育研究议程》，以提升高等教育机构的研究能力和生产力。

① 伍金球．菲律宾高等教育发展的经验及对我国的启示［J］．高教探索，2006（1）：72-75.

四、高等教育机构的类型

2012年，高等教育委员会颁布了第46号备忘录令，启动了促进高等教育提供优质项目的改革，制定了政策和标准，通过“基于结果和类型的优质教育”来加强菲律宾高等教育质量保证，目的是确保高等教育机构与其使命、愿景和目标保持一致，并促进“优异的学习和服务成果以及质量文化的发展”①。基于类型的优质教育可以分为专业机构、学院和大学，以及自治型、解除管制型或受管制型高等教育机构。前三种类型是基于高等教育机构角色和功能差异的水平（横向）类型（horizontal typology），后三种类型是基于机构质量和项目卓越程度的垂直（纵向）类型（vertical typology）。

（一）高等教育机构的水平类型

高等教育委员会确定“水平类型”的标准包括以下五个方面：（1）毕业生的资格和相应能力；（2）所提供学位项目的性质；（3）教员的资格；（4）现有学习资源的类型和支持结构；（5）联系和社区推广活动的性质。②水平类型定义了三种类型的高等教育机构，包括专业机构、学院和大学。

专业机构在研究生和本科生层次上培养学生的技术技能，从而培养具备创新知识的合格专业人员。因此，高等教育委员会要求专业机构雇用具有相关学历和专业执照的教职员工。与学院和大学不同的是，至少其学位项目的70%应该是专业项目，并与行业建立强大的网络，以确保毕业生获得行业所需的技能。

学院培养包括社会科学在内的更广泛学科的毕业生，满足当地社区的需求，并培养通才型而不是专才型的毕业生，使其具备直接服务社区所需的思维、问题解决、决策、沟通、技术和社交技能。为了履行其使命，学院应与当地社区、非政府组织等建立牢固的关系，其教师应具有高等教育

① Commission on Higher Education. Policy-standard to enhance quality assurance（QA）in Philippine higher education through an outcomes-based and typology-based QA［EB/OL］.［2021-05-19］. http：//www.ched.gov.ph/wp-content/uploads/013/07/CMO-No.46-s2012.pdf.

② NGOHAYON S L，NANGPHUHAN II J B. Pushing for globalized higher education in the Philippines：advances and challenges［M］//COLLINS C S，LEE M N N，HAWKINS J N，et al. The palgrave handbook of Asia Pacific higher education. New York: Palgrave Macmillan，2016：483-496.

委员会要求的学位。

大学作为专业机构和学院的结合，培养高度专业化的毕业生，使其成为各种技术和学科领域的专家，并通过创造新知识为经济发展做贡献，因此，大学有望提供中等后教育至博士学位教育。大学的教职员工也有望成为活跃的研究人员。另外，至少有50%的项目要求完成学位论文或提交研究论文。大学在创新方面处于领先地位，并通过创立衍生公司和初创公司来利用其知识产权。①

所有这些水平类型高等教育机构确保高等教育支持政府为国家建设和经济发展所做的努力，都对整个国家的建设做出了贡献。这些水平类型的高等教育机构是为了满足某些需求，如大学培养知识经济需要的研究人员，学院帮助满足国家地区的需求，专业机构确保稳定供给行业所需的合格毕业生。而水平类型的差异主要体现在不同类型机构的特定功能，包括提供的课程类型和所服务的目标学生群体。

（二）高等教育机构的垂直类型

高等教育委员会对私立高等教育机构进行了垂直分类，其分类标准主要考虑三个要素：（1）学习环境与机构愿景、使命和目标的一致性；（2）卓越学习和服务成果的表现；（3）质量文化的发展水平。②第一个要素与高等教育机构的水平类型有关，而后两个要素与项目的卓越水平和机构质量有关。通过国内认证、国际认证将某个计划视为“卓越中心”（centers of excellence，简称 COE）或“发展中心”（centers of development，简称 COD）可以体现项目的卓越性。机构质量是指通过机构质量评估（institutional quality assessment，简称 ISA）、认证或其他可接受的证明机构符合质量标准的证据而确定的高等教育机构整体质量。在这些质量条件下，根据对绩效的认证评估，可以从垂直的角度将其分为自治型、解除管制型或受管制

① SUAREZ M T，CHAN C，OBIETA J O M. Higher education systems and institutions，Philippines［M］//SHIN J C，TEIXEIRA P N.The international encyclopedia of higher education systems and institutions［M］.Dordrecht：Springer，2020：1-13.

② NGOHAYON S L，NANGPHUHAN II J B. Pushing for globalized higher education in the Philippines：advances and challenges［M］//COLLINS C S，LEE M N N，HAWKINS J N，et al.The palgrave handbook of Asia Pacific higher education.New York: Palgrave Macmillan，2016：483-496.

型高等教育机构。[①]

首先，自治地位授予那些具有卓越的实践质量保证以及能输出优秀学习成果的毕业生的院校。自治型高等教育机构通过内部质量保证体系表现出卓越的机构质量和提高，它们有很高比例的认证项目、建立了“卓越中心”或“发展中心”以及获得国际认证。特别是，它们具有与水平类型相一致的出色表现，如大学的研究和出版物、大学的创造性工作和相关推广计划，以及专业机构的就业能力或联系。其次，解除管制型（deregulated）高等教育机构表现出非常好的质量保证实践和项目成果。通过内部质量保证体系衡量，解除管制型高等教育机构有很好的机构质量和提升。它们特别显示出与水平类型一致的非常好的表现证据。最后，受管制型（regulated）高等教育机构需要证明其良好的机构质量和项目成果，并必须证明其在质量保证领域的能力。

高等教育委员会确定高等教育机构属于自治、解除管制还是受管制类型，会考虑机构获得认证的项目数量，包括质量保证体系的成熟度、毕业生的质量、研究产出率和推广活动。根据高等教育委员会的统计数据，截至 2016 年 4 月，菲律宾全国被授予自治和解除管制地位的高等教育机构分别有 59 所和 16 所。[②] 这些高等教育机构展示了高水平的机构质量和卓越的项目水平，以及对卓越、机构稳定性和提高的承诺。这些机构享有特殊的权利、利益、责任和条件，例如免除毕业生的特别命令；免除高等教育委员会的定期监控和评估；获得优先补贴、经济激励或援助；有权授予个人荣誉学位，并有权制订课程计划以提高全球竞争力等。高等教育委员会授予高等教育机构自治和解除管制的地位，其长期目标是菲律宾拥有足够数量的自治和解除管制的高等教育机构，且已建立质量保证系统和具有自我调节能力。为此，自治机构还享有以下特权：（1）自主决定和规定学校的课程计划；

---

① NGOHAYON S L，NANGPHUHAN II J B. Pushing for globalized higher education in the Philippines：advances and challenges［M］//COLLINS C S，LEE M N N，HAWKINS J N，et al. The palgrave handbook of Asia Pacific higher education.New York: Palgrave Macmillan，2016：483-496.

② SUAREZ M T，CHAN C，OBIETA J O M. Higher education systems and institutions，Philippines［M］// SHIN J C，TEIXEIRA P N.The international encyclopedia of higher education systems and institutions.Dordrecht：Springer，2020：1-13.

（2）遵守明确的指导方针自主开设新课程，而不用获得学校许可证或授权；（3）提供拓展类课程；（4）与获得认可的外国高等教育机构建立联系；（5）有权通过远程教育、扩大高等教育等值和认证计划或跨国教育等替代模式提供课程；（6）增加学费和其他费用标准不用获得高等教育委员会的许可。就特许国立大学和学院、地方学院和大学而言，已经通过立法规定了其自治权。

第二节　高等教育的课程与教学

一、本科生教育

（一）本科生入学方式

1973 年 3 月 9 日，马科斯总统颁布第 146 号总统令，规定维持教育的高质量是国家政策，要求所有中学生必须通过统一的全国高等院校入学考试（National College Entrance Examination）才能进入高校学习学制至少四年的学位课程。20 世纪 70 年代末期，菲律宾设置了全国高等院校入学考试，但在 1994 年后由全国初等学业成绩考试和全国中等学业成绩考试取代。中学毕业学生学业成绩如若达不到高校入学考试所要求的 75 分，则不能进入高等院校学习。个别高校制订了独特的入学考试方式，如菲律宾大学、圣托马斯大学、德拉萨大学以及马尼拉雅典耀大学都发展了大学入学考试。菲律宾的大学入学通常需要学生获得高中文凭，即新的 K-12 文凭。高等教育委员会宣布，从 2018—2019 学年开始，持有 10 年制高中毕业证书的学生在进入本科阶段学习之前，必须完成衔接课程（bridging courses）。此外，更多的选择性院校还有进一步的要求，例如某些高校对学生有最低的平均绩点（grade point average）要求，有些高校要求学生在全国成绩测试（national achievement test）或院校入学特别考试（institution-specific entrance examinations）中取得足够的分数。

（二）本科生入学人数和所学专业情况

绝大多数菲律宾学生都接受了本科教育。在 2016—2017 学年，89% 的学生被学士学位项目录取，另有 4.8% 的学生注册本科预科项目（pre-bachelor programs）。2016—2017 年度最受学生欢迎的专业领域是工商管理、教育、工程技术、信息技术和医学研究。在 220 多万名学生中，约 41% 的学生选择了工商管理专业，近 33% 的学生选择教育专业，选择工程、信息技术和医学研究的学生分别占 20%、18% 和 9%。[①]2006—2007 学年至 2015—2016 学年，菲律宾公立和私立高等教育机构入学人数以及分学科专业学生人数统计情况如表 6-3 所示。

表 6-3　2006—2007 学年至 2015—2016 学年菲律宾高等教育机构入学情况

单位：人

自治 / 解除管制的私立高等教育	2006—2007	2007—2008	2008—2009	2009—2010	2010—2011	2011—2012	2012—2013	2013—2014	2014—2015	2015—2016
所有学科	2 582 709	2 632 935	2 627 798	2 774 368	2 951 195	3 044 218	3 317 265	3 563 396	3 811 726	4 104 841
公立	881 268	919 116	984 295	1 087 983	1 19 9717	1 278 480	1 423 766	1 538 835	1 684 088	1 884 984
私立	1 701 441	1 713 819	1 643 503	1 686 385	1 751 478	1 765 738	1 893 499	2 024 561	2 127 638	2 219 857
优先学科	1 675 973	1 669 396	1 641 251	1 683 330	1 738 341	1 757 752	1 901 918	2 044 367	2 232 298	2 405 861
理学	24 757	24 389	23 580	24 242	25 758	27 442	30 394	38 219	41 454	45 069
海洋运输	69 536	74 853	68 115	88 567	111 469	125 905	152 657	156 794	161 229	156 087
医学和健康相关	602 411	560 296	520 026	440 160	365 715	284 598	243 285	228 484	224 897	228 537
工程与技术	306 664	305 848	315 453	339 045	354 321	367 620	406 831	424 143	463 221	517 010
农业、农业工程、林业、兽医	59 634	58 248	59 208	59 745	63 471	68 098	81 740	96 164	125 526	143 182
教师教育	333 602	335 468	322 703	352 343	404 261	450 225	536 854	624 254	725 183	791 284

① MACHA W，MACKIE C，MAGAZINER J. Education in the Philippines［R］. 2018.

续表

自治 / 解除管制的私立高等教育	2006—2007	2007—2008	2008—2009	2009—2010	2010—2011	2011—2012	2012—2013	2013—2014	2014—2015	2015—2016
IT 相关学科	247 337	279 826	302 057	346 427	377 438	393 913	404 813	425 416	433 712	460 862
数学	13 382	11 688	12 115	12 310	12 792	13 595	13 992	16 195	17 544	18 247
建筑和城镇规划	18 650	18 780	17 994	20 491	23 116	26 356	31 352	34 698	39 532	45 583

资料来源：SUAREZ M T，CHAN C，OBIETA J O M. Higher education systems and institutions，Philippines［M］//SHIN J C，TEIXEIRA P N. The international encyclopedia of higher education systems and institutions.Dordrecht: Springer，2020：1-13.

菲律宾高等教育系统每年获得学士学位的毕业生接近 70 万。2010—2011 学年至 2014—2015 学年菲律宾高等教育机构学生毕业率见表 6-4，2006—2007 学年至 2015—2016 学年菲律宾高等教育机构学生入学和毕业人数见表 6-5。

表 6-4　2010—2011 学年至 2014—2015 学年菲律宾高等教育机构入学和毕业人数统计表

年度	公立高等教育机构		私立高等教育机构	
	入学人数 / 人	毕业人数 / 人	入学人数 / 人	毕业人数 / 人
2010—2011	1 199 717	206 755	1 751 478	290 194
2011—2012	1 278 480	223 102	1 765 738	299 468
2012—2013	1 423 766	253 248	1 893 499	311 521
2013—2014	1 538 835	276 240	2 024 561	309 048
2014—2015	1 684 088	306 193	2 127 638	342 559

资料来源：Commission on Higher Education. Advancing a locally responsive and globally competitive Philippine higher education system：higher education accomplishments（2010-2016）［R］.2016: 31.

表 6-5　2006—2007 学年至 2015—2016 学年菲律宾高等教育机构学生入学和毕业人数

单位：人

状态	2006—2007	2007—2008	2008—2009	2009—2010	2010—2011	2011—2012	2012—2013	2013—2014	2014—2015	2015—2016
入学	2 582 709	2 632 935	2 627 798	2 774 368	2 951 195	3 044 218	3 317 265	3 563 396	3 811 726	4 104 841
毕业	446 911	445 940	470 139	481 331	496 949	522 570	564 769	585 288	648 752	692 602

资料来源：SUAREZ M T，CHAN C，OBIETA J O M. Higher education systems and institutions，Philippines［M］//SHIN J C，TEIXEIRA P N. The international encyclopedia of higher education systems and institutions.Dordrecht: Springer，2020：1-13.

二、研究生教育

2012 年的数据表明：28％和 14％的高等教育机构分别提供硕士学位课程和博士学位课程；最广泛的三个硕士学位课程是教育（62％）、公共管理（34％）和企业管理（29％），注册人数最多的硕士课程是教育（35％）、企业管理（9％）和护理（9％）；最广泛的博士学位课程是教育（72％）、教育管理（45％）和公共行政（19％）[①]。

三、专业教育和教师教育

（一）专业教育

为了更好地开展实践工作，专业教育项目（professional programs）的毕业生必须通过执业资格考试，其标准由国家专业管理委员会（National Professional Regulation Commission）规定。该委员会监管大多数专业，并监督 40 多个进行相关执业资格考试的专业监管委员会（Professional Regulatory Boards）。律师必须通过由菲律宾最高法院（the Supreme Court of the Philippines）管辖的律师资格考试委员会（Bar Examination

① SUAREZ M T，CHAN C，OBIETA J O M. Higher education systems and institutions，Philippines［M］//SHIN J C，TEIXEIRA P N.The international encyclopedia of higher education systems and institutions. Dordrecht: Springer，2020：1-13.

Committee）组织的律师资格考试。

（二）教师教育

菲律宾的标准教学证书是四年制学士学位。小学教师获得基础教育学士学位，而中学教师获得中学教育学士学位，课程根据各自的教育水平而量身定制。课程由高等教育委员会设置，包括通识教育科目、与教育有关的科目、专业科目和实践教学。其他领域的学士学位持有者可以通过完成教育方面的研究生课程来获得教师资格，这些课程的学习时间为一个学期至一年。

第三节　高等教育的保障体系

经费、教师队伍和质量是高等教育发展的关键要素，本节主要从经费保障、师资队伍建设和质量保障等三个方面来探讨菲律宾高等教育的保障体系。

一、高等教育经费保障体系

（一）高等教育机构经费结构

私立高等教育机构在菲律宾高等教育领域占主导地位，所有私立高等教育机构都在学费驱动的模式下运作。由于大部分的高等教育机构是私营的，这意味着父母或学生需要承担高等教育的费用。这些费用主要用于支付高校教师的薪资，其次是行政费用和教师发展费用。其他资金可能来自政府部门的研究资助、国外资助、慈善家为教授讲座或基础设施提供的捐赠以及其他创收项目。

公立高等教育机构的公司化改革。1997 年的《高等教育现代化法案》旨在帮助国家“建立、维持和支持与民众需求相关的完整、适当和综合的教育”。该法案统一了所有国立大学和学院的治理和财务结构，同时允许这些机构创收和管理自己的收入，如通过与企业的联合伙伴关系创收以及将管理和非学术领域服务私有化。国立大学和学院将大部分预算用于教师工资，如 2003 年预算总额的 84％用于人员费。2017 年由于运营支出和基建投资有所增加，人员费用支出已降至 60%。[①]

高等教育委员会资助学生奖学金，还支持教师发展、机构发展、研究资助和奖励、“卓越研究中心”或“发展中心”等。

2010—2016 年，菲律宾高等教育发展基金会（Higher Education Development Fund）资助各种项目 87.5 亿比索，其中 31.3 亿比索用于资助入学计划，占比约为 35.8%；43.7 亿比索用于能力建设或能力提升，占比约为 49.9%；6.82 亿比索用于支持卓越计划，占比约为 7.8%；5.63 亿比索用于确保道德和创新治理，占比约为 6.4%。[②]

（二）私立高等教育机构的资助

菲律宾私立高等教育机构通常经费不足，其经费的 90% 以上依靠学杂费收入。除了少数质量较高、收费昂贵的私立学校，多数私立学校的教育质量欠佳。为了改善私立教育的现状、提高教育质量，菲律宾政府给予私立高校一定的补助。私立高等教育机构得到官方认可并获得政府资助是在《1982 年教育法》，尤其是 1987 年宪法颁布之后。[③]1989 年“第 6728 号共和国法案”是菲律宾第一部资助私立高等教育的专门法律。“第 6728 号共和国法案”中涉及高等教育的内容主要有：（1）援助方式。对私立院校学生的援助方式主要有私立教育学生财政援助计划、学费增补和教育贷款基金，对教师的援助则有学院教师发展基金。（2）资助学生人群。私立教育学生财政援助计划是面向私立高校的贫困且优秀的新生；学费增补资助是面向私立高校中国家优先发展专业的非新生；教育贷款基金是面向私立高校的贫困生，涵盖了学生的学费、书本费、生活费和其他学校费用。（3）学院教师发展基金。这是专门为私立学院与大学的教师攻读硕士学位和参加非学位研习班或研讨会而提供的资助，并向国家优先发展专业的

---

① SUAREZ M T，CHAN C，OBIETA J O M.Higher education systems and institutions，Philippines［M］// SHIN J C，TEIXEIRA P N.The international encyclopedia of higher education systems and institutions. Dordrecht: Springer，2020：1-13.

② Commission on Higher Education. Advancing a locally responsive and globally competitive Philippine higher education system：higher education accomplishments（2010-2016）［R］. 2016：46.

③ 陈武元，薄云 . 试析菲律宾私立高等教育的政府资助体系［J］. 高等教育研究，2006（12）：101-106.

教师倾斜。这项资助不能用于宗教目的。为鼓励私人办学，政府为私立学校提供长期低息贷款，并免征财产税。① 根据 1989 年 6 月 7 日“第 6728 号共和国法案”，菲律宾私立高等教育资助类型如表 6-6 所示。

表 6-6　菲律宾私立高等教育资助类型及规定

资助类型	规定
对私立高校一年级新生的资助	资助比例：1989 年至少应有 10% 的一年级新生得到资助，到 1992 年比例应升至 25%，此后一直保持下去。 资助提供全额或部分奖学金。 奖学金受益者的选择兼顾三种因素：学生家庭收入（学生及其父母年总收入低于 36 000 比索）、地区的平衡和学生参加教育、文化和体育部主持的考试的成绩。资助金额按政府决定的各地“优先专业”方案均等分配。
对私立高校老生的资助	收费不超过官方所定标准（1989 年为每学分收费不超过 80 比索）的私立高校中攻读“优先专业”的二年级及以上的学生，可获得政府赠予的“凭单”，其价值等于学生所在学校学费当年的增长额，政府按照凭单兑现补助。这类私立高校提升学杂费方面受到政府特定的限制。
学费减免与生活津贴	任何私立高校均须为 5% 的一年级新生提供学费减免。 减免对象包括公立中学和收费较低（不超过政府规定数额）的私立中学的前几名优秀毕业生。 这几名优秀生如攻读“优先专业”，则还可享受政府的生活津贴。
教育贷款基金	基金由教育、文化和体育部管理，或由教育、文化和体育部授权的“学生贷款基金局”管理。 贷款基金向学生提供贷款，供学生支付学杂费。为确保贷款不被学生挪用，这种贷款直接支付给学校。毕业生工作两年之后开始归还，年息以 12% 计算。
高校师资发展基金	目的是资助私立高校教师攻读研究生学位或接受非学位的培训和研讨班学习。 资助条件：（1）教师受资助一年，须在高校服务三年；（2）受资助教师的专业必须是官方定的“优先专业”；（3）这项资助不能用于宗教目的。

资料来源：张国才．80年代末以来菲律宾教育改革概述［J］．南洋问题研究，1996（1）：45-50.

① 李伟，田谧．菲律宾私立高等教育对我国民办高校的启示［J］．东南亚纵横，2012（12）：71-74.

（三）《普及优质高等教育法案》的资助政策

《普及优质高等教育法案》于 2017 年 8 月 3 日签署，该法案致力于“提供足够的资金……以提高所有社会经济阶层在高等教育中的参与率”。补贴适用于所有高等教育机构的第一学士学位。该法案还增加了向最贫困人口提供的凭收入而定的贷款。

该法案应对了高等教育学费长期上涨的趋势。法案的重要支持者菲律宾参议员本杰明·阿基诺四世（Benjamin Aquino IV）表示，免学费政策将“打开通往更光明未来的大门”，从而“让更多菲律宾人有获得大学文凭的希望”。

该法案的潜在影响不仅限于经济效率，而且还针对特定的经济群体。它发出了强有力的信号，特别是向贫困和处境艰难的学生，表明所有人都享有接受高等教育的机会。

但是，有关该计划的可持续性存在一些重要问题。由于经济的发展，该法案在中短期内是可以落实的，但对学生数量快速增长的担忧使其长期可持续性受到质疑。

综上所述，公立高等院校的经费主要来源于政府拨款，学费只占很小的份额，其财政基础比较稳定，办学条件得到一定的保障。私立高校的运行主要依靠学生的学杂费和私人捐赠，政府很少给予资助，但在税收上试行减免政策。由教会办的非营利性院校可以得到国外大企业、私人、团体及慈善机构的捐款。“私立教育资助基金会”是筹集私立高校经费的一个重要机构，该机构依据一定的标准，将各种捐赠收入及政府的少量资助发给私立高校，但与众多私立高校的需求相比，则显得微不足道。[①]

二、高等教育教师队伍建设

1966年6月18日的“第4670号共和国法案”，亦称《公立学校教师宪章》，具体内容有：在教师资格方面，该法案要求教授大学水平课程的教师，必须至少具备该专业领域的硕士学位；在师德规范上，教育部要在该法案生效后的六个月内制定“公立学校教师职业道德法”，并发放给每一名教师；

---

① 柯佑祥．菲律宾私立高等教育的发展研究［J］．有色金属高教研究，1990（4）：92-96.

在学术权利上，教师在履行其专业职责时，可享有学术自由；在教师组织上，该法案提出要建立全国教师组织机构，捍卫教师权益。该法案还就教师的试用期、任职期、转岗、纪律处分保障、教学时间、工资标准、补贴、医疗保健、长期休假、地位、组织自由和法律保护等方面进行了具体规定。①

公立院校教师工资福利方面，1967 年的“第 5168 号共和国法案”（即《1967 年公立学校教师工资标准法案》）规定，要拨款 40 万比索用于调整菲律宾师范学院教学人员和行政人员的工资；1969 年的“第 6071 号共和国法案”规定，要授权所有的公立院校管理委员会对教职员工的工资和补贴进行调整；1977 年签署的“第 1148 号总统令”规定，要增加教师的每月退休金。

《2009 年菲律宾师范大学现代化法案》主要规定了要实施菲律宾师范大学现代化计划，把菲律宾师范大学作为国家教师教育中心并建立教育政策研究与发展办公室，致力于 21 世纪菲律宾教师教育标准的开发、教师教育的现代化和教师教育的改革及政策建议等。“棉兰老岛高级教育项目”（Mindanao Advanced Education Program）规定，要开展“五年教师发展规划”，集中培训 11 个核心学科的 199 名理科硕士和 106 名哲学博士。②

宪法赋予所有高等教育机构学术自由。此外，它还支持教师的专业发展权利。一般而言，大多数高等教育机构都属于教学机构，优先支持教职员工的教学活动。1985—1986 年度，菲律宾全国高校学生人数为 162.7 万人，高校教师为 5.7 万人，师生比为 1∶28.5。该年度公立高校师生比为 1∶26，私立高校师生比为 1∶29。这一比例远低于世界平均水平，如 1981 年全世界高等学校平均师生比为 1∶12.9。③ 截至 2015—2016 学年，总体师生比为 1∶26，所有学术人员中约 41% 的教师具有硕士学位，只有约 13% 的教师拥有博士学位（见表 6-7）。此外，高等教育委员会要求学术人员和管理人员完成更高的学位才能获得任职资格。

---

① 张龙．独立后菲律宾高等教育政策研究［D］．南宁：广西民族大学，2013：28.

② 同① 35.

③ 冯增俊，卢晓中．战后东盟教育研究［M］．南昌：江西教育出版社，1996：347.

表 6-7 2006—2007 学年至 2015—2016 学年菲律宾高校教师学历占比情况

单位：%

学历	2006—2007	2007—2008	2008—2009	2009—2010	2010—2011	2011—2012	2012—2013	2013—2014	2014—2015	2015—2016
硕士学位	33.09	31.32	34.75	35.04	38.87	41.44	38.75	40.87	40.81	40.56
博士学位	9.67	9.00	9.75	9.69	11.09	12.66	11.45	11.72	12.54	12.68

资料来源：SUAREZ M T，CHAN C，OBIETA J O M. Higher education systems and institutions，Philippines［M］//SHIN J C，TEIXEIRA P N.The international encyclopedia of higher education systems and institutions.Dordrecht: Springer，2020：1-13.

进入 21 世纪，菲律宾高等教育面临的主要问题是具有博士学位的教职人员数量不足，私立和公立高校的教学质量相差较大。54％的高校教师仅有本科学历，私立高校中只有 8％的教学人员具有博士学位，而公立高校中也只有 13％的教学人员具有博士学位。此外，私立高校中有 37％的教职人员拥有硕士学位，而公立高校中只有 34％的教职人员拥有硕士学位。①

三、高等教育质量保障体系

（一）高等教育质量认证机构

菲律宾已经建立了六大质量认证机构，其认证业务因高等教育机构的类型不同而有差异。（1）菲律宾学校、学院和大学认证协会，成立于 1957 年，是由天主教主导的认证机构；（2）基督教院校联合会评鉴委员会，成立于 1977 年，负责对新教徒主导的学校的认证；（3）菲律宾学院和大学协会认证委员会，成立于 1977 年，主要认证非宗派高等院校；（4）菲律宾特许院校认证机构，于 1987 年成立，重点对国立大学和学院进行认证；（5）菲

① SAGUIPED P L B.Neoliberal globalization in the Philippines：its effects on higher education and the country's attempt to shift to a global education system and to a more knowledge-based economy［EB/OL］.［2021-05-18］.https：//www.academia.edu/30338066/Neoliberal_Globalization_in_the_Philippines_Its_Effects_on_Higher_Education_and_the_country_s_attempt_to_Shift_to_a_Global_Education_System_and_to_a_More_Knowledge_Based_Economy.

律宾地方院校认证协会，认证的重点是地方资助的高校；（6）国际远程教育认证联盟，是2009年新成立的认证机构，该联盟认证提供远程教育和跨境教育项目的高等教育机构。

在认证机构的组织结构上，成立于1977年的菲律宾认证机构联合会(the Federation of Accrediting Agencies of the Philippines）是政府对私立高等教育机构进行认证的协调机构，其下属的三个私立认证机构是菲律宾学校、学院和大学认证协会，基督教院校联合会评鉴委员会，菲律宾学院和大学协会认证委员会。菲律宾质量保障机构国家网络组织（National Network for Quality Assurance Agencies）是政府对公立高等教育机构进行认证的协调机构，以确保公立高等教育质量，其下属的认证机构是菲律宾特许院校认证机构、菲律宾地方院校认证协会。上述认证机构都要接受高等教育委员会的指导和监管。菲律宾高等教育质量认证机构体系如图6-1所示。

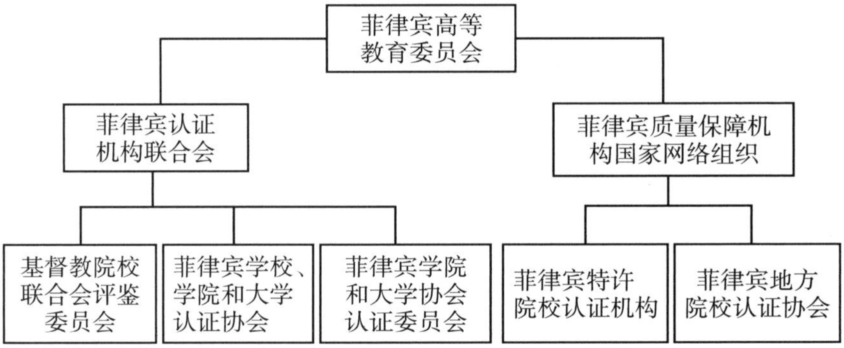

图6–1　菲律宾高等教育认证体系图

资料来源：PIJANO C V.菲律宾高等教育质量保障体系及实践［J］.教育发展研究，2009（3）：51-53.

高等教育委员会是菲律宾所有公立和私立高等教育认证机构的领导机构，各认证机构协会和认证机构都具有明确的职责权限。（1）高等教育委员会的职责包括监管所有公、私立学院和大学；负责菲律宾高等教育的监督和管理；负责制定政策，提升高等教育体系质量。（2）菲律宾认证机构联合会的职责是与政府共同负责对教育机构和课程项目进行认证，制定和实施认证的政策、方案、标准及程序等。（3）菲律宾质量保障机构国家网络组织由高等教育委员会认可，以确保其对公立高等教育机构进行认证的权威性；确保公立高等教育的质量。（4）认证机构的职责包括负责制定认证标准，这些标准应高于高等教育委员会所要求的最低标准；对照标准对高等教育机构进行评估，以提供认证结果或帮助高等教育机构改善教育质量。[①]

（二）高等教育质量认证制度

菲律宾高等教育委员会对所有公立和私立高等教育机构进行管理，它可以授权设立或关闭私立高等教育机构，并确定其学费标准和学位课程。私立高等教育机构必须为他们的学位课程和上这些课程的研究生申请许可。获得许可的私立高等教育机构被授权在其学习记录上拥有一个“特别序号”（Special Order Number）。“特别序号”与在某一特定日期授予的特定证书相关，需要不断地为一批批的毕业生申请。但是，高等教育委员会可以通过声明高等教育机构是“自治”或“解除管制”的机构，免除他们申请“特别序号”的要求，期限为5年，这项设置专门为信誉良好的高质量机构保留。

“自治”的高等教育机构可以自由设立新的学位项目和设计自己的课程，而“解除管制”的高等教育机构仍然需要申请新的学位项目的许可，但不受“特别序号”要求的限制。被允许“自治”的高等教育机构拥有以下权利：（1）不必受一些特别规定的限制；（2）虽然仍须向高等教育委员会提交所需数据，但可以不必被其监控和评估；（3）可以得到某些特别项目的资助；（4）可以为增强国际竞争力自由安排和决定课程；（5）可以自由开展提供大学学历的课程学习，但是需要备案；（6）可以自由设立分校，但是需要备案；（7）可以提供远程教育，建立与国外有关联的教育机构等。[②]“解除管制”的自由程度低于“自治”，“解除管制”的高等教育机构可以拥有“自治”的高等教育机构前四条权利，如果要实施“自治”的后三条的活动，必须经过高等教育委员会的批准。

菲律宾的认证机构是私立的，程序是自愿的，但必须得到高等教育委

① 杨琼．菲律宾高等教育质量保障体系考察：以菲律宾学校、学院和大学认证协会为例［J］．复旦教育论坛，2011（4）：80-83.

② 伍金球．菲律宾高等教育发展的经验及对我国的启示［J］．高教探索，2006（1）：72-75.

员会的授权并采用其认可的标准对项目进行认证，认证对象包括具体课程、项目以及整个高等教育机构。高等教育机构意识到改进教育质量需要其学术项目经过认证过程，完成自我评估报告，并将其提交给认证机构，然后由认证机构现场考察，高校允许认证者参加实际课程，检查设施，访谈学术人员、学生和包括管理者在内的支持人员。

质量认证机构虽然互相独立，但认证指标基本相同，认证程序一般包括机构自评、同行现场评估、认证机构理事会做出决议、周期性外部审核几个阶段。认证共分为四级，第四级最高。根据菲律宾的高等教育认证政策，私立高等院校获得的认证级别直接关系到其自主权的程度（如表 6-8 所示）。

表 6-8　菲律宾高等院校专业认证等级及其自主权

认证等级	认证条件	高等院校的自主权
一级	初次认证（3 年）	行政和财务弹性；经费和资金支持
二级	正式认证（5 年）	
三级	再认证（5 年）	一级、二级所有受益条款；课程开发；远程教育和推广班的特权
四级	再认证（5 年）	所有以上受益条款；专业完全自主

资料来源：杨琼 .菲律宾高等教育质量保障体系考察：以菲律宾学校、学院和大学认证协会为例［J］.复旦教育论坛，2011（4）：80-83.

具体来说，高等教育质量认证主要是以项目为基础的，高等教育委员会鼓励高等教育机构寻求认证，并授予获得项目认证的机构诸多自我监管权利，如财政和行政自主权、独立建立新的研究生项目的自由决定权。按照规定，分为四个级别的认证：

第一级：项目经过了初步审查，已经认证了 3 年。

第二级：依据认证主体的评估，项目已经重新认证了 3 ～ 5 年。这免除了院校申请“特别序号”的要求，并允许它们在一定范围内重新设计课程，在出版物上使用“认证”一词。

第三级：项目已重新获得认证，并符合一些额外的标准，如重点研究优势和毕业生在证件考试（licensing exam）中的高通过率。该认证级别赋予高等教育机构独立建立与现有三级项目相关的新项目的权利。

第四级：项目被认为具有杰出的质量和声望，如在研究期刊上的出版物和国际声誉等标准所证明的那样。高等教育机构在开办经认可的四级课程方面拥有充分自主权，并有权开设与现有四级项目相关的新研究生项目。

然而，鉴于认证并非强制性规定，只有少数菲律宾高等教育机构申请认证其项目。2016—2017 学年，菲律宾共有 671 所高等教育机构获得认证，约占所有高等教育机构的 28%。[①]

第四节　高等教育发展的路线图

菲律宾政府试图增加高等教育的入学机会，提高学生的参与度，但更重要的是要努力改善高等教育质量。

菲律宾教育协会协调委员会（the Coordinating Council of Philippine Educational Associations）认为，高等教育系统应自主管理，并得到公共资金和合理的政府监管的适当支持。该委员会提出的高等教育发展的六大目标是:（1）国家必须为所有人提供法律规定的教育；（2）加强公立和私立教育之间的互补性；（3）学术自由和追求真理相结合，确保教学、研究和社会服务的质量；（4）高校自主自治，拥有学术自由；（5）利用公共资金支持教育制度；（6）合理的政府监管。[②] 为了实现以上目标，菲律宾教育协会协调委员会制定了高等教育发展路线图。

一、促进和保护学术自由与优质教育

菲律宾教育协会协调委员会强调，所有高校都享有宪法规定的学术自由，以及高等教育委员会的任务授权，以保护学术自由。高等教育机构的学术自由包括高等教育机构确定目标及如何更好地实现其目标的权利，不

① MACHA W，MACKIE C，MAGAZINER J. Education in the Philippines［R］.2018.

② The Coordinating Council of Philippine Educational Associations. A roadmap for the development of higher education in the Philippines［EB/OL］.（2016-06-28）［2021-08-08］.https：//taborasj.wordpress.com/2016/06/28/a-roadmap-for-the-development-of-higher-education-in-the-philippines/.

受外界胁迫和干扰，包括政府胁迫和干扰。[①] 学术自由是高等教育机构确定“谁可以教、教谁、教什么以及怎么教”的权利。高校通过教学、研究和社区服务等途径，将追求学术自由与传播真理相联系。

高校必须利用教师、研究人员和学者社区来积极行使学术自由，在利益相关者共同体中传授、发现和服务真理。除了特定政治行政部门对经济需求的观念，高等教育机构可以出于真理的利益而自由地批评这些需求的性质或经济模型的有效性。高等学校可以自由地在人类社会中追求自然和人的真理，还可以自由地考察社会多样性和基于社会科学和自然科学的星球。

学术自由是高等教育与基础教育的重要区别，学术自由是保证高等教育质量的必要条件。质量是指高等教育机构能够达到政府规定的最低标准，超越最低标准以在学习、研究和服务成果等方面达到学术卓越，实现其在学术自由中宣称的使命和愿景以及回应利益相关者。在学术自由方面，高等教育机构参与质量保证工作，保证学术项目和机构的质量是它们在学术自由方面的责任。菲律宾教育协会协调委员会指出：“没有质量保证的学术自由是鲁莽的，而没有学术自由的质量保证是空洞的。扼杀了学术自由的强制性质量保证，也扼杀了高等教育。外部强加的质量保证迫使高校达到他们不愿意追求的目标，这会扼杀学术自由。”[②]

二、促进和保护公立、私立高等教育机构的实质性互补

私立高校在菲律宾高等教育系统中的作用不容小觑。菲律宾教育协会协调委员会认为：“菲律宾政府有责任保护和促进所有公民接受各级优质教育的权利，必须将私立高等教育机构视为不可或缺的伙伴，以确保人人都能够接受优质高等教育。”[③] 在这种不可或缺的伙伴关系和互补性的基础上，教育立法应该为所有公立和私立高等教育机构确立“公平竞争的原则”，

① The Coordinating Council of Philippine Educational Associations. A roadmap for the development of higher education in the Philippines［EB/OL］.（2016-06-28）［2021-08-08］.https：//taborasj.wordpress.com/2016/06/28/a-roadmap-for-the-development-of-higher-education-in-the-philippines/.

② 同①.

③ 同①.

政府关于高校的监管框架必须体现“公平竞争环境”，采取的措施包括支持私立高校的公私伙伴关系、高等教育的教育服务合同、公立和私立高校类似学科教师的薪酬平等、公立和私立学校之间国家资助奖学金的公平分配等。

三、推进“自主自治、公共资金支持和合理监管”的高等教育健康治理

1987 年宪法规定“高等学校享有学术自由”，高等教育委员会应“确保和保护学术自由，促进和遵守学术自由”。高等教育机构应在学术自由基础上的内部自治中实现自我治理。菲律宾教育协会协调委员会认为，具备完整、充分和综合的高等教育体系才能够实现自我管理。

“健康治理”（healthy governance）促进了共享治理的对话和共识的达成，意味着所有高等教育机构的资金分配要根据质量或可及性需求。高等教育委员会作为一个合议机构，应该鼓励奖励和表彰杰出的学术教学、研究和社区服务项目，还可以关闭那些没有达到最低标准的项目或机构。此外，所有高等教育机构都应在学术自由和质量保证方面实行自治。

四、促进和保护个人发展、社会正义与共同利益

高等教育发展路线图的目标涉及人的发展、社会正义和共同利益。人的发展包括人类自由、道德形成、人类个体以及人类文化和社会的问题。除了交换性和分配性正义，菲律宾教育协会协调委员会还关注社会正义。社会正义导向共同利益，即每个人在特定的历史条件下作为人类而获得最佳发展的状态。路线图中列出的具体主题包括：热爱菲律宾的身份认同和国家遗产；创造财富及促进公平分配；解决冲突，如经济发展与环境、公共利益与私人利益、人权与和平及秩序等方面的冲突；宗教包容与宽容。

高等教育发展路线图对高等教育机构提出了挑战。第一，高等教育机构本身，无论是私立还是公立，都在学术自由方面为菲律宾高等教育设定方向，并在此背景下确定“教什么、教谁、谁来教以及如何教”。第二，政府真正促进和保护每所高校享受学术自由，其活动重点是为项目和机构设定最低标准并加以实施。第三，私营部门带头就质量和质量保证的要求

达成共识。第四，私营部门和政府引导实现公立和私立高校之间的真正互补。第五，高等教育机构在宪法赋予的学术自由下进行自主管理。高等教育机构必须带头建立自治结构，而立法者必须带头废除被滥用的、不是非法的、侵犯高等教育机构学术自由习惯的权力。通过这种方式，高等教育机构带头向菲律宾和人类社区提供急需的可靠和创新的教学、研究和服务资源。

五、提高公立高等教育的效率、质量，增加入学机会

需要特别指出的是，就公立高等教育来说，为响应各种区域化努力，菲律宾政府从 2011 年起启动了统一的改革议程。《菲律宾发展计划》旨在发挥高等教育在国家发展中的作用以消除贫困，并在不久的将来成为技术驱动型经济的工具。该计划由社会各部门提出，其愿景是实现包容性增长，即可持续增长、创造大量就业机会和减少贫困。高等教育在实现该计划中的主要作用是确保全国所有高校的质量保证和问责制，如果能够有效地发挥这一作用，将有助于促进包容性增长。因此，培养优质的人力资源是发展的主要动力，如何开发高素质的人力资源成为高等教育的重要任务。在公共资助的高等教育机构方面，根据《菲律宾发展计划》制定了“公立高等教育改革路线图”，概述了政府应对高等教育部门面临的挑战，加强优质教育的四个目标。

第一个目标是通过公立高等教育系统的合理化来提高效率。该目标的战略措施包括：（1）缩减大学和学院的数量；（2）实施项目分类，以避免相邻大学提供相同的项目；（3）通过规范性资助公式（Normative Funding Formula）最大限度地提高大学的资源创造能力。规范性资助公式用于根据为支持国家发展和解决高等教育所面临的问题而制定的绩效指标，明确每个国家机构的预算分配。

第二个目标是提高公立高等教育的质量。该目标的战略措施包括：（1）通过深入监控和评估工作来加强质量保证；（2）提供更多奖金，以提高教师的素质；（3）加强一流大学建设，使其与国际水平保持一致。目前，菲律宾大学是菲律宾唯一一所位居世界排名前列的公立高等学府，尽管菲律宾其他公立高等教育机构也已在亚太地区崭露头角，但它们尚未在全球范围确立自己的知名度。

第三个目标是增加获得优质高等教育的机会。该目标有两种策略：一是使发展中的大学设施现代化；二是加强学生资助计划。

第四个目标是启动高级管理发展计划，以加强高等教育机构的管理能力，并使高等教育系统中的所有领导人的高管职业生涯体系正规化。高等教育委员会要求所有国立大学和学院的新任校长都要接受领导力培训，这样可使高等教育机构的行政人员做好准备，以将机构的愿景、使命及目标付诸实施。[①]

根据高等教育改革路线图，高等教育委员会正在通过放宽绩效评级一直很高的大学的监管职能，来逐步确定其职责范围。绩效的衡量标准主要取决于高等教育机构如何使用资金，同时在毕业生就业能力、发表研究论文的数量、在国际和国内会议上的演讲、社区福利（推广计划）等方面提高产出的能力等。

① NGOHAYON S L，NANGPHUHAN II J B. Pushing for globalized higher education in the Philippines：advances and challenges［M］//COLLINS C S，LEE M N N，HAWKINS J N，et al. The palgrave handbook of Asia Pacific higher education.New York: Palgrave Macmillan，2016：483-496.

第七章 菲律宾职业技术教育

菲律宾职业技术教育主要由技术教育和技能发展署（TESDA）负责管理。TESDA 的职责包括为职业技术教育设定未来发展战略，为公立、私立教育机构提供资源分配政策和指导方针，制订人力和技能发展计划，颁布相关技能标准和测试方案，开发认证体系等，以确保职业技术教育的质量及其包容性。此外，它还与菲律宾政府、企业、培训机构大力合作，为社会提供行业信息，支持青年人就业与创业。

菲律宾职业技术教育分为正规职业技术教育和非正规职业技术教育两类，包括“基于学校的”“基于社区的”“基于企业的”“基于培训中心的”四种类型的职业技术教育机构。这些职业技术教育机构提供的项目立足菲律宾国家能力标准，秉承“能力本位”教育理念，其课程目标、课程内容、教学方式等具有“市场驱动性”，关注学生的基本能力、通用能力和核心能力，旨在培养出更多适合国内外市场需要的 21 世纪高素质技术型人才。

为确保能够培养出适应各行业工作要求的劳动力，满足当地和国际劳动力市场的需求，菲律宾构建了较为完善的职业技术教育质量保障体系：接轨国际的职业资格证书制度，统一的职业技术教育项目认证与评估制度，多渠道的经费投入制度，集培养、转化、发展于一体的师资队伍建设制度。

第一节　职业技术教育的培养目标与实施机构

作为发展中国家，制造业、农业和服务业在菲律宾国民经济中占据重要地位，客观上需要其职业技术教育体系培养和培训更多的高素质技术人才和劳动者，以解决人民就业问题，促进国家经济和社会快速发展。菲律宾的职业技术教育主要由技术教育和技能发展署（TESDA）负责管理，21世纪以来重在培养“具有全球竞争力”“具备21世纪技能”的绿色经济工人。

一、职业技术教育概况

菲律宾现行教育体制主要包括三部分：（1）K-12基础教育。具体包括1年的学前教育，6年的小学教育，4年的初中教育和2年的高中教育。在高中阶段，学生有四个方向可以选择：学术方向、技术－职业－生计方向、运动方向、艺术和设计方向。（2）职业技术教育。菲律宾职业技术教育和培训（technical vocational education and training，TVET）性质上属于中学后教育（post-secondary education）而非高等教育。随着《2014年阶梯教育法》的实施，职业教育和普通高等教育实现了融通，学生可以专门修习高等教育机构提供的职业技术教育文凭课程或副学士学位课程，或者短期高等职业技术教育课程。（3）高等教育。为学生提供从本科到研究生的教育，授予学士、硕士和博士学位或者相关文凭。

菲律宾TVET的基本架构如图7-1所示：学生在顺利完成小学和初中教育后，在高中阶段可以选择技术－职业－生计方向，该方向设四个领域——家政、农业和渔业、工艺美术、信息通信技术，学生完成相关学习并通过考试后，能获得国家一级（NC I）和二级（NC II）资格证书。学生高中毕业后，可以继续参加由中学后教育机构提供的职业技术教育和培训，申请国家三级、四级和五级资格证书（NC III，NC IV，NC V），并获得职业文凭；或者，进入大学 / 学院学习职业技术教育课程，毕业时可以获得 TVET 文凭。①

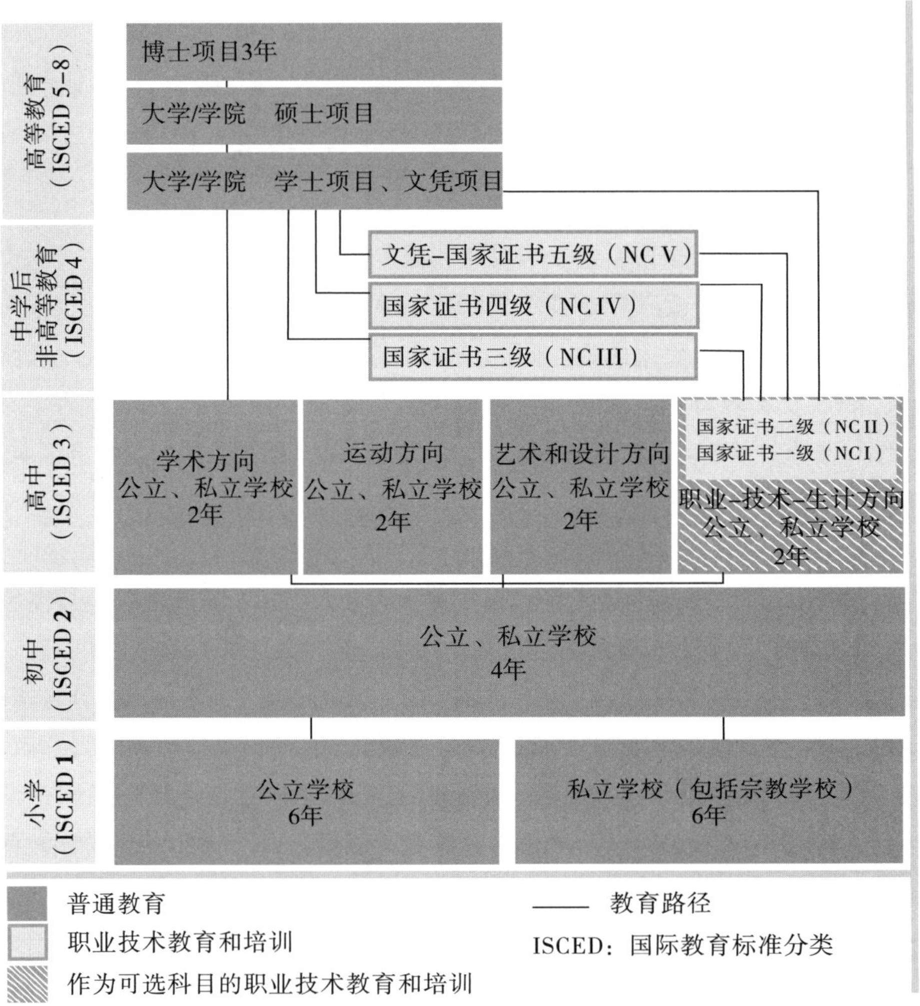

图 7–1 菲律宾职业技术教育与培训体系

资料来源：UNESCO-UNEVOC. TVET country profile： Philippines［EB/OL］.［2020-03-30］. http：//www.unevoc.unesco.org/l/589.

① UNESCO-UNEVOC. TVET country profile： Philippines［EB/OL］.［2020-03-30］. http：//www.unevoc.unesco.org/l/589.

二、职业技术教育的培养目标

20 世纪 90 年代以来，随着世界经济一体化进程的不断发展，具有熟练技术的劳动力对一个国家的内部发展及外部国际市场竞争的作用越来越重要。因此，世界各国不断完善和改革职业技术教育体系，菲律宾也不例外，它积极引进发达国家职业技术教育理论，紧跟国际先进职业技术教育发展的步伐，构建适合本国国情的现代职业技术教育体系。

1994 年 8 月 25 日，菲律宾政府颁布《1994 年技术教育和技能发展法案》，设立了负责监督和管理菲律宾职业教育的专门政府机构——技术教育和技能发展署（TESDA）。技术教育和技能发展署成立之后，通过制定国家职业能力测试标准，确定能力本位的课程内容，组织职业能力测评和资格认证，实施培训项目鉴定、注册和认证等一系列行动，进一步深化职业技术教育改革，旨在为迈入新世纪的菲律宾培养具备良好职业能力和积极工作价值观的劳动力。

21 世纪伊始，技术教育和技能发展署与菲律宾各行业的合作伙伴协商制定了《国家技术教育和技能发展规划》（National Technical Education and Skills Development Plan，简称 NTESDP），这是菲律宾有史以来第一个综合性的国家中级人力发展规划。目前，NTESDP 已经进入实施的第四轮。NTESDP 的规划愿景中培养“具有全球竞争力的中级人力资源”“胜任全球需求”“具备 21 世纪技能”“能应对第四次工业革命带来的挑战、具备 21 世纪技能或软实力、具有全球竞争力的绿色经济工人”，展现了菲律宾现代职业技术教育培养目标发展变化的轨迹（详见表 7-1）。

表 7-1　NTESDP 中关于职业技术教育培养目标的相关表述

规划	相关表述
NTESDP（2000—2004）	以“提高全球竞争力、改革农村发展、促进社会融合”作为职业技术教育发展框架的重点方向，培养具有全球竞争力的中级人力资源
NTESDP（2005—2009）	继续以“提高全球竞争力、改革农村发展、促进社会融合”作为重点，培养能够胜任全球需求的菲律宾劳动力

续表

规划	相关表述
NTESDP（2011—2016）	通过提高职业技术培训的参与度，增强培训的针对性，实现有效培训管理，培养具有 21 世纪技能的劳动力，满足国家对中层科技研究人才的需求
NTESDP（2018—2022）	为提供优质职业技术教育创造有利环境，以培养能够应对第四次工业革命带来的挑战、具备 21 世纪技能或软实力、具有全球竞争力的绿色经济工人

资料来源：根据TESDA网站相关内容整理。National technical education and skills development plan（NTESDP）［EB/OL］.［2021-03-30］.https：//www.tesda.gov.ph/About/TESDA/47.

三、职业技术教育的管理体制和组织结构

（一）管理体制

20 世纪 90 年代，为了使职业教育体系能够得到全国统一的指导，使职业技术机构、各行业、劳动者以及地方政府充分参与到人力资源技能开发中，菲律宾政府颁布《1994 年技术教育和技能发展法案》，成立了技术教育和技能发展署，隶属劳工与就业部（Department of Labor and Employment，简称 DLE），作为监督和管理菲律宾职业技术教育的专门政府机构。至此，菲律宾形成了“三足鼎立”（tri-focalized）的教育管理组织形式：基础教育由教育部管理，职业技术教育由劳工与就业部下属的技术教育和技能发展署管理，高等教育由高等教育委员会管理。

作为职业技术教育的管理机构，技术教育和技能发展署旨在为菲律宾人民提供相关（relevant）、高效率（efficiency）、便捷（accessible）、合作和协商（cooperative and consensual）以及高品质（high-quality）的职业技术教育和培训服务，以满足经济和社会发展的技能要求。

技术教育和技能发展署的核心业务主要体现在四个方面：（1）设定发展方向。通过人力情报系统、劳动力市场监测、行业研究、外部环境监控等收集相关的、可用的、准确的信息报告和数据，为菲律宾职业技术教育体系提供明确的发展方向和规划重点。（2）制定标准和开发系统。技术教育和技能发展署负责制定和开发统一的职业教育与培训课程、技能评估和

认证系统、项目鉴定和注册系统以及学历资格框架等，以保证职业技术教育的质量。（3）直接监管职业技术教育和培训并提供支持。技术教育和技能发展署按照现行规定加强对公立、私营职业技术教育机构的合理监管以确保其培养质量，为学生提供职业生涯指导和奖学金项目；引导公立和私营机构提供更多高质量的职业技术培训，扩大职业技术教育受益人的范围。（4）自身能力建设。为了能够有效提供所需的服务并实现其核心业务，TESDA 认为必须加强机构内部的能力建设，为此其各级组织都执行 TESDA 质量管理制度。[①]

技术教育和技能发展署的具体任务包括如下内容：（1）整合、协调和监督技能发展计划；（2）调整各方努力，以促进和发展中层人力资源；（3）批准技能标准和测试方案；（4）为参与中级人力资源开发的机构建立认证制度；（5）资助技术教育和技能发展的计划和项目；（6）为培训师的培养计划提供支持和帮助。此外，社会各界还期望 TESDA 能够肩负以下职责：（1）向地方政府下放培训职能；（2）改革学徒计划；（3）让行业/雇主参与技能培训；（4）制订技能发展计划；（5）制定和管理培训激励措施；（6）组织技能竞赛；（7）管理技能开发资金。[②]

在菲律宾职业技术教育发展过程中，技术教育和技能发展署承担着管理者（manager）、调整者（regulator）、推动者（enabler）、促进者（promoter）的角色。现如今，它已发展成为一个能够有效并高效地响应社会各种需求的组织，是菲律宾职业技术教育和技能开发的变革领导者。[③]

（二）组织结构

为了充分行使管理职能，顺利完成各项核心业务，TESDA 在全面系统地考量菲律宾职业技术教育的任务和未来发展需求的基础上，建立了一套完善的组织机构。[④] 在该组织体系中，执行总干事办公室对董事会负责，其

---

① TESDA core business［EB/OL］.［2020-01-12］. https：//www.tesda.gov.ph/About/TESDA/86.

② Brief history of TESDA［EB/OL］.［2019-11-20］. https：//www.tesda.gov.ph/About/TESDA/10.

③ Vision，mission，value and quality statement［EB/OL］.［2019-11-20］.https：//www.tesda.gov.ph/About/TESDA/11.

④ TESDA organizational structure［EB/OL］.［2019-11-20］. https：//www.tesda.gov.ph/About/TESDA/12.

下设八个职能不同的部门：规划办公室、伙伴关系和联系办公室、国家技术教育与技能发展研究院、资格和标准办公室、认证办公室、行政服务处、财务与管理服务处、区域办公室（见图 7-2）。TESDA 在全国开设区域办公室，区域办公室管理省 / 地区办公室、TESDA 区域中心、TESDA 妇女中心、TESDA 省 / 地区中心、TESDA 直属学校，形成一个具有权威性的技术机构网络。当私营培训部门不能为人们提供足够的培训机会，或收费高昂，或提供的培训质量不高时，TESDA 管理的技术机构网络将直接为人们提供职业技术教育培训。这种管理机制，使 TESDA 董事会对地方政府部门下放职业技术教育管理权力的同时，又保证 TESDA 董事会拥有干涉和提高私营部门培训能力的权力。

四、职业技术教育的实施机构

菲律宾职业技术教育分为正规职业技术教育和非正规职业技术教育两类。正规职业技术教育通常由公立或私立职业技术学校实施，这些项目需要六个月到三年的时间完成；非正规职业技术教育的实施机构主要有各行业、非政府机构、私立培训机构等，主要负责短期培训项目，这些项目一般不超过六个月。职业技术教育与培训的对象既包括在校学生还包括已就业的劳动者。对在校学生而言，接受职业技术教育的目的主要是为其就业做准备；对已就业的劳动者而言，接受职业技术教育与培训的目的是发展自身职业能力，提高自己的工作能力。如表 7-2 所示，菲律宾主要有四种类型的职业技术教育机构。

表 7-2　菲律宾职业技术教育机构一览表

类型	基于学校的	基于社区的	基于企业的	基于培训中心的
机构	TESDA 学校； 私立职业学校； 高等教育机构	社区培训和就业中心； 非政府组织； 地方政府部门	TESDA 认证的公司或企业	TESDA 地区和省级培训中心； 其他政府部门下属的培训中心

资料来源：TVET Programs ［EB/OL］.［2019-11-20］.https：//www.tesda.gov.ph/About/TESDA/24.

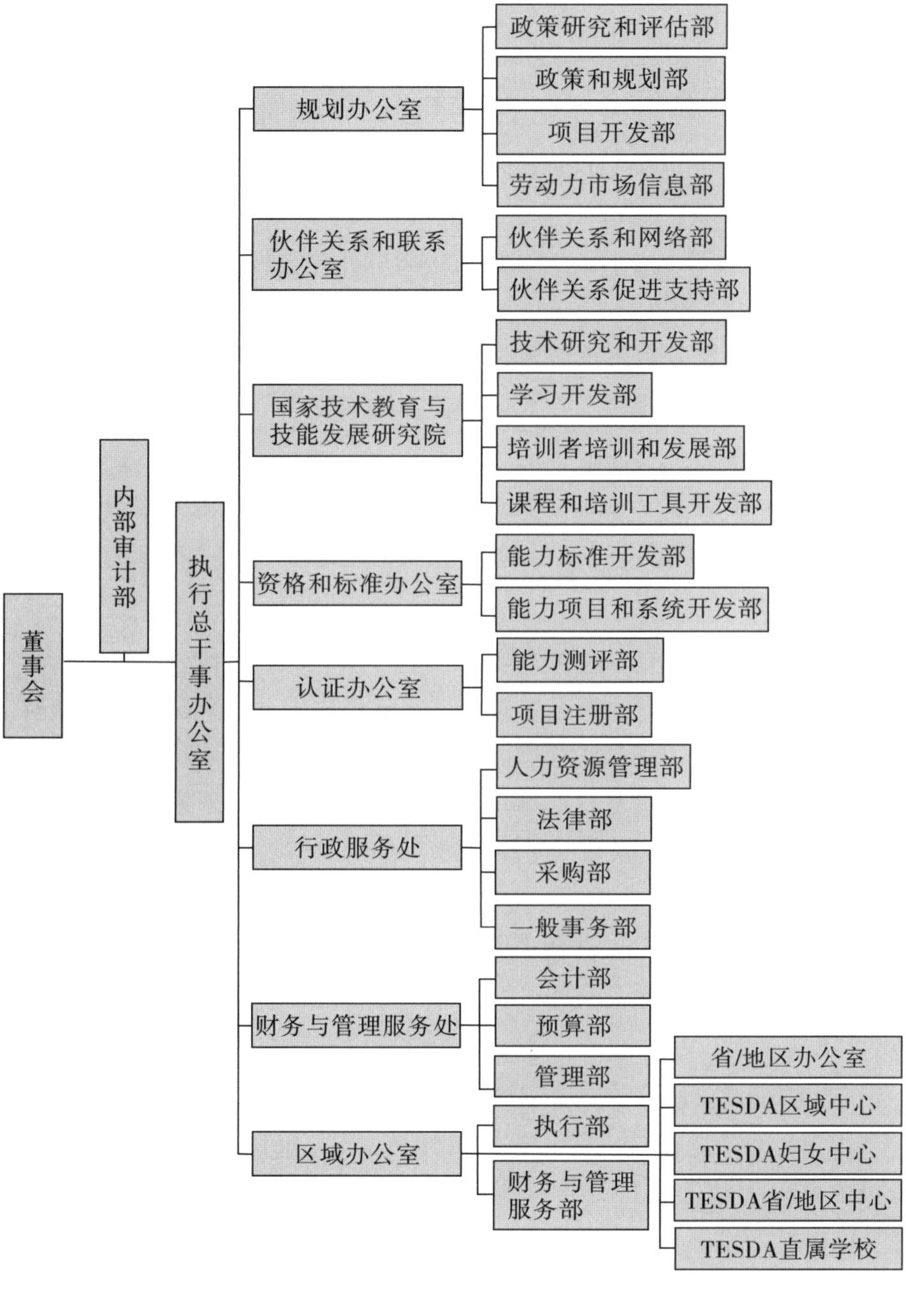

图 7–2 TESDA 组织结构图

资料来源：TESDA organizational structure ［EB/OL］.［2019-11-20］. https：//www.tesda.gov.ph/About/TESDA/12.

（一）基于学校的职业技术教育机构

基于学校的职业技术教育机构主要有 TESDA 学校、私立职业学校、高等教育机构。菲律宾的职业教育学校分为公立和私立两大类，TESDA 学校（即 TESDA 直属的职业教育学校）是公立学校，大约占 10%；其他 90% 的职业学校都是私立学校。TESDA 学校全国共 57 所，包括 19 所农业学校、7 所渔业学校和 31 所贸易学校，主要提供中学后教育项目，学生学习时间不超过 3 年。①

此外，菲律宾的很多高等教育机构也提供职业技术教育文凭项目。如南伊罗戈斯国立理工学院，其农业工程、信息技术、工业技术和酒店管理等专业可以为学生提供职业性质和学术性质的教育：第一年主要进行职业培训，学年结束后学生可以参加 TESDA 证书考试并获得国家资格证书，后续三年的教育将学术教育与职业教育相融合，学生毕业时能够获得本科文凭和学士学位。②

（二）基于社区的职业技术教育机构

基于社区的职业技术教育机构主要包括社区培训和就业中心、非政府组织、地方政府部门等。此类型的教育机构主要面向社区中的贫困和边缘群体。这类人群由于自身技能低下或是财力有限，无法接受正规教育，他们中的大多数也没有从银行等渠道获得贷款的资格，无法有效地谋生。

基于社区的职业技术教育和培训不仅提供生活技能培训，还提供更多服务以支持和帮助以上人群自主谋生和创业。该类型的教育和培训一般由社区培训和就业中心负责实施，当地政府部门和非政府组织则负责组织、协调和提供支持。

（三）基于企业的职业技术教育机构

基于企业的职业技术教育机构指的是通过 TESDA 认证的、有资质的公司或企业，他们负责提供学徒培训项目（apprenticeship program），基于工作场所的培训项目（learnership program）以及双元制培训项目（dual

---

① TESDA：school based program［EB/OL］.［2019-11-20］.https：//www.tesda.gov.ph/About/TESDA/35.

② Program offerings［EB/OL］.［2019-12-01］. https：//www.ispsc.edu.ph/academics/program-offerings/.

training system）。

学徒培训项目由通过 TESDA 认证并成功注册学徒培训项目的公司提供，它是一种短期培训和就业项目，公司需要根据行业要求把学徒培训成合格的熟练工人，学徒期至少四个月，最长六个月。基于工作场所的培训项目由通过 TESDA 认证并成功注册学习项目的公司提供，它是一种在职实践培训项目，学习期不超过三个月。双元制培训项目是基于技术的教育和培训模式，学习在学校（或培训中心）和公司（或企业）两个场所交替进行，提供双元制培训项目的培训师、培训计划必须得到 TESDA 认证和批准。

（四）基于培训中心的职业技术教育机构

基于培训中心的职业技术教育机构主要包括 TESDA 地区和省级培训中心，以及其他政府部门下属的培训中心。另外，还有一部分培训中心是与国外合作建立的，如韩国－菲律宾信息技术培训中心是韩国政府和 TESDA 合作项目；也有一部分培训中心是通过国际援助的方式建立的，如 TESDA 女子培训中心是日本政府援助项目。

菲律宾其他政府部门下属的培训中心也提供职业技术教育培训，如劳工与就业部下属的国家海洋技术学院，科技部下属的冶金工业研究与发展中心、菲律宾纺织研究所，贸易和工业部下属的建筑与人力发展基金会、菲律宾商贸培训中心和棉花产业技术中心，社会福利与发展部提供的面向残疾人和贫困人群的生计培训中心，农业部下属的农业和渔业培训中心，等等。

2018 年 TESDA 的统计数据显示，在四种类型职业技术教育机构注册的学生人数分别是：基于社区的教育机构人数为 1 079 061 人，基于学校的教育机构人数为 991 279 人，基于培训中心的教育机构人数为 323 282 人，基于企业的教育机构人数为 97 007 人，分别占总人数的 43.3%、39.8%、13.0%、3.9%。该年度基于社区的教育机构的毕业生人数为 1 022 722 人，基于学校的教育机构的毕业生人数为 988 630 人，基于培训中心的教育机构的毕业生人数为 305 074 人，基于企业的教育机构的毕业生人数为 86 750 人，分别占总人数的 42.6%、41.1%、12.7%、3.6%。[①] 从中可以看出，菲律宾职业技术教育的主要模式是基于社区的和基于学校的教育模式。（详见图 7-3）

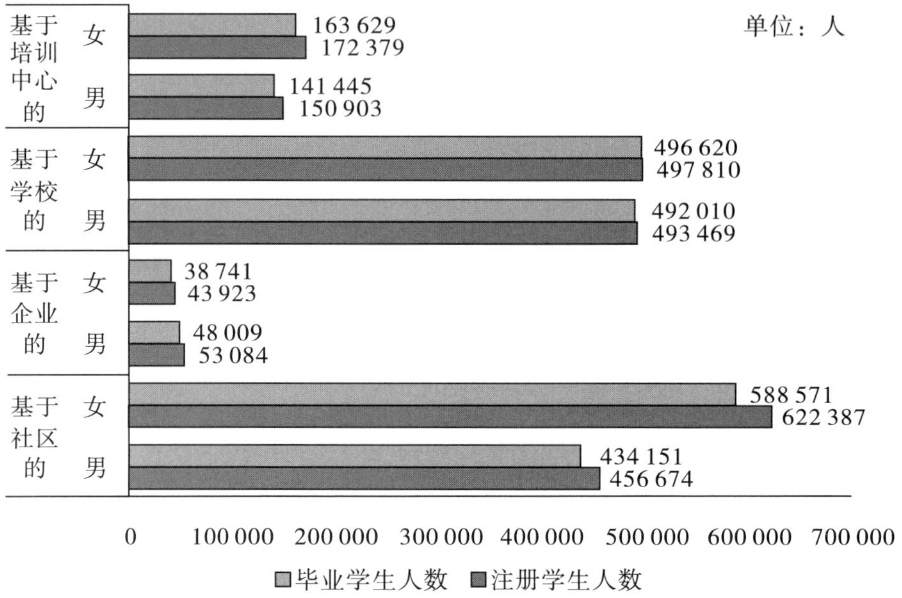

图 7–3　菲律宾 2017–2018 学年接受职业技术教育人数

资料来源：2017—2018 enrolled and graduates by region，delivery mode and sex ［EB/OL］.［2019-12-08］. https：//www.tesda.gov.ph/About/TESDA/24608.

第二节　职业技术教育的课程与教学

20 世纪 90 年代，俄罗斯、美国通过教育法案建立了全国统一的行业技能标准，以规范其职业技术教育课程。随后，澳大利亚也开发了国家行业能力标准，明确界定了不同等级的职业技术能力水平要求。在借鉴俄罗斯、美国、澳大利亚等国的行业能力标准经验的基础上，菲律宾于 2019 年颁布了符合本国国情的“国家能力标准”，作为职业技术教育机构设计课程、

① 2017—2018 enrolled and graduates by region， delivery mode and sex ［EB/OL］.［2019-12-08］. https：//www.tesda.gov.ph/About/TESDA/24608.

实施教学的依据，确保课程目标、课程内容、教学方式等能够与市场接轨，培养出更多适合国内外市场需求的高素质技术人才。

一、“国家能力标准”

菲律宾“国家能力标准”（competency standard）是在借鉴俄罗斯、美国、澳大利亚等国行业能力标准的基础上开发的，是职业技术教育的指南针，是职业技术教育课程设计和教学实施的基础。

（一）“国家能力标准”的构成

技术教育和技能发展署负责制定“国家能力标准”的政策和细则，具体的能力标准由技术教育和技能发展署与各行业合作协商制定并颁布。“国家能力标准”包括基本能力、通用能力、核心能力三个维度的能力，包括 20 个能力单元（competency unit），其中每个能力单元由若干个能力要素（element）组成，能力要素是由行为标准、知识、技能构成的学习模块。基本能力是所有行业中所有工人都要掌握的能力；通用能力是特定领域中的工人所需要掌握的能力，它不像核心能力那样专业化；核心能力是特定领域的技术工人完成特定任务时需要掌握的专业能力①（见图 7-4）。

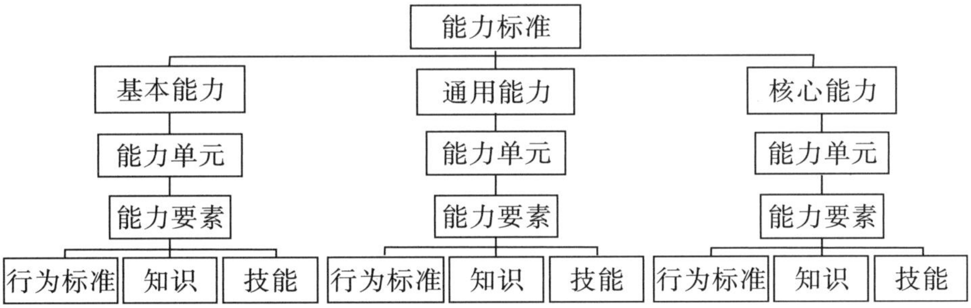

图 7–4 菲律宾“国家能力标准”架构图

资料来源：Competency standards development ［EB/OL］.［2020-03-09］. https：//www.tesda.gov.ph/About/TESDA/85.

① Competency Standards Development ［EB/OL］.［2020-03-09］. https：//www.tesda.gov.ph/About/TESDA/85.

“国家能力标准”的颁布，一方面使得能力标准具有可操作性和可测量性；另一方面，不同教育机构都遵照相同标准实施教育或培训，保证教育内容的统一性。而且，菲律宾职业技术教育中的能力单元与国际劳工组织的区域示范能力标准（亚太技能）一致，这使其能力标准具有一定的国际通用性，提高了菲律宾劳动力的国际竞争力和通用性。

（二）“国家能力标准”的特征

“国家能力标准”是菲律宾职业技术教育的关键组成部分，具有以下特征：第一，能力标准是由行业确定的，是对学生达到有效工作绩效所需要的各种能力的具体要求；第二，能力标准以能证明的、可测量的结果来表示；第三，能力标准具有等级性，不同等级对职业能力要求水平不一样；第四，能力标准强调培训及个人特质，但更关注工作活动本身；第五，能力标准强调在新情境及不断变化的工作情境中获得技能的能力。

菲律宾“国家能力标准”随着行业发展程度和市场需求变化而不断更新，不同等级对职业能力要求水平不一样。这使得课程内容在每个能力等级要求设置上呈现阶梯式上升结构，同时也使工人在职业生涯中呈现阶梯性上升发展趋势，便于评价工人当前的能力等级，鼓励工人在工作中秉持终身学习的观念，不断提升、完善自我职业能力和自我修养。总之，基于“国家能力标准”的课程从内容和教学过程对职业技术教育质量进行了监督。

二、培训章程和培训标准

培训章程（training regulation）是技术教育和技能发展署在与各行业协商的基础上开发的，规定了职业技术教育各行业的能力标准、培训内容标准、评价与认证要求等内容，是培训项目注册和教学、职业教育课程和评价工具开发、职业能力评估与认证的依据和参考。

培训标准明确、详细地规定了菲律宾职业技术教育的课程设计，教学实施，入学要求，课程讲授中所需的工具、设备和材料，培训设施，培训者的资格要求以及机构评估等事宜（见图 7-5）。

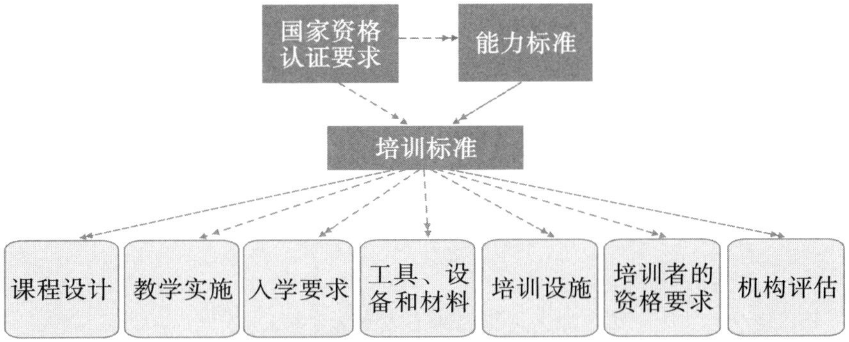

图 7–5　菲律宾“培训标准”内容构成图

资料来源：Training regulations：housekeeping NC III［EB/OL］.［2019-11-20］. https：//www.tesda.gov.ph/Downloadables/TR_HOUSEKEEPING_NC%20III.pdf.

培训标准对课程的设计秉承“能力本位”（competency-based）的理念，旨在使培训的提供者能够基于该课程体系并在充分考虑实际情况下开发自己的课程。课程结构依据能力标准的“维度 + 能力单元”模式来设计，即基本能力、通用能力、核心能力三个维度，以及 20 个能力单元。具体的课程设计包括基本能力、通用能力和核心能力三个模块，每个模块都包括若干个能力单元，每个能力单元相当于一门课程。每门能力课程都有属于自己的编码，学生只要完成要求的能力课程便可获得相应的能力资格证书。培训标准明确规定了每门能力课程的学习成果、学习内容、教学方法、评价方法以及学习时间等内容。这些课程通常以工作过程的形式展开，以工作过程进行能力单元知识与技能的设计，有助于学生更有效地掌握所需要的技能和知识，从而减少从学习到工作的过渡时间。

三、职业技术教育的课程设置和教学实施

下面以家政（酒店和饭店方向）三级国家证书（NC Ⅲ，以下也称“国家证书Ⅲ”)为例，介绍菲律宾能力本位职业技术教育的课程设计、教学实施、入学要求等基本情况。[①]

① Training regulations：housekeeping NC III［EB/OL］.［2019-11-20］. https：//www.tesda.gov.ph/Downloadables/TR_HOUSEKEEPING_NC%20III.pdf.

（一）家政（酒店和饭店方向）国家证书Ⅲ的国家资格认证要求

菲律宾国家资格认证要求规定了职业技术教育的培养目标及学生应该具备的能力。如家政（酒店和饭店方向）国家证书Ⅲ规定，该等级主要是培养未来的客房部主管、公共区域主管、亚麻 / 制服主管、洗衣主管、地板主管，为此需要学生具备 9 种基本能力、7 种通用能力、4 种核心能力（见图 7-6）。

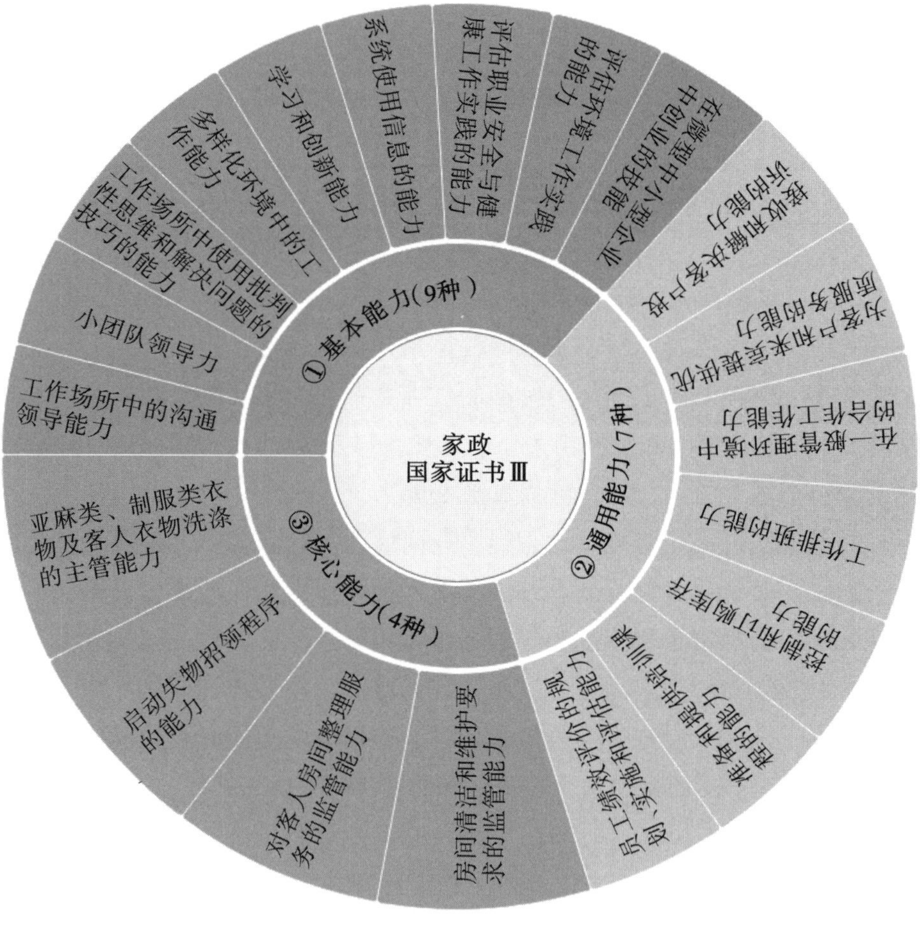

图 7–6　家政（酒店和饭店方向）国家证书 Ⅲ 能力构成图

资料来源：Training regulations：housekeeping NC III［EB/OL］.［2019-11-20］. https：//www.tesda.gov.ph/Downloadables/TR_HOUSEKEEPING_NC%20III.pdf.

（二）家政（酒店和饭店方向）国家证书 III 的能力标准

在国家资格认证要求规定的能力基础上，能力标准明确了能力体系的具体架构。如家政（酒店和饭店方向）国家证书 III 的能力标准框架包括基本能力、通用能力、核心能力三个维度，共计 20 个能力单元、70 个具体能力要素、279 个行为标准，以及相应的知识和技能要求。[①] 表 7-3 以“核心能力一：监控房间的清洁和维护要求”为例进行详细说明。

表 7-3 家政（酒店和饭店方向）国家证书 III 能力标准构架表（核心能力一）

维度	能力单元及代码	单元内容描述	能力要素	行为标准	需要的知识	需要的技能
核心能力	一、监控房间的清洁和维护要求 TRS515301	本单元涵盖对指定的清洁任务进行监测、监督和评估所需的知识、技能和态度	1. 监控清洁服务的要求、程序和资源	1.1 根据职业安全和健康标准监控个人防护设备（PPE）的使用 1.2 外部规定符合行业标准 1.3 根据内部管理程序来管理工具、设备和用品 1.4 根据已有程序对事故、受伤和不安全的工作条件进行响应 1.5 存储和维护事故报告	1.1 工作场所的清洁程序 1.2 遵守现行监管准则所需的文件编制 1.3 风险管理的文件编制和识别 1.4 工具和设备的使用与维护 1.5 基本职业安全与健康（BOSH） 1.6 绿色实践	1.1 能够识别和纠正不安全的工作程序或条件 1.2 文件编制技能 1.3 能够报告并纠正不符合规定的情况 1.4 分析和评估能力 1.5 能够运用危险分析关键控制点（HACCP） 1.6 能够有效沟通 1.7 能够运用 BOSH 1.8 能够进行绿色实践

① Training regulations：housekeeping NC Ⅲ［EB/OL］.［2019-11-20］. https：//www.tesda.gov.ph/Downloadables/TR_HOUSEKEEPING_NC%20III.pdf.

续表

维度	能力单元及代码	单元内容描述	能力要素	行为标准	需要的知识	需要的技能
核心能力	一、监控房间的清洁和维护要求 TRS515301	本单元涵盖对指定的清洁任务进行监测、监督和评估所需的知识、技能和态度	2. 监控工作场所的清洁度和安全性	2.1 对工作场所的清洁和安全进行连续监控 2.2 由指定人员根据工作场所程序指出清洁方面存在的问题 2.3 根据工作场所标准监控工具、设备和用品的维护和存储 2.4 存储和维护各种记录 2.5 定期审查应急管理计划	2.1 工作流程和特殊清洁项目 2.2 工作场所实施清洁服务的程序和政策 2.3 清洁设备的服务程序 2.4 基本职业安全与健康（BOSH） 2.5 危险分析关键控制点（HACCP） 2.6 绿色实践	2.1 检查时能够关注细节 2.2 文件编制技能 2.3 监控能力 2.4 分析和评估能力 2.5 能够运用 HACCP 2.6 能够运用 BOSH 2.7 能够进行绿色实践
			3. 评估和评价分配的任务	3.1 根据行业标准安排并实施风险评估 3.2 确保工作场所安全和工作人员安全 3.3 根据工作场所的标准审核和评估系统的有效性 3.4 实施必要的改进 3.5 遵守法规和内部要求	3.1 工作流程和特殊清洁项目 3.2 工作场所实施清洁服务的程序和政策 3.3 清洁设备的服务程序 3.4 基本职业安全与健康（BOSH） 3.5 危险分析关键控制点（HACCP） 3.6 绿色实践	3.1 检查时能够关注细节 3.2 文件编制技能 3.3 监控能力 3.4 分析和评估能力 3.5 能够运用 HACCP 3.6 能够运用 BOSH 3.7 能够进行绿色实践

资料来源：Training regulations：housekeeping NC III［EB/OL］.［2019-11-20］. https://www.tesda.gov.ph/Downloadables/TR_HOUSEKEEPING_NC%20III.pdf.

（三）家政（酒店和饭店方向）国家证书 III 的课程设置

培训标准规定，家政（酒店和饭店方向）国家证书 III 的课程设置旨在根据行业标准提高学习者的技能和态度，培养个体在执行诸如监控房间的清洁和维护要求、为客人提供客房清洁服务、洗涤客人衣物以及启动失物招领程序等任务时所必须具备的能力。课程结束后，学习者应能够展示上述能力。为此，学习者必须学习所有能力单元并达到所有能力单元的要求。

家政（酒店和饭店方向）国家证书 III 共设 20 门课程，包括 9 门基本能力课程，即工作场所中的沟通领导，小团队中的领导力，工作场所中使用批判性思维和解决问题的技巧，在多样化的环境中工作、学习和创新，信息的系统使用，职业安全与健康工作实践的评估，评估环境工作实践，微型中小型企业的创业；7 门通用能力课程，即接收和解决客户投诉，在一般管理环境中合作工作，为客户和来宾提供优质服务，工作人员的排班，控制和订购库存，准备和提供培训课程，员工绩效评价的规划、实施和评估；4 门核心能力课程，即监控房间的清洁和维护要求，监控对客人房间的清洁整理服务，启动失物招领程序，监控亚麻类和制服类衣物以及客人衣物的洗涤。

学生需要修习 40 个小时的基本能力课程，96 个小时的通用能力课程，64 个小时的核心能力课程，并进行 64 个小时的有指导的行业学习（supervised industry learning），总学习时间需要达到 264 个小时方能毕业。这种统一的时间安排使得各实施机构的课程设计及教学有了一致的标准。

表 7-4 以核心能力课程的“监控房间的清洁和维护要求”能力单元为例，说明该课程的具体安排。

表 7-4　家政（酒店和饭店方向）国家证书 III 的课程安排

（核心能力课程之能力单元一）

能力维度	能力单元	学习结果	学习内容	教学方法	评估方法	学习时间
核心能力课程（共 64 小时）	1. 监控房间的清洁和维护要求（共 16 小时）	1.1 监控清洁服务的要求、程序和资源	1.1.1 认识外部法规 1.1.2 辨别工具、设备和用品 1.1.3 向主管 / 经理报告事故、伤害和不安全的工作条件 1.1.4 同化工作场所的清洁程序和政策 1.1.5 运用 BOSH 和绿色实践	自主学习 讲授或讨论 展示 角色扮演	书面报告 口头演示 提问 案例研究	6 小时
		1.2 监控工作场所的清洁度和安全性	1.2.1 监控工作场所的清洁和整洁度 1.2.2 发现清洁服务中存在的问题 1.2.3 维护和存储清洁设备及用品 1.2.4 维护已存储的记录	自主学习 小组讨论 案例研究 角色扮演	书面报告 口头提问 演示	4 小时
		1.3 评估和评价分配的任务	1.3.1 安排并实施风险评估活动 1.3.2 审核和评估系统的有效性 1.3.3 确认遵守法规和内部要求 1.3.4 计划的调整和改进	自主学习 小组讨论 案例研究 角色扮演	书面报告 口头提问 演示	6 小时

资料来源：Training regulations：housekeeping NC III［EB/OL］.［2019-11-20］. https://www.tesda.gov.ph/Downloadables/TR_HOUSEKEEPING_NC%20III.pdf.

（四）家政（酒店和饭店方向）国家证书 III 的教学实施要求

1. 指导原则。

培训标准规定，教学应以“能力本位”的理念为指导，关注学习者的行业基本能力、通用能力、核心能力的培养与提高，教学 / 培训内容的选择和组织应遵循培训标准规定的课程设计。具体如下：

（1）具体课程的设计要基于行业能力标准；

（2）学习系统的设计遵循能力驱动原则；

（3）教学 / 培训以学习者为中心，并应适应学习者的个性化和自定步调 / 进度的学习策略；

（4）可以在实际的工作场所进行教学 / 培训，也可以模拟工作场所，或采用现代技术进行教学 / 培训；

（5）实施绩效评价；

（6）对能力的评估需要考虑学习者的知识和态度情况，但更主要的是对学习者实际表现出来的绩效的评估；

（7）培训项目认可学习者先前的学习或当前的能力；

（8）学习者的所有指定能力均能达到既定要求，方能完成培训。

2. 教学模式。

职业技术教育的教学模式是多样化的，具体实施机构可以根据实际情况加以选择。但需强调的是，无论选择何种教学模式，学习者的学习必须由行业指定的能力标准来驱动。各实施机构在设计和提供培训项目时，可以单独采用以下某种模式，也可以对其进行适当改变，当然也可以组合使用。

（1）基于机构的教学模式。

双元培训系统（DTS）/ 双元培训计划（DTP）。它是基于技术的教学和培训模式，学习在学校（或培训中心）和公司（或企业）两个场所交替进行，既包括在校培训，又包含在企业内的培训或现场实地调查。

远程学习。这是一种正规的教育过程，其中大多数教学是在学生和教师不在同一地点的情况下进行的。远程学习可以采用函授学习、音频、视频、计算机技术或其他现代技术等形式，以促进学习、正式培训和非正式培训的效果。TESDA 秘书处会发布有关此模式的特定指南。

学习者中心的模式。基于教室或培训中心的教学使用学习者中心模式，同时可以辅之以实验室或现场工作的方式。在此种模式中，演示、小组讨论、展示、情景模拟、角色扮演、自主学习、案例研究等是常用的教学方法，一般使用书面测试、提问、演示和展示、观察、访谈等方法来评价学生的学习效果。

（2）基于企业的模式。

正式学徒制。主要涉及就业方面的培训，需要学徒与企业之间签订合同。

非正式学徒制。它主要基于学徒与工艺师之间的培训（和工作）协议，该协议可以是书面的或口头的。工艺师承诺对学徒进行与其工作相关的所有技能的培训；学徒则承诺要致力于做出富有成效的贡献。此种形式的培训时间较长，通常是一到四年，培训主要在生产过程中完成。学徒将与经验丰富的工匠一起在工作实践中学习。

基于企业的培训。根据特定公司的要求，在公司内部实施培训。TESDA 秘书处会发布有关此模式的特定指南。

（3）基于社区的模式。

基于社区的培训一般是短期培训项目，由非政府组织、培训中心和其他 TVET 提供者实施，旨在满足社区的特定需求。此类项目可以在诸如大厅、篮球场这样的非正式环境中进行。这些项目也可以通过移动设备来进行。

除了以上教学模式，TESDA 近年来还实施了在线教育项目（TESDA Online Program，简称 TOP）。TOP 是一种非常有效的远程教学模式，以较低的成本向更广泛的学习者提供技术教育和技能开发服务，旨在通过使用信息和通信技术使菲律宾公民更容易获得技术教育。TOP 计划的数量逐年增长，从 2012 年的 8 门课程增长到 2018 年的 59 门课程，主要集中在农业，汽车，电子电气，企业管理，人类健康和保健，供暖、通风、空调和制冷，信息和通信技术，终身学习技能，海事，社会发展、社区发展和其他服务，旅游等领域，学员可以通过音频、视频或计算机技术进行远程函授学习。①

3. 入学要求。

培训标准规定，参加此门课程的学习者应满足以下要求：（1）必须已经完成 10 年基础教育，或具有等同于十年级学力的替代学习系统结业证书；（2）可以进行口头和书面形式的基础英语交流；（3）必须具备计算机知识；（4）可以进行基本的数学计算；（5）必须已获得家政 NC II 资格。

4. 教学 / 培训所需的用品、设备和材料。

以 25 名学习者为单位，教学 / 培训所需的用品、设备和材料清单如下：

---

① E-education in the Philippines：the case of technical education and skills development authority online program［EB/OL］.［2020-04-11］. https：//pidswebs.pids.gov.ph/CDN/PUBLICATIONS/pidsdps1808_rev.pdf.

表 7-5　用品、设备和材料清单

类别	名称	数量
用品	A4 纸	2 包
	法定证券纸	2 包
	打印机墨水	2 套
设备	可以上网的电脑	25 台
	液晶投影仪	1 台
	打印机	2 台
材料	工具、设备和用品清单	25 份
	危险分析关键控制点（HACCP）	1 份
	基本职业安全与健康（BOSH）	1 份
	有关绿色实践的内部政策	1 份
	客人反馈表	50 份
	员工排班表	25 份
	废物管理和处置监控表	25 份
	家政人员评估表	25 份
	性别和发展（GAD）手册	1 份
	失物招领表	25 份
	退回 / 发布失物招领表	25 份
	无人认领的失物招领表	25 份
	失物招领维修清单	25 份
	洗衣服务表	25 份
	洗衣服务清单	25 份
	洗衣服务监控表	25 份
	洗衣价格表	25 份
	洗衣设备维护清单	25 份

注：因为设施、设备的成本较高，所以培训提供者可以与行业合作伙伴签订设备使用协议，以促进培训项目的有效实施。

资料来源：Training regulations：housekeeping NC III［EB/OL］.［2019-11-20］. https://www.tesda.gov.ph/Downloadables/TR_HOUSEKEEPING_NC%20III.pdf.

5. 教师 / 培训人员资格要求。

（1）持有一级国家职业教育培训师证书（National TVET Trainer Certificate，简称 NTTC）。

（2）至少有两年作为客房服务主管的行业经验。

综上所述，菲律宾实施“能力本位”的职业技术教育，其教学的根本目标是培养具有管理能力的技能型人才，提高学生解决问题的能力、在不同工作环境中的创造力和创新能力。教学内容的选择和组织遵循各行业能力标准及培训章程的相关规定，所以即便是不同的职业技术教育机构，他们提供的相同等级的教学和培训均有统一的内容。而其教学模式、教学方法、评价方式等却因其教育对象和实施主体的不同而呈现多样化特征。学习者根据自身的需要灵活选择学习方式，方便学习。同时，无论学习者采取哪种课程学习模式，其学习过程都是以相应行业的工作过程来展开的，核心都是提高行业所需的基本能力、通用能力和核心能力，这体现了职业教育教学过程的实践性和应用性特点。

第三节 职业技术教育的保障体系

为确保职业技术教育能够培养出适应各行业工作要求的技能型人才，满足当地和国际劳动力市场的需求，菲律宾构建了较为完善的质量保障体系：接轨国际的职业资格证书制度，统一的职业技术教育项目认证与评估制度，多渠道的经费投入制度，集培养、转化和发展于一体的师资建设制度。

一、接轨国际的职业资格证书制度

职业资格证书制度是职业技术教育的一种评估形式，是职业技术教育与劳动力市场联系的纽带，是确保职业技术教育质量的重要保障。

菲律宾是国际劳工组织区域示范能力标准（Regional Model of Competency Standards，简称 RMCS）的签署国之一。在 RMCS 的基础上，菲律宾于 2003 年建立了菲律宾职业技术教育资格框架（The Philippine TVET Qualification Framework，简称 PTQF）。PTQF 提供一级证书至高级职业文凭共六个级别的职业资格证书。PTQF 明确定义了前四个等级的职业资格证书，即国家证书Ⅰ（NC Ⅰ）、国家证书Ⅱ（NC Ⅱ）、国家证书Ⅲ（NC Ⅲ）、国家证书Ⅳ（NC Ⅳ），规定学员达到每个等级必须具备的技能操作流程、责任和工作适用范围（见表 7-6）。

表 7-6　菲律宾职业技术教育资格框架（PTQF）

等级	操作流程	责任	应用
NC Ⅰ	执行常规或可预见的操作流程，很少或根本没有自我判断	坚持适当标准和常用规则	通常由上级主管或高水平工人布置任务，他们给出简单的任务说明，在必要时会给予详细说明或建议
NC Ⅱ	执行规定范围内的职责，包括已知的日程事务和程序，清楚处理复杂问题的适用方式	工作涉及对产出质量的问责	此级别的应用涉及个人职责或自主权，或能够作为团队 / 小组的一员在工作中与他人通力合作
NC Ⅲ	熟练地完成需要较高水平能力的操作，包括已知的日常事务和程序，处理一些复杂的程序，并懂得如何进行选择	工作包括了解工作流程、促进问题解决并做出决定以确定要使用的流程、设备和材料	此级别的应用可能涉及个人责任或自主权，和 / 或可能涉及对他人的责任；可能会涉及小组参与（包括团队或小组协调）
NC Ⅳ	能完成大部分复杂和非常规的项目	工作包括在组织自我活动和其他活动时的领导力和指导，以及对非常规或偶然性技术解决方案的贡献。在此级别上，工作还包括需要对当前实践进行评估和分析，并制定新的标准和程序	此级别的应用可能涉及对组织和他人绩效的责任

资料来源：The Philippine technical vocational education and training（TVET）system［EB/OL］.［2020-03-11］. https：//www.tesda.gov.ph/uploads/file/phil%20tvet%20system%20-%20syjuco.pdf.

PTQF 的六个级别职业资格证书可以根据培养目标水平和教学内容划分为三个层次：第一层次包括国家一级职业证书（NC Ⅰ）和国家二级职业证书（NC Ⅱ），以培养半熟练工人和高级操作员为目标，教学内容主要是简单的技术操作流程知识；第二层次包括国家三级职业证书（NC Ⅲ）和国家四级职业证书（NC IV），以培养熟练工人和高级熟练工人为目标，教学内容主要是复杂的实用知识和技能；第三层次包括职业文凭（diploma）和高级职业文凭(advanced diploma),以培养辅助技工和辅助管理人员为目标，教学内容主要是理论知识。PTQF 三个层次的培养目标水平和教学内容体现行业对不同岗位职工的技能要求，也体现了学员通过不断学习职业课程，从简单地掌握技能到熟练地运用技能的过程。职业资格等级的划分是对不同职业技能水平的界定，是认可职工技能的一种方式。它承认职业资格等级之间的相互衔接，也承认职业资格等级与普通教育不同阶段之间的互通。

PTQF 旨在建立一个使菲律宾和国际职业基准能够相连贯的职业资格制度，通过国家之间技能和资格的可比性和互认度，提高熟练技术工人在海内外的流动性，满足行业对职业技术教育更高学历的要求，保证所有获得职业技术教育资格的学员有能力进入相应的工作平台。

TESDA 负责监控职业资格证书考试的质量和完整性，以保持菲律宾工人的国际认可度。2013 年到 2016 年，参加 PTQF 考试的人数稳定增长，参加考试人数的复合年增长率为 9.57%，获得资格认证人数的复合年增长率为 10.56%。截至 2017 年底，经评估和认证的工人总数分别达到 1 407 897 人和 1 308 277 人，总计达到了 93% 的总认证率。①

二、统一的职业技术教育项目注册与资质认证制度

为了鼓励职业技术教育机构不断提高教育质量，确保所有课程可以促进公共利益的增长，同时也为了职业技术教育部门可以有效管理职业技术教育课程综合数据库，TESDA 建立了统一的职业技术教育项目注册和资质认证系统（Unified TVET Program Registration and Accreditation System，简称 UTPRAS），该系统以 TESDA 颁布的能力标准为基础对职业技术教育课程进行注册与认证。②

① National technical education and skills development plan（NTESDP）2018-2022［EB/OL］.［2020-03-12］. https：//www.tesda.gov.ph/About/TESDA/47.

② Program registration and accreditation［EB/OL］.［2020-03-12］.https：//www.tesda.gov.ph/About/TESDA/26.

（一）强制性的项目注册

项目的注册是强制性的，整个注册过程就是审核项目是否与培训章程中描述的标准达成一致的过程。职业技术教育机构如果要开设某一行业、某一能力等级的职业技术教育项目，就必须向所在的省或区的 UTPRAS 办公室提交书面申请报告，UTPRAS 在接到申请之后，将会派出工作人员对该机构目前拥有的开设该项目的条件进行检查和审核，具体包括培训场所、教学设备、教师和工作人员资格、行政文件及学术规范文件等。通过审核的机构才能注册该项目，同时获得 TESDA 的认证。

未通过审核而私自开设职业技术教育项目的机构，一经发现就会被定罪，违反授权规定行为的负责人将受到相应处罚。经过法院审判程序后，TESDA 地区办事处可以直接注销该项目。

此外，为了保证和监控项目的实施能一直遵守相关的规定和标准，UTPRAS 办公室还常常对项目进行定期审核，未通过定期审核的项目，必须依照 UTPRAS 办公室给予的意见进行及时改进或整顿。

（二）自愿的项目资质认证

UTPRAS 中对职业技术教育课程的鉴定是自愿的，鉴定方式主要有课程实施者的自我评价，由 TESDA 认可的鉴定机构进行外部评价等，通过这些鉴定方式监控并提高职业技术教育课程的质量，促进职业技术教育的发展和认可。

菲律宾职业技术教育机构注册的课程日益增多。2005 年，全国共有 13 098 个注册课程，其中信息和通信技术业注册课程有 5 585 个，占总注册课程的 42.6%，卫生和社会服务业注册课程有 2 110 个，占注册课程的 16.1%，家具业、食品加工业及装饰工艺品业的注册课程最少，低于总注册课程的 0.5%。而截至 2011 年 12 月，全国共有 20 305 个职业技术教育注册课程，信息和通信技术业、卫生和社区服务业仍是职业技术教育发展的重点，信息和通信技术业注册课程有 5 247 个，占总注册课程的 25.8%，卫生和社区服务业注册课程有 4 843 个，占总注册课程的 23.8%。旅游业发展迅速，成为注册课程的新军，注册课程达到 5 081 个，占总注册课程 25.0%。[①] 在

① 岑东莲．菲律宾职业技术教育体系研究［D］．桂林：广西师范大学，2014：30-31.

所有的注册课程中，87% 的课程在颁布的培训章程下注册，其余 12% 的课程没有在颁布的培训章程下注册，没有依据培训章程或在没有颁布培训章程情况下注册的课程，在 2012 年必须依据原有或新颁布的培训章程进行重新注册，以确保注册课程符合当时的培训章程标准。由此可见，职业技术教育的机构根据经济发展趋势和国内外人才市场需求，选择性注册职业技术教育课程，以培养适合社会发展需求的技术人才，提高毕业生就业率。

为了保证职业技术教育项目的质量，TESDA 通过统一的 TVET 项目认证与评估系统对职业技术教育项目进行注册与鉴定。强制性的项目注册过程就是检测项目是否与培训章程中描述的标准一致的过程。同时，为了保证和监控培训项目的实施遵从规定标准，通常会对培训项目进行定期审核。对职业技术教育项目的鉴定是自愿的，鉴定的方式主要包括项目实施者的自我评价、由 TESDA 认可的鉴定机构进行外部评价等，通过这些鉴定方式监控并提高职业技术教育项目的质量，促进职业技术教育的发展和提高公众认可度。

三、多渠道的经费投入制度

资金充足是保证职业技术教育顺利发展的物质前提，菲律宾的职业技术教育与培训通过各种渠道筹集资金①，例如：

（1）政府通过“年度一般拨款法案”（the Annual General Appropriations Act，简称 GAA）拨付经费，GAA 设定了如何分配资金的一般参数，并定义了可以分配资金的计划和服务；

（2）行业 / 雇主；

（3）地方政府部门；

（4）学生费用；

（5）来自国际劳工组织、亚洲银行、世界银行等的捐款和捐赠。

菲律宾的 TVET 系统主要由公共资金和私人资金资助。NTESDP（2011—2016）指出，在 2006 年至 2010 年，TVET 资金的 46.5% 来自公共领域，而

① Investment in technical vocational education and training（TVET）in the Philippines［EB/OL］.［2020-03-12］.https：//unesdoc.unesco.org/ark:/48223/pf0000180405/PDF/180405eng.pdf.multi.

53.5% 来自私人。[①]

（一）公立职业技术教育与培训项目的资金投入

公立职业技术教育与培训项目的资金投入主要来自政府机构，例如：

（1）技术教育和技能发展署（TESDA）为全国 125 个 TESDA 技术研究所提供资金，并承担整个 TVET 部门的管理和监督责任；

（2）地方政府部门（local government units，简称 LGU）主要负责资助和组织 TVET 的短期课程；

（3）其他政府部门，如内政和地方政府部、农业部、社会福利与发展部、贸易和工业部等；

（4）立法者通过“I-CARE”的捐赠。

由表 7-7 可见，2008—2010 年期间，大约一半（49.91%）的资金来自立法者的捐款，不到 1% 的资金直接来自政府预算的拨款。近年来，TESDA 计划的融资结构过于依赖立法者的融资。这种融资结构可能无法帮助实现全面的公平和效率目标，众所周知，立法者会更多地响应其成员的本地需求，而不是基于对 TVET 需求的全面评估。

表 7-7 公立 TVET 项目资金投入来源（2008—2010）

资金投入渠道	2008 年 / 比索	2009 年 / 比索	2010 年 / 比索	总计 / 比索	百分比 /%
年度一般拨款法案（GAA）	3 165 238	2 030 879	2 107 416	7 303 533	0.73
赠款和援助	102 600 199	4 390 441	13 382 027	120 372 667	12.09
TESDA 发展资金	62 261 662	75 278 106	54 229 687	191 769 455	19.27
Sariling Sikap 项目	26 100 828	99 001 391	54 011 745	179 113 964	18.00
I-CARE	257 030 000	137 870 000	101 875 000	496 775 000	49.91

① National technical education and skills development plan（NTESDP）2011-2016［EB/OL］.［2020-03-12］.https：//iloskillsksps Torage.blob.core.windows.net/development/resources/3243/wcmstest4_078645.pdf.

续表

资金投入渠道	2008年/比索	2009年/比索	2010年/比索	总计/比索	百分比/%
总计	451 157 927	318 570 817	225 605 875	995 334 619	100.00

资料来源：National technical education and skills development plan（NTESDP）2011-2016［EB/OL］.［2020-03-12］.https：//iloskillskspsTorage.blob.core.windows.net/development/resources/3243/wcmstest 4_078645.pdf.

（二）私立职业技术教育与培训项目的资金投入

私立职业技术教育与培训项目的资金投入主要来源：

（1）学习者为其TVET课程支付的培训费用；

（2）为学徒制、培训计划提供资金，以及给予学员补助和津贴的公司；

（3）举办短期培训课程并为培训机构提供资金的非政府组织和基金会。

总体来看，TVET的经费投入主要用于增加培训的参与度，提高培训的响应速度和相关性，实现培训管理。NTESDP（2011—2016）指出，在2011—2016年，国家将把获得的经费主要用于提高培训的响应速度和相关性方面。[①]

菲律宾职业技术教育体系的多渠道经费投入制度给我们的启示是必须建立完善的政府、企业、个人等对职业技术教育的投资制度，开拓资金来源，颁布法律保证投资者的利益。

四、师资建设制度

职业技术教育需要在有限的时间内培养具有较强技能的应用型人才，这要求职业技术教育师资具备较高的素质。在菲律宾，参与职业技术教育与培训的教师都需要符合TESDA规定的基本条件，且需要在该署通过注册。

（一）职业技术教育培训师资格证书制度

TESDA指导制定了《菲律宾职业技术教育培训师资格框架》（The

① National technical education and skills development plan （NTESDP） 2011-2016 ［EB/OL］.［2020-03-12］.https：//iloskillskspsTorage.blob.core.windows.net/development/resources/3243/wcmstest 4_078645.pdf.

Philippine TVET Trainers Qualifications Framework，简称 PTTQF），以满足职业技术教育发展对教师数量和质量的需求。如表 7-8 所示，PTTQF 培训师资格（Trainer Qualification，简称 TQ）共分四级，每级均包括国家职业技术证书（NC）能力水平和培训方法（Training Methodology，简称 TM）能力水平，获得国家二级职业技术证书（NC Ⅱ）和一级培训方法（TM 1）能力水平是入职的最低要求。[①] 拿到菲律宾职业技术教育培训师资格证书的培训师都是典型的"双师型"教师，他们不仅能够讲授各专业的相关知识，还能胜任训练学生的任务和解决教学过程中遇到的技术问题。

表 7-8　菲律宾职业技术教育培训师等级资格一览表

培训师等级资格		资格要求	
		技术水平	培训方法水平
TQ 1	培训师	国家二级职业技术证书（NC Ⅱ）	一级（TM 1）
TQ 2	培训设计师 / 开发者	国家三级职业技术证书（NC Ⅲ）	二级（TM 2）
TQ 3	培训主管和导师	国家四级职业技术证书（NC Ⅳ）	三级（TM 3）
TQ 4	培训专家	高水平	四级（TM 4）

资料来源：The Philippine TVET trainers qualification framework［EB/OL］.［2020-04-06］. https：//tm1.gnomio.com/mod/resource/view.php？id=251&forceview=1.

培训师资格证书有效期为五年，五年后需要通过由能力评估与认证办公室派出的专家小组实施的新评估，再次获得新证书才可继续任教。要想在职业技术教育学校或机构教学，培训师除了须持有培训资格证书，还须有行业工作经验以及专业执照等。例如，农作物生产专业 NC Ⅰ的课程培训师必须具备以下条件：（1）培训师资格（TQ 1）；（2）持有农作物生产国家二级以上职业证书（NC Ⅱ）；（3）受过培训方法的训练（TM1）；（4）至少有两年行业工作经验；（5）拥有由专业监督管理委员会颁发的政府职位或适当的专业执照；（6）具备基本的计算机素养，身体、心理健康。

① The Philippine TVET trainers qualification framework［EB/OL］.［2020-04-06］.https：//tm1.gnomio.com/mod/resource/view.php?id=251&forceview=1.

（二）职业技术教育培训师转化培训计划

菲律宾职业技术教育的快速发展需要大批高质量的培训师。为解决这个难题，TESDA 通过“阶梯化教育项目”（Ladderized Education Program），出资培训职业技能熟练但学历资格没有达到要求的工人，旨在帮助他们由技术熟练工人转化为合格的培训师，使其为行业发展做出贡献的同时也能促进职业技术教育的发展，最大限度发挥其技术功能。

将工人转化为培训师的培训途径主要有以下几种：（1）TESDA 全国技术培训机构网络提供的培训；（2）具备培训章程规定资质的培训机构提供的培训；（3）不具备培训章程规定的资质的培训机构提供的培训；（4）通过学习阶梯化教育项目中的课程而获得培训师资格。

（三）职业技术教育培训师职后发展计划

2017 年，TESDA 成立了国家职业技术教育培训师学院（National TVET Trainers Academy）以监督菲律宾培训师的发展。培训师发展计划是对菲律宾培养和发展高质量培训师的回应。

该发展计划主要包括：（1）行政人员发展计划，主要针对职业技术教育机构中的管理者；（2）监督人员发展计划，主要针对职业技术教育机构中的教学监督员；（3）教学人员发展计划，主要针对职业技术教育机构中的在课堂中教学或在工作场域中提供技术指导的培训师；（4）非教学人员发展计划，主要针对职业技术教育机构中的非教学人员，如教学服务人员、学生支持服务人员、指导顾问、图书馆员等。①

在遵从 TESDA 人力资源管理部和《菲律宾职业技术教育培训师资格框架》（PTTQF）所规定的能力标准的基础上，职业技术教育培训师职后发展计划旨在提高职业技术教育机构中的管理人员、监督人员、教学人员和非教学人员的能力，侧重职业技术教育机构中师资队伍的专业化发展，以进一步保障菲律宾职业技术教育发展的整体水平。

---

① UNESCO-UNEVOC.TVET country profile：Philippines［EB/OL］.［2020-03-30］.http：//www.unevoc.unesco.org/l/589.

第八章 菲律宾教师教育

20 世纪 90 年代末以来，菲律宾紧跟世界教师教育改革潮流，推广教师资格证照考试制度，改革教师教育课程，制定教师能力标准，推行“教师教育与发展计划”，实施“教师专业标准”，教师教育进入全面发展阶段。

菲律宾职前教师教育涵盖本科（学士）和研究生（硕士和博士）两个阶段。本科阶段主要有初等教育学士学位项目和中等教育学士学位项目，研究生阶段主要有教师硕士项目（论文课程）、教师硕士项目（非论文课程）、其他教育专业硕士项目（非论文课程）、教育学博士项目和教育博士项目五种类型。在职教师教育则包括政府机构主导的在职教师教育和非政府机构主导的在职教师教育两种。

在质量保障方面，菲律宾实施教师教育专业认证和评估制度，颁发教师专业标准，强化教师资格证照考试制度；在师资队伍建设方面，高等教育委员会规定了学历、资格、专业发展等方面的基本入职要求；在经费保障方面，菲律宾政府对教师教育的投入有限，难以达到教师教育项目开发、课程建设与改革、设施配备与更新以及教师培训和素质提高等方面的要求。

第一节　教师教育的培养目标与实施机构

教师教育的培养目标是为基础教育培养合格、优秀的教师，菲律宾的教师教育培养目标经历了从培养足量的合格教师到培养具备教学技巧的熟练教师再到培养优质、高素质教师的转变。20 世纪末期以来，教师教育委员会成为菲律宾教师教育的直接管理机构，负责为职前教师培养、在职教师培训和专业发展设计方案、开发项目。

一、教师教育的培养目标

1994 年，菲律宾颁发《菲律宾教师专业化法案（1994）》，旨在加强对菲律宾教学实践的规制和监督，通过实施教师证照考试（licensure examination for teachers，简称 LET）制度，确保教师证照申请者在专业教育、通识教育以及学科专业领域方面的教育教学能力达到国家标准，成为合格教师。

2004 年，高等教育委员会颁发《本科教师教育课程政策和标准》（修订），明确指出教师教育的质量是保证菲律宾整个国民教育体系质量的核心要素，制定了涵盖 11 个方面能力的教师能力标准（competency standards），并把“培养能够承担教师各种重要角色和功能的人才”作为菲律宾职前教师教育的主要目标。

从 2007 年起，菲律宾教育部开始推行“教师教育与发展计划”（teacher education and development plan）。经过近两年的实践，于 2009 年推出“能力本位的教师专业标准”（national competency-based teacher standards，简称 NCBTS），设定了有效教学的 7 个领域、23 个维度和 80 项表现指标，为合格教师的界定提供了专业标准框架。

2012 年 6 月，菲律宾为提升基础教育质量，加快与国际社会接轨，开始实施 K-12 基础教育体制改革，旨在改变基础教育年限短、教育质量低、学生课业压力大、学习力较差的状况，以确保每个菲律宾国民都能享受高质量的基础教育。面对 K-12 基础教育改革的需求，菲律宾教师教育开始重新定位其人才培养目标。2017 年 8 月，教育部发布《菲律宾教师专业标准》，明确指出只有“高素质”的教师才能培养出具有 21 世纪技能的、具有全球竞争力的、全面发展的人才，进而推动菲律宾的发展与进步。在“能力本位的教师专业标准”的基础上，《菲律宾教师专业标准》阐明了满足 K-12 基础教育改革需要的优质教师应具备的素质，包括关注学习、提供学习环境、关注学习者多样性、国家和地方课程转化、规划评价和报告、建立学校与社区的伙伴关系、重视个人成长和专业发展等。

可以看出，自菲律宾 K-12 基础教育改革以来，教师教育一直强调：未来优质、高素质的中小学教师应具备适应 K-12 基础教育改革所需要的知识、技能、品质和价值观；要能够将 21 世纪技能融入教学中；要根据国家、学校的发展目标运用各种技术进行教学并不断提高教学水平；要能考虑不同学生的学习发展需求，为学生的发展创造机会，培养全面发展的、具有国际竞争力的人才。此外，K-12 基础教育改革是全纳取向的，每个菲律宾人，不论年龄、性别、种族、文化和宗教信仰，都享有优质、平等、以文化为基础的完整基础教育的权利。因此，未来的中小学教师也应该具备能够实施全纳教育的能力。

综上所述，20 世纪 90 年代末以来，菲律宾政府更加注重教师培养的质量问题，能力、素质、合格、有效、优质、高质量等成为菲律宾教师教育培养目标的关键词。

二、教师教育的管理体制

菲律宾共和国成立之后，师范教育归属教育部管理，教育部下设公立学校局、职业教育局和私立学校局，其中公立学校局具体负责管理中小学教育和师范学院。

随着教育系统“三足鼎立”管理形式的形成，高等教育委员会成立，与菲律宾教育部共同管理全国教师教育。教育部统筹制定教师教育课程政策和指导原则，高等教育委员会具体制定教师教育机构的课程标准，监控课程设置及实施，并对办学绩效进行评估。①

1994 年，菲律宾通过《菲律宾教师专业化法案（1994）》，成立了教师教育委员会（Teacher Education Council，简称 TEC），以提高教师教育质量，促进菲律宾教育事业的发展。②此后，教师教育委员会成为菲律宾教师教育的直接管理机构，负责为职前教师培养、在职教师培训和专业发展设计方案、开发项目。

三、教师教育委员会的组织结构

教师教育委员会是菲律宾教师教育的直接管理机构，根据《菲律宾教师专业化法案（1994）》规定，教师教育委员会由 11 名成员组成。其中，教育部部长、高等教育专员、国家文化和艺术委员会代表、国家职业规划委员会主席被任命为当然代表，其他 7 位为普通代表，7 位普通代表中有 3 位分别来自吕宋岛、棉兰老岛和维萨亚群岛教育中心，另外 4 位普通代表均是一线教师，他们分别从事自然科学、社会科学、数学和语言的教育。委员会的主席由教育部部长担任；普通代表一般 3 年换届，由菲律宾共和国总统决定其任命。委员会成员的工作是无偿的、义务的，但政府会对工作中的支出予以报销。③

教师教育委员会的常设机构是秘书处（Teacher Education Council Secretariat），由常务理事领导，主要工作是向委员会提供技术和行政协助，以制定政策、建议，执行其政策和计划，以及与各种教师教育咨询机构进行协调，并负责日常管理工作。其工作主要有以下几个方面：（1）负责有关政策和项目的具体执行工作；（2）负责教师教育机构大会的召开、优秀教师教育机构的评选等日常行政管理工作；（3）把理事会政策和计划付诸

---

① ULLA M B. Pre-service teacher training programs in the Philippines： the student-teachers practicum teaching experience ［J］. EFL journal， 2016（3）： 235-250.

② An act to strengthen teacher education in the Philippines by establishing centers of excellence, creating a teacher education council for the purpose，appropriating funds therefore and for other purposes（Republic Act NO.7784）.［EB/OL］.［2020-08-10］. https：//laws.chanrobles.com/republicacts/78_republicacts.php?id=7788.

③ 同②.

实践，协调各个教师教育咨询机构；（4）为落实理事会的相关政策，强化全国教师教育管理信息系统。

教师教育委员会具有以下权力和功能：（1）从全国的公立学校、私立学校和其他教师教育机构中甄选出优秀教师教育机构，并分别授予它们国家级、地区级和省级优秀称号；（2）全面负责制定政策和确立相关标准，以加强和改善现有公立、私立学校的教师教育质量；（3）启动执行对教师教育课程安排和教学方法评价的计划，如各教师教育机构的自评等；（4）制定奖学金、贷款项目、津贴、生活补助等激励机制，吸引公立和私立学校的高中毕业生积极接受教师教育；（5）鼓励公立、私立教师教育机构之间建立互动机制，以提高资源利用效率；（6）设计联合项目或者计划，协调教师职前教育和在职教育的关系，促进教师素质的永续发展；（7）指导研究人员围绕《菲律宾教师专业化法案（1994）》进行相关研究；（8）对现行有关法规进行评价，并向国会提交有关促进教师教育发展、提高教师福利的新议案；（9）向总统、国会、政府各部和其他机构提出适当的建议以加强和促进教师教育发展；（10）请求中央政府及其下属机构、地方政府以及其他有关机构在其权限范围内对教师教育的发展给予必要协助。

四、教师教育的具体实施机构

菲律宾教师教育机构（Teacher Education Institutions）分公立和私立两种：公立教师教育机构主要指 9 所公立师范院校，其余皆称为私立教师教育机构，指的是能提供教师教育课程的大学或学院。据高等教育委员会统计，1997 年全国大约有 815 所教师教育机构提供职前、职后教师教育，其中 85% 是私立教师教育机构。2014 年，菲律宾有 2 000 多所教师教育机构，2001—2008 年，大约有 300 万人接受了教师教育。[①]

菲律宾采取开放性的教师教育制度，中小学师资主要由公立师范院校培养。此外，私立大学 / 学院教育系或其他科系的毕业生，参加教师资格证照考试，成绩合格者，也可以担任中小学教师。菲律宾每年需要补充

① Teacher education in the Philippines［EB/OL］.（2014-03-17）［2020-08-10］.https：//www.philippinesbasiceducation.us/2014/03/teacher-education-in-philippines.html.

一万多名教师，而公立师范院校不多，难以完成培养全部教师的任务，不足的部分只能靠私立教师教育机构培养的教师来补充。

第二节　教师教育的课程与教学

在教师培养方面，菲律宾职前教师教育涵盖本科（学士）和研究生（硕士和博士）两个阶段：本科阶段主要有初等教育学士学位项目和中等教育学士学位项目；研究生阶段主要有教师硕士项目（论文课程）、教师硕士项目（非论文课程）、其他教育专业硕士项目（非论文课程）、教育学博士项目和教育博士项目共五种类型，侧重于培养学生的探究能力和研究能力。在职教师教育包括政府机构主导的在职教师教育和非政府机构主导的在职教师教育两种。

一、本科阶段职前教师教育的课程设置

菲律宾的职前教师培养课程设置一般包括：通识教育课程、教育专业课程、学科专业 / 方向课、选修课、必修课、现场学习和实践教学，某些机构还需要学生学习附加 / 强化课程。完成这些课程才可以参加教师资格证照考试（LET）。1994 年以来，菲律宾教师教育课程历经四次改革，其课程体系也在不断发展完善。

（一）第一次教师教育课程改革时期（1994 年）

1994 年，《高等教育法》颁布后，教师教育开始归属高等教育委员会管理。1999 年，高等教育委员会颁发《教师教育政策和标准》（修订）（Revised Policies and Standards for Teacher Education），设中等教育学士学位和初等教育学士学位以培养中小学教师，课程包括通识教育课程、教育专业课程、学科专业课程三类；课程内容涉及知识、技能、态度、价值观和经验，旨在为准教师提供有效教学所必需的各种能力（见表 8-1、8-2）。

表 8-1　初等教育学士学位课程一览表

课程类型	科目	学分	学分总计	占比
通识教育课程	英语	9	68	46%
	英国文学	3		
	菲律宾语	6		
	菲律宾文学	3		
	自然科学	6		
	数学	6		
	人文科学	6		
	社会科学	12		
	必修科目	6		
	计算机素养	3		
	体育	8		
教育专业课程	人类成长、学习和发展	3	57	38%
	教育学基础 1 （教育的社会、心理和人类学基础）	3		
	教育学基础 2 （教育的历史、哲学和法律基础，包括菲律宾教育体系）	3		
	教学理论和方法 （包括替代教学模式）	3		
	教育技术	3		
	教育测量和评估	3		
	教育研究导论	3		
	指导和咨询 （包括特殊教育）	3		
	社会哲学 1 （社会哲学导论，人权）	3		
	社会哲学 2 （道德和职业道德）	3		
	生计和非正式教育	3		
	社区融合	3		
	教学策略 1 （英语，科学，健康，数学）	3		
	教学策略 2 （菲律宾公民、文化和价值观教育，地理，历史）	3		

续表

课程类型	科目	学分	学分总计	占比
教育专业课程	教学策略 3 （家政，体育、音乐和艺术）	3	57	38%
	教学实践	12		
学科专业课程	英语交流艺术		24	16%
	菲律宾语交流艺术			
	科学和健康			
	数学			
	社会科学（公民、文化、地理、历史）			
	音乐、艺术和体育			
	价值观教育			
	早期教育			
	特殊教育			
	指导和咨询			
	家政和生计教育			
	教育技术			
	其他			
总计			149	100%

资料来源：Revised policies and standards for teacher education ［EB/OL］.［2020-01-02］. https：//ched.gov.ph/1994-2005-memorandum-orders/.

表 8-2　中等教育学士学位课程一览表

课程类型	科目	学分	学分总计	占比
通识教育课程	英语	9	68	45%/44%
	英国文学	3		
	菲律宾语	6		
	菲律宾文学	3		
	自然科学	6		
	数学	6		
	人文科学	6		
	社会科学	12		
	必修科目	6		
	计算机素养	3		
	体育	8		

续表

课程类型	科目	学分	学分总计	占比
教育专业课程	人类成长、学习和发展	3	48	31%/31%
	教育学基础 1（教育的社会、心理和人类学基础）	3		
	教育学基础 2（教育的历史、哲学和法律基础，包括菲律宾教育体系）	3		
	教学理论和方法（包括替代教学模式）	3		
	教育技术	3		
	教育测量和评估	3		
	教育研究导论	3		
	指导和咨询（包括特殊教育导论）	3		
	社会哲学 1（社会哲学导论，人权）	3		
	社会哲学 2（道德和职业道德）	3		
	非正式教育	3		
	社区融合	3		
	教学实践	12		
学科专业课程（每门专业课程均包括 3 个课时的教学策略）	英语	36	36/40（任选其一）	24%/26%
	菲律宾语	36		
	数学	36		
	社会研究	36		
	家庭技术	36		
	工业技术	36		
	农业技术	36		
	渔业技术	36		
	商业技术	36		
	体育、音乐和健康教育	36		
	指导和咨询	36		
	图书馆学	36		
	价值观教育	36		

续表

<table>
<tr><th>课程类型</th><th>科目</th><th>学分</th><th>学分总计</th><th>占比</th></tr>
<tr><td rowspan="8">学科专业课程（每门专业课程均包括 3 个课时的教学策略）</td><td>特殊教育</td><td>36</td><td rowspan="8">36/40（任选其一）</td><td rowspan="8">24%/26%</td></tr>
<tr><td>生物－化学</td><td>40</td></tr>
<tr><td>物理－化学</td><td>40</td></tr>
<tr><td>生物－物理</td><td>40</td></tr>
<tr><td>基因科学</td><td>40</td></tr>
<tr><td>生物</td><td>40</td></tr>
<tr><td>化学</td><td>40</td></tr>
<tr><td>物理</td><td>40</td></tr>
<tr><td>总计</td><td></td><td></td><td>152/156</td><td>100%</td></tr>
</table>

资料来源：Revised policies and standards for teacher education［EB/OL］.［2020-01-02］. https：//ched.gov.ph/1994-2005-memorandum-orders/.

（二）第二次教师教育课程改革时期（2004 年）

2004 年，高等教育委员会颁发《本科教师教育课程政策和标准》（修订），将教师教育课程依然分为通识教育课程、教育专业课程、学科专业课程三类，但每类课程的科目设置与 1999 年《教师教育政策和标准》（修订）的要求有所不同（见表 8-3、8-4）。

第一，通识教育课程主要按照 1996 年高等教育委员会颁发的《新通识教育课程》（New General Education Curriculum）的规定，设置四类课程，共 63 学分，具体为语言文学类（24 学分）、数学和自然科学类（15 学分）、人文和社会科学类（18 学分）、必修科目（6 学分）。

第二，2004 年教师教育课程设置中的教育专业课程设置的变化比较明显，分为四类：理论类课程、方法 / 策略类课程、领域研究类课程，以及特殊主题类课程。教育专业课程强调所有的课程都应与学生的体验式学习联系起来；所有课程都应有研究要求，研究形式可以多样化，如采取学期论文、案例研究、行动研究或其他适当形式。

第三，2004 年初等教育学士学位学科专业课程和中等教育学士学位学科方向课程的课时大幅增加，由原来的 24 学分和 36 ～ 40 学分分别增加到 57 学分和 60 学分，所占比例由原来的 16% 和 24% ～ 26% 分别增长到 33%

和 35%，显示了在教师教育培养过程中对未来中小学教师学科专业知识的重视。

此外，菲律宾法规委员会（Philippine Regulation Commission）还规定，在初等教育学士学位和中等教育学士学位两类教师资格证照考试中，通识教育课程知识、教育专业课程知识、学科专业课程知识所占的比例分别为 20%、40%、40%。

表 8-3　初等教育学士学位课程一览表（2004 年）

<table>
<tr><th>课程类型</th><th colspan="2">科目</th><th>学分</th><th colspan="2">学分总计</th><th>占比</th></tr>
<tr><td rowspan="10">通识教育课程</td><td rowspan="3">语言和文学类</td><td>英语</td><td>9</td><td rowspan="3">24</td><td rowspan="10">63</td><td rowspan="10">36%</td></tr>
<tr><td>菲律宾语</td><td>9</td></tr>
<tr><td>文学</td><td>6</td></tr>
<tr><td rowspan="3">数学和自然科学类</td><td>数学</td><td>6</td><td rowspan="3">15</td></tr>
<tr><td>自然科学</td><td>6</td></tr>
<tr><td>科学选修</td><td>3</td></tr>
<tr><td rowspan="2">人文和社会科学类</td><td>人文科学
·艺术
·哲学</td><td>6</td><td rowspan="2">18</td></tr>
<tr><td>社会科学
·经济基础
·一般心理学
·政治和管理
·社会和文化</td><td>12</td></tr>
<tr><td rowspan="2">必修科目</td><td>黎萨的生平和作品</td><td rowspan="2">6</td><td rowspan="2">6</td></tr>
<tr><td>菲律宾历史</td></tr>
<tr><td rowspan="8">教育专业课程</td><td rowspan="4">理论类</td><td>儿童和青少年发展</td><td>3</td><td rowspan="4">12</td><td rowspan="8">54</td><td rowspan="8">31%</td></tr>
<tr><td>学习的促进</td><td>3</td></tr>
<tr><td>教育的社会维度</td><td>3</td></tr>
<tr><td>教学职业</td><td>3</td></tr>
<tr><td rowspan="4">方法 / 策略类</td><td>教学原理 1</td><td>3</td><td rowspan="4">27</td></tr>
<tr><td>教学原理 2</td><td>3</td></tr>
<tr><td>学生学习评估 1</td><td>3</td></tr>
<tr><td>学生学习评估 2</td><td>3</td></tr>
</table>

续表

课程类型	科目		学分	学分总计		占比
教育专业课程	方法 / 策略类	教育技术 1	3	27	54	31%
		教育技术 2	3			
		课程开发	3			
		发展性阅读 1	3			
		发展性阅读 2	3			
	领域研究类	领域研究 1	1	12		
		领域研究 2	1			
		领域研究 3	1			
		领域研究 4	1			
		领域研究 5	1			
		领域研究 6	1			
		教学实践	6			
	特殊主题类（主要以研讨的形式进行）	主题建议：环境教育，多元文化课堂中的教学，综合教学策略，协作学习，在教学中使用流行媒体，远程学习，基于问题解决的教学，应对学生的学习差距，原住居民的教学，等等	3	3		
学科专业课程	英语	任选其一，完成 57 学分的学习		57		33%
	菲律宾语					
	科学					
	数学					
	社会科学					
	音乐、艺术和体育					
	价值观教育					
	家政和生计教育					
总计				174		100%

资料来源：Revised policies and standards for undergraduate teacher education curriculum ［EB/OL］.［2020-01-02］.https：//ched.gov.ph/cmo-30-s-2004/.

表 8-4　中等教育学士学位课程一览表（2004）

课程类型	科目		学分	学分总计		占比
通识教育课程	语言和文学类	英语	9	24	63	36%
		菲律宾语	9			
		文学	6			
	数学和自然科学类	数学	6	15		
		自然科学	6			
		科学选修	3			
	人文和社会科学类	人文科学 · 艺术 · 哲学	6	18		
		社会科学 · 经济基础 · 一般心理学 · 政治和管理 · 社会和文化	12			
	必修科目	黎萨的生平和作品	6	6		
		菲律宾历史				
教育专业课程	理论类	儿童和青少年发展	3	12	51	29%
		学习的促进	3			
		教育的社会维度	3			
		教学职业	3			
	方法 / 策略类	教学原理 1	3	24		
		教学原理 2	3			
		学生学习评估 1	3			
		学生学习评估 2	3			
		教育技术 1	3			
		教育技术 2	3			
		课程开发	3			
		发展性阅读	3			

续表

课程类型	科目		学分	学分总计		占比
教育专业课程	领域研究类	领域研究 1	1	12	51	29%
		领域研究 2	1			
		领域研究 3	1			
		领域研究 4	1			
		领域研究 5	1			
		领域研究 6	1			
		教学实践	6			
	特殊主题类课程（主要以研讨的形式进行）	主题建议：环境教育，多元文化课堂中的教学，综合教学策略，协作学习，在教学中使用流行媒体，远程学习，基于问题解决的教学，应对学生的学习差距，原住居民的教学，等等	3	3		
学科专业课程	英语	任选其一，完成 60 学分的学习		60		35%
	菲律宾语					
	数学					
	物理					
	生物					
	社会科学					
	价值观教育					
	技术和生计教育					
	音乐、艺术、体育和健康教育					
	伊斯兰文化研究					
总计				174		100%

资料来源：Revised policies and standards for undergraduate teacher education curriculum ［EB/OL］.［2020-01-02］.https：//ched.gov.ph/cmo-30-s-2004/.

（三）第三次教师教育课程改革时期（2007 年）

2007 年，高等教育委员会颁发《本科教师教育课程政策和标准》（修订）

（增补），规定非教育类学生要想参加教师资格证照考试，须修读 18 学分的教育专业课程和 12 学分的体验式学习课程（包括现场学习和实践教学）（见表 8-5）。

表 8-5　教育专业课程和体验式学习课程

<table>
<tr><th>课程类型</th><th colspan="2">科目</th><th>学分</th><th>学分总计</th></tr>
<tr><td rowspan="6">教育专业课程</td><td rowspan="2">理论类</td><td>教学职业</td><td rowspan="2">6</td><td rowspan="6">18</td></tr>
<tr><td>儿童和青少年发展</td></tr>
<tr><td rowspan="4">方法 / 策略类</td><td>教学原理</td><td rowspan="4">12</td></tr>
<tr><td>学习评价</td></tr>
<tr><td>教育技术</td></tr>
<tr><td>发展性阅读</td></tr>
<tr><td rowspan="2">体验式学习课程</td><td colspan="2">与教育专业课程同时进行的实地学习课程</td><td>6</td><td rowspan="2">12</td></tr>
<tr><td colspan="2">在教育专业课程的学习结束之后进行的实践教学</td><td>6</td></tr>
</table>

资料来源：Addendum for 2004 entitled “revised policies and standards for undergraduate teacher education curriculum” ［EB/OL］.［2020-07-11］. https：//ched.gov.ph/cmo-52-s-2007.

（四）第四次教师教育课程改革时期（2017 年以来）

2013 年以来，菲律宾推行的 K-12 基础教育改革强调“学习者中心、全纳性教学、发展适应性教学、文化敏感、全球化、顺应、建构；基于探究的、反思式合作、融合、坚持基于母语的多语言教育”等①，这要求教师教育必须培养出适应菲律宾国内 K-12 基础教育改革的新型教师。菲律宾“结果取向”（outcome-based education）的教育范式转换也要求教师教育能够迅速做出反应，重新定位教师教育的“结果”——合格的未来教师应具备什么样的知识、技能和专业性向。2017 年实施的《菲律宾教师专业标准》（PPST）规定了能够适应 K-12 基础教育改革的高素质教师应具备的专业能力。

据此，高等教育委员会于 2017 年颁发了一系列政策、标准和指南，对

① Historical foundations of curriculum in the Philippines ［EB/OL］.［2020-06-02］. https://www.slideshare.net/johnarvin18/historical-foundations-of-curriculum-in-the-philippines.

教师教育进行改革。改革后的教师教育项目及学分设置情况如表 8-6、表 8-7 所示。

表 8-6　第四次教师教育课程改革情况一览表

教育类型	2017 年改革前的教师教育项目	2017 年改革后的教师教育项目
初等教育	初等教育学士学位 （通用，不分专业方向）	初等教育学士学位（通用）
	初等教育学士学位——特殊教育专业	全纳教育和特殊需要教育学士学位（通用）
		特殊需要教育学士学位——儿童早期教育专业（新设）
		特殊需要教育学士学位——聋哑学习者的教学专业（新设）
		特殊需要教育学士学位——视力障碍学习者的教学专业（新设）
		特殊需要教育学士学位——初等学校教学专业
	初等教育学士学位——儿童早期教育专业	儿童早期教育学士学位
中等教育	中等教育学士学位 ·英语 ·菲律宾语 ·数学 ·物理 ·生物 ·社会科学 ·价值观教育	中等教育学士学位 ·英语 ·菲律宾语 ·数学 ·科学 ·社会科学 ·价值观教育
其他	·技术和生计教育（TLE） ·音乐、艺术、体育和健康（MAPEH）	技术和生计教育学士学位
		物理教育学士学位
		文化和艺术教育学士学位（新设）
	技术教师教育学士学位	职业技术教师教育学士学位
	体育教育学士学位 ·学校体育教育 ·运动和健康管理	体育教育学士学位 运动学和训练学学士学位（健身运动管理专业和健身运动教练专业）

资料来源：CHED new policies, standards and guidelines（PSGs）[EB/OL].[2020-08-06]. http://www.aaccupqa.org.ph/images/2018AccreditorsConference/Presentations/AACCUPPresentationAsOfSept192018-DrAmyABiglete.pdf.

表 8-7　第四次教师教育课程改革后各类课程的学分分布情况

课程	学分
通识教育课程	36
专业教育课程	42
专业方向课程	48 ～ 81
选修 / 综合课程	3 ～ 6
必修课程（体育和国家服务培训项目）	14
总计	143 ～ 179

资料来源：CHED new policies，standards and guidelines （PSGs）［EB/OL］.［2020-08-06］. http：//www.aaccupqa.org.ph/images/2018AccreditorsConference/Presentations/AACCUPPresentationAsOfSept192018-DrAmyABiglete.pdf.

可以看出，此次教师教育改革为不同的学习者开发了针对性的课程，并表现出对学科内容的关注。此外，此次教师教育改革还注重提高教育实践的质量，实现教师教育的可持续发展；强调使用适合特定学习者及其环境的广泛教学方法和教学模式来促进学习者的学习；要求通过各种体验和基于现场的学习机会，促进终身学习，促进个体专业成长。

当然，要想成为教师，除了学习学位课程，还可以选择非学位课程，即教师证书课程（Teacher Certificate Program），它适用于打算成为教师的具有任何学士学位的毕业生。教师证书课程仅需要学习 18 个学分的专业教育课程，因此被认为是进入教师行业的最快方法，顺利完成教师证书课程学习的个人将获得结业证书，进而才有资格参加教师资格证照考试。

二、研究生阶段职前教师教育的课程设置

研究生阶段主要有教师硕士项目（论文课程）、教师硕士项目（非论文课程）、其他教育专业硕士项目（非论文课程）、教育学博士项目和教育博士项目五种类型，侧重于培养学生的探究能力和研究能力，要求通过进行全面综合考查或其他方式，来评估学生分析、整合、评估、应用不同

知识和技能的能力[①]（见表 8-8、表 8-9）。

其中，教师硕士项目（论文课程）需要完成 36 学分，教育学博士项目和教育博士项目需要完成 54 ～ 60 学分，重在培养学生的研究能力。学习资料应该是专业的或研究方向的期刊文章、书籍和专著；课程要求及设计的学习活动应侧重于发展学生的研究能力；评估重点则侧重学生基于表现的活动，要求学生能表现出更高层次的思维能力。

教师硕士项目（非论文课程）需要完成 36 学分，课程关注可促进教师和其他教育专业人员专业发展的最新知识和相关知识。学习资料应该是有助于讨论和评估专业领域中最佳实践的专门阅读材料；课程要求及其设计的学习活动应侧重于专业领域中常用方法、程序和材料的制作与评估；评估重点则侧重学生基于表现的活动，要求学生掌握先进的专业技能以开发和评估教育项目和教育材料。

表 8-8　教师教育（硕士项目）课程设置一览表

课程设置		学分	
		教师硕士（论文课程）	教师硕士、其他教育专业硕士（非论文课程）
核心课程	统计学	3	3
	教育研究方法	3	3
	与学生所学专业相关的一门课程	3	3
主要课程		15	15
选修课		6	6
学位论文		6	
整合课程 *			6
总计		36	36

注：* 整合课程，要求学生就其主要研究领域发表一篇行动研究论文或教学实践论文。

资料来源：CHED. Policies and standards for graduate programs in education for teachers and other education professionals［EB/OL］.［2020-11-02］. https：//ched.gov.ph/cmo-53-s-2007/.

① CHED. Policies and standards for graduate programs in education for teachers and other education professionals［EB/OL］.［2020-11-02］. https：//ched.gov.ph/cmo-53-s-2007/.

表 8-9 教师教育（博士项目）课程设置一览表

课程设置		学分	
		教育学博士	教育博士
核心课程	教育观＊	6	6
	教育研究方法 －质性研究方法 －量化研究方法	3	3
	与学生所学专业相关的两门课程	6	6
主要课程		21 ～ 24	21 ～ 24
选修课		6 ～ 9	6 ～ 9
学位论文		12	12
总计		54 ～ 60	54 ～ 60

注：＊教育观，这类课程将从不同角度涵盖一系列教育问题，阐明教育领域的跨学科性质以及教育研究的各个领域。课程将深度审视下列问题并探讨综合解决方法：学校教育质量的影响因素，各利益攸关方在学生教育中的作用，制定、实施和评估课程的方法。课程学习内容包括开创性的阅读资料、研究结果、媒体报道、菲律宾各级各类教育部门的研究成果以及论文。

资料来源：CHED. Policies and standards for graduate programs in education for teachers and other education professionals［EB/OL］.［2020-11-02］. https://ched.gov.ph/cmo-53-s-2007/.

三、职前教师教育的教学改革

历经四次教师教育课程改革，菲律宾教师教育机构的教学也发生了巨大变化，主要表现为以下几点：

第一，学习美国经验，积极借鉴美国教师教育的教学体系和教学模式。

第二，采用最新版本教科书。鼓励教师教育机构采用最新版本教科书，包括欧美原版教科书，以便涵盖本领域的最新研究内容，紧跟本领域教学和学习的国际前沿趋势。同时也着力推荐使用菲律宾本国研究者编撰的最新教材，实现国际研究前沿与本土教师教育实践的紧密结合。

第三，以整合的方式进行教学。虽然不同教师教育机构设置有各种不同的课程或计划，但所有课程都要求以整合的方式进行教学。学生对理论和概念的学习始终与方法和策略的培养，以及实地研究期间的体验式学习联系起来，反之亦然。所有课程都应该要求学生使用多元化的学习方法，并通过学生评估程序促进学生深度学习和反思。课程都包含研究要素，可以采取学期论文、案例研究、行动研究或其他适当的研究形式，也可以采用奖学金形式。

第四，采用新兴教学技术。教师教育机构积极采用各种新兴技术辅助教学，以提高师范生的培养效率，从而保持较高的教学水准和教学质量。

第五，重视实践教学。菲律宾所有教师教育课程都将实践教学作为获得相关学位的基本要求之一，在未完成实际课堂观察和实践教学所需的小时数之前，不允许任何修习教师教育课程的学生毕业。实践教学也采取国际流行的 U-S 合作模式，高校教师作为师范生实践教学的督导，不间断地实施监督和指导，采取“在线讨论”和课堂教学观察等方式，帮助师范生学会如何教学、如何管理学生和课堂、如何处理日常事务，为师范生的入职做好准备；中小学教师则在教学现场进行监督和指导，帮助师范生将先前经验运用于课堂教学实践中。

当然，目前的实践教学也存在诸多问题，如师范生课堂管理能力和课堂教学组织能力的欠缺，教学自信心的不足，教学资源和教学策略的缺乏等，因此不能有效地使中小学生积极参与学习，无法给中小学生提供必要的教学支持和帮助，等等。这些问题给菲律宾教师教育机构的教学改革提出了挑战。

第六，完善教学评估制度。教师教育机构设立了系统的、持续的学业成就评估计划，全面评估学生的学习进度和学习质量；建立和实施教学监督制度，全面评估教师教学能力。

四、在职教师教育

菲律宾的在职教师教育主要包括两种：政府机构主导的和非政府机构主导的。

（一）政府机构主导的在职教师教育

为促进在职教师专业发展，菲律宾教育部实施了“在职教师培训计划”（In-Service Training for Teachers）。在职教师培训计划由教育部提出规划，全国各地区组织实施，每年举办 2 次，每次持续 5 天。围绕学校教育的实际需求，培训会邀请专家和一线教师授课，帮助受训教师了解菲律宾教育系统的当前发展趋势和存在的问题，了解国家和区域的教育规划和方针，掌握前沿的教育教学理论和技能，处理日常教学中常见的问题，等等。

为了给教师提供更大范围的在职培训，1994 年出台的《菲律宾教师专业化法案（1994）》要求在菲律宾每个地区建设一个“卓越中心”，以领导该地区的教师在职培训。1995 年，由教师教育理事会制定的教师教育和培训总体战略规划已基本确定；1996 年，区域“卓越中心”的选拔工作已基本完成。之后，各承担在职教师培训任务的机构都在积极实施战略规划中提出的各种方案，但是由于资金不足，在职教师培训计划的进展较为缓慢。

为配合和进一步促进菲律宾基础教育改革，教育部在私立教育援助基金会（Fund for Assistance for Private Education，简称 FAPE）、其他境外机构和部分教师教育机构的支持下组织了大规模在职教师培训计划。

鉴于中小学数学和科学领域的合格教师严重短缺，菲律宾政府又实施了科学教育救援计划，并获得了包括教育部、高等教育委员会、科学和技术部以及技术教育和技能发展署在内的多个政府机构的财政援助，以及其他政府组织的帮助。该计划主要是通过各个地区的“卓越中心”来培训教师，但是由于国内经济下滑，政府削减了财政支出，该培训计划最终也被搁置了。

总体上看，由政府机构主导的在职教师教育模式较为单一，在职教师一般通过注册正式的研究生学位课程来达到学历提升的目的。由教师教育机构提供的在职教师教育课程多与职前教师教育课程类似，教学方法也多是传统的知识讲授；会议、短期讲习班、研讨等多元形式的、旨在提高在职教师教育教学能力的在职培训形式则相对较少。

（二）非政府机构主导的在职教师教育

非政府机构主导的在职教师教育，即由教育部、高等教育委员会或科学和技术部以外的机构发起的针对在职教师的培训。

成立于 1967 年的菲律宾教师教育协会（Philippine Association for Teacher Education，简称 PAFTE）积极倡导提高教师福利和教育教学能力，是提供在职教师教育最主要的非政府机构之一。PAFTE 在菲律宾所有地区都设有分会，以最大程度扩大其对教师发展和学校教育教学的影响力。由于 PAFTE 与政府机构的合作非常密切，其教师培训计划的实施也较有成效。PAFTE 帮助教育部设计和实施了不同级别的在职教师培训计划，其中，国培计划主要是给区域代表举办培训讲习班和研讨会；区域培训计划主要针对校长、具有硕士学位的教师和部门负责人。PAFTE 负责组织区域培训计划，培训的重点内容是校本专业知识，以便帮助参加培训的教师将学到的知识较快地用于本地区的教育教学工作。PAFTE 的工作对提高菲律宾在职教师培训计划的有效性产生了积极影响。

在各个专注于教育的非政府机构中，人数最多的当属私立教育援助基金会。该基金会的任务是协助私立教育发展，增加菲律宾适龄儿童的受教育机会。私立教育援助基金会主要通过研究生教育计划和论文援助计划来提高私立中小学在职教师的学历水平和教学能力。其中，研究生教育计划给接受培训的教师提供奖学金和经济补助金，如学费、书本和交通补贴、对教师任教学校的补贴等，以及其他形式的帮助，如授权访问 FAPE 教育数据库、给培训期间的研究提供支持等。论文援助计划的对象是已完成学业学习要求并正在进行学位论文研究和写作的受训教师，私立教育援助基金会将为他们提供研究所需的经济资助和访问 FAPE 教育数据库的权限，受训教师还有机会向研究设计专家和研究方法专家进行免费技术咨询。除了帮助教师获得高级学位，私立教育援助基金会还会面向各学科教师举办短期教师充电班和教师能力研讨会。

除菲律宾教师教育协会和私立教育援助基金会外，许多高等教育机构也提供旨在提高在职教师学历水平和教学能力的教育 / 培训课程。例如德拉萨大学（De La Salle University）的在职教师教育计划：一是于 1995 年开始的夏季研究生学习计划（the Summer Institute of Graduate Studies）。该计划旨在为各领域的、不同学历层次的教师提供在职培训。参训教师不需要在正常教学时间内离开教学岗位，而是在连续的 4 个夏季中参加强化课程学习，并可以获得全额奖学金及其他支持。在该计划中，参训教师每个夏季需要学习 3 到 4 门课程，每门课程集中在 10 天内学完；培训教师会使用多元教学方式，并组织和安排创新性学习活动，所有参训者均需要付出额外努力才能完成课程。二是教育学院扩展计划（the College of Education Extension Program），主要在周末为中小学在职教师提供研究生课程。该计划要求中小学校确保有足够数量的教师注册学位课程。对中小学校管理者来说，此计划很有吸引力，因为他们可以在教师学习过程中密切监控其学习进度和学习成效，以最大程度地保证培训质量。

在职教师教育是提高教师工作绩效和动力的必要条件，它旨在消弭教师在教育、教学、管理等方面的不足，保持专业人员对新知识、新技能的了解和掌握；或者为进入新工作领域的教师特别是新任教师提供急需的支持和帮助。但是，由于在职教师培训资金不足，加之中小学教师教学工作繁重、收入低，所以，整体上菲律宾在职教师教育成效并不尽如人意。

第三节　教师教育的保障体系

菲律宾教师教育借鉴了美国模式，在体系上较为完整、先进。但由于国内经济状况不佳、人才缺乏，导致菲律宾教师教育制度实施起来面临很大困难。近些年来，菲律宾基础教育教师的地位持续下降，为了让教师像律师、医生一样受人尊重，更是为了菲律宾中小学生的未来发展，菲律宾政府在质量保障、经费投入、师资队伍建设等方面制定各种政策，大力发展教师教育。

一、教师教育的质量保障

保证教师教育入学环节的质量、保证教师教育计划的质量、实施教师认证制度是大部分国家保证教师教育质量的通常做法。菲律宾主要是通过实施教师教育专业认证和评估、制定教师专业标准、强化教师资格证照考试三种机制来保障其教师教育的质量。

（一）教师教育专业认证和评估

教师教育专业认证和评估是从源头上保障教师教育质量、提升教师专业性的重要举措。在菲律宾，教师教育计划（Teacher Education Program）的认证工作由高等教育委员会整体负责，具体的评估工作则由 AACCUP 等专业认证机构[①]来实施（见表 8-10）。

表 8-10　菲律宾教师教育专业认证的一般程序

程序	内容
1. 政策、标准和指导原则	高等教育委员会在技术小组和区域质量评估团队的协助下制定专业认证的政策、标准和指导原则
2. 申请	专业向高等教育委员会提出评估申请
3. 一到四级评估	专业自愿选择认证机构，并提出评估申请；由 PAASCU、AACCUP、PACUCOA、ACSCU-AAI 等专业认证机构具体实施
4. 认证	高等教育委员会负责评估结果的最终认证

资料来源：Quality assurance and accreditation: the Philippine experience［EB/OL］.［2020-05-02］.https://www.niad.ac.jp/n_kokusai/intl_engagement/seminar/12_no17_paascu_slides.pdf.

这些专业认证机构均得到菲律宾高等教育委员会的授权，为不同类型的教师教育机构提供专业评估服务。尽管他们使用的认证标准和认证程序各不相同，但目前并没有关于各机构认证结果之间发生冲突的报告。下面以 AACCUP 为例，说明其专业评估的基本过程（见表 8-11）。

表 8-11　AACCUP 的专业评估流程和范围

评估流程	1. 申请	由专业归属的教师教育机构提交申请
	2. 自查	申请获得批准后，提请接受评估的专业首先进行内部评估，以确定是否准备接受 AACCUP 的外部评估
	3. 评估开始前的初步调查	这是 AACCUP 对提请评估专业的首次评估。通过评估，该专业将获得有效期为两年的候选资格

① 注：在菲律宾，提供教师教育专业评估的专业认证机构有：菲律宾学校、学院和大学认证协会（Philippine Accrediting Association of Schools, Colleges and Universities，简称 PAASCU）、菲律宾特许院校认证机构（Accrediting Agency of Chartered Colleges and Universities in the Philippines，简称 AACCUP）、菲律宾学院和大学协会 – 认证委员会（Philippine Association of Colleges and Universities Commission on Accreditation，简称 PACUCOA）、基督教院校联合会评鉴委员会（Association of Christian Schools, Colleges and Universities Accrediting Agency, Inc.，简称 ACSCU-AAI）等。

续表

评估流程	4. 第一轮正式评估	对获得候选资格的专业进行评估； 达到该级别的质量标准，则被授予一级认证资格，有效期三年
	5. 第二轮评估	对已被授予一级认证资格的专业进行评估； 达到该级别的质量标准，则被授予二级认证资格，有效期五年
	6. 第三轮评估	专业在获得二级认证资格五年之后可以提请进行第三轮评估； 专业在申请第三轮评估前，应确保在四个方面有出色表现：1. 教学；2. 外部影响（1 和 2 为必选条件）；3. 研究；4. 教师资格证照考试通过率；5. 教师专业发展；6. 内外部联系（可从 3 ～ 6 中任选 2 个条件）。达到该级别的质量标准，将获得三级认证资格
	7. 第四轮评估	是最高水平的评估； 达到该级别的质量标准将获得四级认证资格
评估范围	1. 专业办学的任务、目标和目的	
	2. 教职员工	
	3. 课程与教学	
	4. 学生	
	5. 研究	
	6. 外部影响和专业组织参与情况	
	7. 图书馆	
	8. 物理设施	
	9. 实验室	
	10. 行政管理	

资料来源：根据AACCUP网站相关内容整理。http：//aaccupqa.org.ph/index.php/aaccup-accreditation/the-conduct-of-accreditation.

（二）制定教师专业标准

为提高中小学教师质量，菲律宾政府致力于通过各种举措进行教师素质改革。2007 年起，菲律宾教育部开始推行教师教育与发展项目。2009 年，推出能力本位的教师专业标准（NCBTS），以进一步提高教师的地位和国际竞争力。2012 年开始的 K-12 基础教育改革改变了菲律宾教师素质要求的基本格局，于是 2017 年 8 月，教育部颁发《国家通过和实施〈菲律宾教师专业标准〉》。①

NCBTS 设置了 7 个领域、23 个维度、80 项表现性指标。《菲律宾教师专业标准》在 NCBTS 的基础上做了调整和改进，共设置 7 个领域、37 个维度，每个维度都按新手教师、熟练教师、高素质教师、杰出教师 4 个教师发展阶段设置表现性指标，共计 148 项表现性指标（见表 8-12）。

表 8-12　菲律宾教师专业标准框架的领域和维度

领域	维度
领域 1 内容性知识和教学法	1. 内容性知识及其在课程范围内和跨课程领域的应用 2. 基于研究的知识和对教与学原则的掌握 3. 积极使用信息和通信技术 4. 促进识字和算术的教学策略 5. 促进学生批判性思维、创造性思维以及其他更高层次思维技能发展的教学策略 6. 在教学和学习中使用母语、菲律宾语和英语的能力 7. 课堂沟通策略
领域 2 学习环境	1. 给学习者提供安全保障 2. 给学习者创造公平的学习环境 3. 对课堂结构和活动的管理 4. 支持学生积极参与学习 5. 促进学生有目的的学习 6. 对学习者行为的管理
领域 3 学习者的多样性	1. 学习者的性别、需求、优势、兴趣和经验 2. 学习者的文化、社会经济和宗教背景 3. 残疾、有天赋和有才能的学习者 4. 处境困难的学习者 5. 原住民群体的学习者

① National adoption and implementation of the Philippine professional standards for teachers [EB/OL] . [2020-11-12] .https：//www.teacherph.com/philippine-professional-standards-for-teachers/.

续表

领域	维度
领域 4 课程和计划	1. 教与学过程的计划与管理 2. 学习成果与学习能力保持一致 3. 学习计划的相关性和响应能力 4. 为丰富教学实践而进行的专业合作 5. 包括信息通信技术在内的教与学的资源
领域 5 评估和报告	1. 设计、选择、组织和使用评估策略 2. 监测和评估学习者的进步和成就 3. 提供反馈以促进学生的学习 4. 与主要利益相关者交流学习者的需求、进步和成就 5. 利用评估数据来改进教学实践和计划
领域 6 社区联系和专业参与	1. 建立适应社区环境的学习环境 2. 在教育过程中让父母和更多的社区参与 3. 职业道德 4. 学校政策和程序
领域 7 个人成长和专业发展	1. 教学理念 2. 教学的专业尊严 3. 与同事的专业联系 4. 促进教学实践的专业反思和学习 5. 专业发展目标

资料来源：National adoption and implementation of the Philippine professional standards for teachers［EB/OL］.［2020-11-12］. https：//www.teacherph.com/philippine-professional-standards-for-teachers/.

《菲律宾教师专业标准》是菲律宾中小学教师的质量框架，它明确了"教师应该知道什么、能够做什么和重视什么，以提高自己的专业能力，提高学生的学习成就，以最终实现高质量的教育"。它以"学习者中心、终身学习以及包容性教育"为理念，吹响了教师专业问责的号角，为教师在个人成长和专业发展时的反思和自我评估提供了标准蓝图。不仅如此，它更是菲律宾教师教育政策、活动、改革的指导性框架，为教师教育机构设计和实施有效的职前教师教育课程、培养满足社会需求的合格教师提供了有效参照。

（三）教师资格证照考试

为确保基础教育领域入职教师的质量，菲律宾于 1994 年颁布《菲律宾教师专业化法案（1994）》，强制规定只有通过教师资格证照考试才能在基础教育学校任教。

教师资格证照考试每年举行两次考试，时间一般安排在 1 月和 7 月，由专业法规委员会（Professional Regulations Commission）监督下的教师专业委员会（Board of Professional Teachers）负责组织。

教师资格证照考试包括两种类型：一是小学教师资格证照考试，考试对象为初等教育学士学位毕业生，考试内容包括通识教育和专业教育两部分，其权重分别为 40% 和 60%。二是中学教师资格证照考试，考试对象为中等教育学士学位毕业生，考试内容包括通识教育、专业教育、学科专业领域三部分，其权重分别为 20%、40% 和 40%（见表 8-13）。这两种教师资格证照考试均设置 150 个测试项目，时间约为 3 个小时，及格率为 75%。

通过考试后，可以获得教师资格证照，有效期一般为 3 年。在有效期内的教师资格证照是合法从事教育职业的“强制性证据”。在教师资格证照到期前的几天或几个月内可以提出证书更新（renewal）申请。

表 8-13　菲律宾教师资格证照考试范围

项目	考试范围
通识教育	涉及核心科目的内容，如菲律宾语、英语、数学、科学、社会科学 / 研究
专业教育	涉及与教学相关科目的内容，如发展性阅读、教学原理、促进学习的理论、教育评估、儿童和青少年发展、教育教学方法和策略、课程开发、教师专业发展等
学科专业领域	涉及中等教育学士学位毕业生将任教的专业或领域的内容，如英语、生物、化学、数学、菲律宾语、社会研究、音乐、艺术、体育、健康、价值观教育等

资料来源：Teachers’ professionalization act of 1994［EB/OL］.［2020-11-02］.https：//www.chanrobles.com/republicactno7836.htm#.XogqxPnFISI.

通过教师资格证照考试不仅是从事教师职业的基本要求，而且是确保基础教育领域教师具有必要的专业能力和专业责任心的保证。因此，教师资格证照考试成绩成为教师教育质量保证的绩效指标：职前教师在教师资格证照考试中的表现不仅是衡量教师教育机构培养质量的重要指标，还是高等教育委员会在各教师教育机构设立“发展中心”和“卓越中心”的关键指标。

虽然菲律宾政府和各级各类教师教育机构都非常重视教师资格证照考试，但其通过率一直不乐观。据菲律宾教育事业组织（Philippine Business for Education）的调查，自 2009 年以来，教师教育类毕业生的教师资格证照考试平均通过率仅为 31%。① 如图 8-1 所示，在 2010—2016 年间，共有 663 645 名小学教育专业毕业生参加教师资格证照考试，仅 200 260 名通过，通过率为 30.18%；707 204 名中学教育专业毕业生参加教师资格证照考试，仅有 244 385 名通过，通过率为 34.56%。② 显而易见，菲律宾的教师资格证照考试未能充分发挥教师教育的质量保障功能。

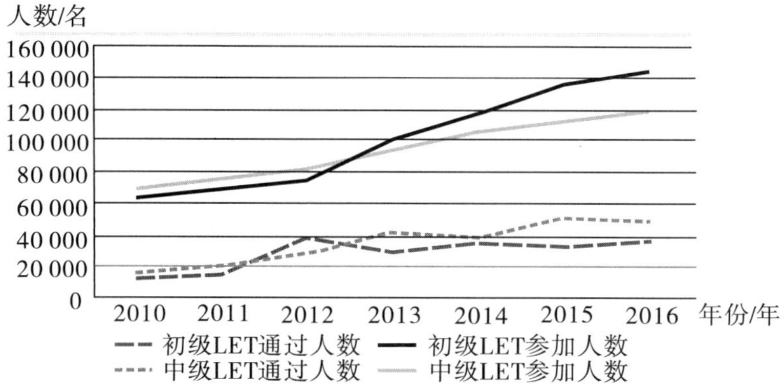

图 8-1　2010—2016 年菲律宾教师资格证照考试参加人数和通过人数一览图

资料来源：DAVID C C，DUCANES G. Teacher education in the Philippines： are we meeting the demand for quantity and quality?［EB/OL］.［2020-11-09］.http：//cids.up.edu.ph/5556-2/.

① AMANONCE J T，MARAMAG A M. Licensure examination performance and academic achievement of teacher education graduates［J］. International journal of evaluation and research in education，2020（3）：510-516.

② DAVID C C，DUCANES G. Teacher education in the Philippines： are we meeting the demand for quantity and quality?［EB/OL］.［2020-11-09］. http：//cids.up.edu.ph/5556-2/.

二、教师教育的经费投入

菲律宾政府的教育支出相对较低，随着 K-12 基础教育改革的推进，在数量微薄的教育支出中，基础教育领域财政预算的所占份额持续增加并成为预算占比最大的领域，高等教育领域财政预算的所占份额则很少。菲律宾政府对高等教育领域的经费投入数量微乎其微，更别说对教师教育的经费投入。

据统计，菲律宾政府对教师教育本科毕业生的预算为每人 59 366 比索，对于一个合格教师的培养来说，这个数额是远远无法满足教师教育项目开发、课程建设与改革、设施配备与更新以及教师培训和素质提高等方面的要求的。①

三、教师教育的师资队伍保障

教育质量在很大程度上取决于为其服务的教师的资格和能力。教师教育机构需要有一支合格、高效的教师队伍才能实现其教育使命和目标，才能实现可持续发展和更高的教育质量。为保证教师教育机构师资队伍的质量，菲律宾高等教育委员会规定了入职教师在学历、资格方面的最低要求，同时还提出了工作量限额和专业发展要求（见表 8-14）。

表 8-14　教师教育机构师资队伍建设基本要求

本科教育阶段	一般要求	（1）具有教育硕士学位或相关教学领域硕士学位 （2）全部专职教师、至少一半的兼职教师必须具有该学科的硕士学位或同等学力
	专任教师资格	（1）讲授专业教育课程的教师必须持有 RA 8981 第 11 条中规定的教师有效注册证书和专业许可证书 （2）所有教师资格证照考试科目必须由持有有效注册证书和有效专业证照的教师授课
	工作量	（1）每名教师每学期讲授的课程 / 科目不得超过 4 个 （2）每名教师的教学总量不得超过 30 个学时（包括在其他学校的教学总量和工作总量） （3）每名教师每天的教学时长不应超过 6 小时

① ABULON E L R，ORLEANS A V，BEDURAL Z L， et al. Exploring wastage in teacher preparation investments in the Philippines［J］. The normal lights， 2014（2）：8-29.

续表

本科教育阶段	专业发展要求	（1）提升学历，获得教育或其他相关领域博士学位 （2）参加继续教育研讨会、讲习班、会议和其他会议 （3）开展与教师教育方案有关的研究活动，并在相关出版物上发表研究成果 （4）在国内 / 国际会议、座谈会、研讨会上发表演讲或发表论文
硕士研究生教育阶段	基本要求	（1）每门硕士课程应至少有 5 名全职专任教师 （2）全职专任教师至少需要具有硕士学位，并在专业期刊上发表过作品 （3）在 5 名全职专任教师中，至少有 2 人应具有博士学位，至少有 3 人应接受过专业高级培训或主要教学领域的高级培训。在 3 人中，至少有 1 人应具有博士学位 （4）教师人数应随招生情况的变化而变化，每名教师最多指导 5 名在校研究生 （5）组建联合项目，为研究生课程提供更多教师资源
博士研究生教育阶段	基本要求	（1）每门博士学位课程应至少有 5 名全职专任教师 （2）全职专任教师至少需要具有博士学位，并在专业期刊上发表过作品 （3）在 5 名全职专任教师中，至少有 3 人应接受过专业高级培训或主要教学领域的高级培训 （4）组建联合项目，为研究生课程提供更多教师资源

资料来源：① CHED. Revised policies and standards for undergraduate teacher education curriculum ［EB/OL］.［2020-01-02］. https：//ched.gov.ph/cmo-30-s-2004/.
② CHED. Policies and standards for graduate programs in education for teachers and other education professionals ［EB/OL］.［2020-11-02］.https：//ched.gov.ph/cmo-53-s-2007/.

教师活力是决定专业教育质量的主要因素，知识更新、技能提升是教师队伍保持活力必不可少的途径。据统计，超过 50% 的高等教育机构的教师需要提升学历、资格和能力，为此，菲律宾高等教育委员会提出“教师发展计划”，以建设高水平教师队伍，提高高等教育的质量、公平性和效率。“教师发展计划”是一系列以改革为导向的干预措施，旨在通过奖学金计划将高等教育机构教师的学历水平提升到硕士和博士层次，并帮助其掌握新的教学理念和教学方法，以促进学生学习，进而实现更高的教师资格证照考试合格率和更高的毕业率。其奖学金主要用于教师申请和攻读硕士学位课程（非论文）、硕士学位课程（论文）、全日制博士学位课程（本地）、博士“三明治”课程（国外）、继续专业教育（非学位课程）。（表 8-15）[①]

表 8-15　“教师发展计划”奖学金用途一览表

用途	硕士项目	博士项目
学费和其他费用	全部学费和其他费用	全部学费和其他费用
书籍补助	共 15 000 比索	共 20 000 比索
助学金	全日制：每月 15 000 比索 非全日制： 普通学期：每月 7 500 比索 夏季学期：每月 15 000 比索	全日制：每月 23 000 比索 非全日制： 普通学期：每月 11 500 比索 夏季学期：每月 23 000 比索
交通补助	全日制： 普通学期：整个学习期间仅报销一次单程费用 非全日制： 普通学期：最高每月 2 000 比索 夏季学期：报销一次单程费用	全日制： 普通学期：整个学习期间仅报销一次单程费用 非全日制： 普通学期：最高每月 2 000 比索 夏季学期：报销一次单程费用
学位论文补助	不需要图书馆资源：40 000 比索 需要图书馆资源：60 000 比索	不需要图书馆资源：60 000 比索 需要图书馆资源：100 000 比索
科研启动基金	不需要图书馆资源：100 000 比索 需要图书馆资源：200 000 比索	不需要图书馆资源：200 000 比索 需要图书馆资源：400 000 比索
特殊项目（仅限申请非论文硕士学位课程的教师）	最高 30 000 比索	
至少提前 1 个学期完成课程的学院学者可获得 50 000 比索的奖金奖励		

资料来源：CHED. Faculty development program-II 2010-2015［EB/OL］.［2020-11-03］. https：//msuiit.edu.ph/faculty-staff/downloads/FDP_II_Brochure.pdf.

除国家层面规定的教师入职要求和“教师发展计划”外，为了进一步促进教师的专业发展，各教师教育机构还会为教师们提供诸多学习机会和

① CHED. Faculty development program-II 2010-2015［EB/OL］.［2020-11-03］.https：//msuiit.edu.ph/faculty-staff/downloads/FDP_II_Brochure.pdf.

激励政策，如：研究生学习期间的学费补贴；带薪的学习假期；减少工作量，以助其尽快完成学历提升所需的论文，或开展相关科学研究；提供科研补助；为学术发展活动（如参加特殊技能培训、国内/国际会议、座谈会、研讨会等）提供旅行补助；奖励、表彰或其他激励措施。

第四节　教师的地位和待遇

教育是促进社会发展的重要因素，教师的地位及待遇是影响教育质量的关键因素。菲律宾政府声明要不断提高教师的地位和待遇，为此，政府也制定、颁发了众多法规、政策，以使所有人都能接受高质量的教育。但是，由于诸多原因，菲律宾中小学教师的地位和待遇不高的问题一直没有得到解决。

一、关于教师地位和待遇的法律规定

为了明确教师的地位和待遇问题，菲律宾于 1966 年颁发《公立学校教师宪章》（Magna Carta for Public School Teachers，Republic Act 4670），规定了公立学校教师应有的权利及能得到的相应保障。半个多世纪以来，它一直是菲律宾教师工作的基本法令。

（一）社会地位

教师是社会的财富，为进一步改善和促进公立中小学教师的社会和经济地位，1966 年菲律宾通过的《公立学校教师宪章》旨在“提高公立中小学教师的生活、工作条件，优化就业环境和职业前景，以吸引和留住更多具有从教资格的人，并使教师们可以有机会与社会其他各行业从业人员相提并论”。

（二）专业地位

教师专业自主权和专业组织是教师专业地位的反映。《公立学校教师宪章》规定，菲律宾教师“在履行其专业职责时，特别是在教学和课堂方法方面，应享有学术自由”。该宪章第 27 条、28 条和 29 条还规定了教师专业组织的建设事宜，具体内容如下。

第 27 条：组织自由。公立学校教师有自由建立、加入他们选择的组织（无论是地方组织还是国家组织）的权利。

第 28 条：禁止歧视教师。教师享有的所有合法权利不受任何干扰或胁迫。任何人对教师实施以下歧视行为都是违法的：（1）教师受雇的附加条件是他不得加入某个组织，或者需要放弃该组织成员资格才能受雇；（2）由于教师的组织成员资格，或者由于教师（在学校同意的前提下）参加某种组织活动而导致教师被解雇；（3）由于教师履行其在组织中的职责或以该身份行动而受到处罚。

第 29 条：国家教师组织。在制定国家教育政策和专业标准以及在制定管理教师的社会保障的国家政策时，应咨询国家教师组织。

（三）经济地位

《公立学校教师宪章》对教师的教学时间、基本工资以及应得的各种福利待遇等都做出了明确而具体的规定，从法律层面确定了菲律宾教师的经济地位。

关于教师的教学时间，《公立学校教师宪章》规定：承担实际课堂教学任务的教师，每天课堂教学时间不得超过六个小时；其教学时间的安排要能保证教师有充足的时间来准备教学、批改学生作业以及完成其他与正常教学职责相关的工作。如遇紧急任务或需要，教师每天的实际课堂教学时间可以超过六个小时但不能超过八个小时，超额工作时间的报酬为每日基本工资的 125%。

教师完成规定的教学时长即可获得基本工资，按照《公立学校教师宪章》的规定：第一，教师工资应与其他需要同等或类似资格、培训和能力的行业的从业人员的薪资水平一致。第二，教师工资应能保证本人及其家人的生活水平。第三，实行合理的薪级工资。资格和责任是划定教师工资级别的主要依据。教师工资应通过定期递增的方式从最低薪资逐步提高到最高薪资。一般来说，如果教师的工作绩效合格，三年后会自动提高到最高薪资；从最低薪资提高到最高薪资的时间不得超过十年。由镇、市、市辖区或省政府拨付的教师工资不得低于由国家拨付的教师工资。

《公立学校教师宪章》指出，教师工资应以能够在任何国家、省、市的财政厅及各级各类银行机构兑现的菲律宾法定货币或等额的支票、国库券来支付。此外《公立学校教师宪章》还强调，除非得到特定法律授权，任何人都不得从教师工资中扣除任何款项；在有关教师书面授权的前提下，以下两种情况所需费用可以从教师工资中扣除：（1）该向菲律宾公立学校教师协会缴纳的合法会费；（2）应支付的保险费。

除基本工资外，《公立学校教师宪章》还明确了教师可以享受的其他福利（见表 8-16）。

表 8-16 《公立学校教师宪章》规定的教师福利

类型		具体内容
补贴	1. 生活补贴	· 国家、省、市、市辖区、镇等雇用的教师将会获得生活补贴，以弥补生活费用的上涨 · 生活补贴自动随生活费用指数的变化而变化
	2. 特殊困难补贴	· 在通勤困难或者工作场所存在特定危险地区任教的教师，每月会获得至少其月薪 25% 的特殊困难补贴
福利	1. 体检和医疗	· 所有教师入职时均接受一次免费体检 · 所有教师任职过程中每年应至少进行一次免费体检 · 如果体检结果表明需要就医和（或）住院治疗的，相关费用则由支付教师工资的政府机构提供 · 医疗设施匮乏地区的教师可在其他地方获得必要的医疗护理，其差旅费由相关政府机构报销
	2. 休假福利	（1）学习休假 · 公立学校教师除现有的休假特权外，服务 7 年后有权享受不超过一学年的学习休假。休假应按照教育部规定的时间表进行。休假期间教师有权领取至少其月薪 60% 的工资。休假后的第一年，教师没有任何补偿，但计算年资和退休金时需要把学习休假期计算在内 · 任何教师不允许累积超过一年的学习休假，除非他需要再增加一个学期的时间才能完成研究生教育或相关课程研究所需的论文 · 教师享受一年期学习休假补偿的条件为：正常参加学习，且所学课程的 75% 为合格 · 超过一年的学习休假需向教育部部长申请，此类学习休假无补偿 （2）无限期休假 · 如果疾病性质需要接受至少超过一年的长期治疗，则可给予教师无限期病假

续表

类型		具体内容
福利	3. 退休福利	· 达到法定退休年龄和服务要求的教师，退休时可获得一次加薪，这是计算退休金一次性付清总额和其后每月津贴的基础
补偿	1. 附加补偿	· 专任教师在规定的每天 6 小时之外从事课外活动、校外活动以及任何超出其正常职责范围的其他活动，均应获得至少其正常报酬的 25% 的额外补偿 · 学校中除专任教师以外的其他教职员工，每天超过 8 小时以外的工作均应获得至少其正常报酬的 25% 的额外补偿
	2. 伤害补偿	· 根据现行法律，教师因公负伤应获得相应补偿 · 根据现行法律，身体和神经紧张对教师健康的影响属于职业病，可获得相应补偿
其他	工作调动交通费	· 得到批准的教师及其家人因工作调动产生的交通费用由相关政府机构支付

资料来源：The magna carta for public school teachers ［EB/OL］.［2020-09-12］.https：//www.lawphil.net/statutes/repacts/ra1966/ra_4670_1966.html.

二、教师地位和待遇的现实图景

（一）教师的现实待遇

1. 工资现状。

菲律宾著名教师专业学习在线共同体 TEACHERPH 统计了 2012—2019 年公立中小学教师的工资变化情况（见表 8-17），从表中可以看出，公立中小学教师工资呈现逐年递增趋势。

表 8-17　2012—2019 年公立中小学教师工资一览表

教师级别	薪级	2012 年 / 比索	2018 年 / 比索	2019 年 / 比索
Teacher I	11	18 549	20 179	20 754
Teacher II	12	19 940	22 149	22 938
Teacher III	13	21 436	24 224	25 232
Master Teacher I	18	31 351	38 085	40 637
Master Teacher II	19	33 859	42 009	45 269

续表

教师级别	薪级	2012 年 / 比索	2018 年 / 比索	2019 年 / 比索
Master Teacher III	20	36 567	47 037	51 155
Master Teacher IV	21	39 493	52 554	57 805
Head Teacher I	13	21 436	24 224	25 232
Header Teacher II	14	23 044	26 494	27 755
Head Teacher III	15	24 887	29 010	30 531
Head Teacher IV	16	26 878	31 765	33 584
Head Teacher V	17	29 028	34 781	36 942
Head Teacher VI	18	31 351	38 085	40 637
Principal I	18	31 351	38 085	40 637
Principal II	19	33 859	42 099	45 269
Principal III	20	36 567	47 037	51 155
Principal IV	21	39 493	52 554	57 805

资料来源：2019 public school teachers salary in the Philippines［EB/OL］.［2020-09-12］. https：//www.teacherph.com/public-school-teachers-salary/.

尽管如此，菲律宾教师的平均月薪仍低于全国各行业的平均月薪水平。

2. 福利情况。

除菲律宾《公立学校教师宪章》中规定的教师福利外，近年来菲律宾公立中小学教师可享受的一些其他福利和补偿见表 8-18、表 8-19。

表 8-18　公立中小学教师福利和补偿一览表

名称	数额	发放频率
个人经济救济津贴	2 000 比索	每月
出差和交通津贴	参阅《出差和交通津贴》规定	每月
年中奖金	一个月的基本工资	每年

续表

名称	数额	发放频率
年末奖金	一个月的基本工资	每年
现金礼物	5 000 比索	每年
生产力激励金	2 000 比索	每年
绩效奖金	根据具体绩效情况发放 金额最高 35 000 比索，最低 5 000 比索	每年
生产力提升奖金	5 000 比索	每年
服装补贴	5 000 比索	每年
服务期奖励	第十年：10 000 比索	每年
	第十五年：5 000 比索	
	第二十年：5 000 比索	
	第二十五年：5 000 比索	
	第三十年：5 000 比索	
	第三十五年：5 000 比索	
	第四十年：5 000 比索	
工资级别提升	在其岗位上连续 3 年考核结果为“满意”的官员、雇员的工资可提升一级	—
周年奖金	3 000 比索	政府机构成立第 15 周年发放；此后每 5 年发放一次

数据来源：2019 public school teachers salary in the Philippines ［EB/OL］.［2020-09-12］. https：//www.teacherph.com/public-school-teachers-salary/.

表 8-19　公立中小学教师福利一览表

名称	数额	发放频率
粉笔津贴	以前是每位教师每年补贴 3 500 比索 2020 年 11 月 9 日以后，按以下数额发放： 2021—2022 学年：5 000 比索 2022—2023 学年：5 000 比索 2023—2024 学年：7 500 比索 2024—2025 学年：10 000 比索	每年

续表

名称	数额	发放频率
假期工资	整个学年都在岗的教师享有共 70 天的暑假和圣诞假期工资	每年
超工作量酬金	数额取决于可用资金的数额	—
在职培训	由教师所参加的项目提供资助	—
交通补助	2 000 比索（由项目支持基金提供）	每月
假期服务	每年最多 15 天	每年
额外奖励或津贴	由地方政府部门（部分部门）提供	—

资料来源：Public school teacher salary in the Philippines 2020-2021 ［EB/OL］.［2020-09-12］.http：//newstogov.com/public-school-teacher-salary-in-philippines/.

（二）教师的现实地位

菲律宾宪法规定：“国家应将教育放在预算的首位，通过适当的薪酬和其他提高教师工作满意度及成就感的方式，确保教学能够吸引并留住应有的优秀人才。”但是，菲律宾经济发展的低迷使得国家对教育的投入减少。

国家对教育的投入不足使得公立中小学教师工资虽逐年递增，但总体上依然低于国家各行业的平均工资水平，大多数教师的收入无法满足基本的家庭需求。教师经济地位低下直接导致其社会地位的下滑，教师在菲律宾成为一个吸引力不足的职业。

此外，菲律宾中小学教师也缺乏足够的专业成长机会。教育投入不足导致教育部无法给教师提供足够的免费在职培训，众多在职教师的教学知识和技能无法与时俱进。教师们的工作环境和工作条件较差，一些中小学没有图书馆资源。教师实际教学时间长，繁重的工作负担使得教师们没有时间进行自我专业发展。

总之，尽管菲律宾政府努力制定、颁发法规和政策以试图提高中小学教师的地位和待遇，但是，多年来情况并没有得到根本改善。

第九章 菲律宾教育的改革走向

在长期的教育发展过程中，菲律宾积累了较为丰富的经验。并且，为了保护所有公民的受教育权利，应对国家发展不断变化的需求，菲律宾一直致力于教育改革。

独特的历史发展过程和人文环境使菲律宾教育颇具特色，其经验也有一定的价值。菲律宾教育的特点主要表现为：教育制度、方法、内容等深受美国的影响，私立教育在教育体系中占重要地位，教育法律体系较为完善。虽然菲律宾的教育深受独立前殖民国家的影响，但菲律宾在长期的教育发展过程中也积累了一些经验。菲律宾通过提供替代性教育，扩大弱势群体的受教育机会，实行基于母语的多语言教育，学前教育制度较为健全，这些经验对其他国家教育的发展有一定的借鉴价值。

尽管菲律宾教育发展较快，但仍面临一些问题与挑战。例如：存在性别、区域、贫富群体间的教育不均衡问题；各级教师数量短缺，教师学历偏低，接受培训时间短；教育投入不足，资金分配和管理存在问题；教育质量不高，不能满足劳动力市场的需求等。

为了满足国民对教育的需求和国家对人才的需求，菲律宾不断改革教育制度，教育发展趋势主要表现为：继续重视幼儿保育和发展；为每个菲律宾人提供有质量的基础教育；提高职业技术教育人才培养与劳动力市场需求的契合度，发挥职业技术教育的扶贫作用；重视提高教师的能力；推进高等教育机会均等，提高教育质量；积极推进教育国际化，加强教育国际交流与合作。

第一节　教育的特色与经验

菲律宾在地缘上属于亚洲，而在文化上是东西方文化的混合体，教育特色较为明显，也积累了一些有价值的教育经验。

一、教育的特色

菲律宾的教育深受美国的影响，私立教育在教育体系中占重要地位，教育法律体系较为完善。

（一）教育深受独立前殖民国家尤其是美国的影响

虽然西班牙殖民统治菲律宾的时间大大长于美国，但对菲律宾教育的影响力远不及美国。1898 年，美国殖民政府在菲律宾逐步建立起公共教育制度，用英语教学，禁止在公共学校中开设宗教课程。独立后的菲律宾将英语作为官方语言，正式确立了英语在教学中的地位。英语的广泛使用为菲律宾教育的国际交流提供了便利，如减少学生在英语国家学习的语言障碍，也能吸引一些留学生。美国殖民统治期间，提供英语教材，向菲律宾派出训练有素的教师，这些教师在中小学任教，也承担培养英语教师的职责。这一时期的教学方法和内容对菲律宾教育产生了重要影响。

（二）私立教育在教育体系中占有重要地位

相对于亚洲其他国家，菲律宾的私立教育较为发达，无论是学校数量还是学生数量都占有较大比重，并且级别越高，私立学校和学生的数量占比越大，私立大学占大学总量的 88.0%，私立大学学生占学生总量的 56.0%（见表 9-1、表 9-2）。在基础教育阶段，私立学校的大量存在，能够减轻政府的财政投入压力，为更多的学生提供教育机会，从整体上提高了教育的质量。在高等教育阶段，私立学校质量差异大，一些小规模私立高校的质量堪忧。

表 9-1　各级公立、私立学校的数量

学校类型	小学	初中	高中	大学
总计 / 所	51 348	15 080	11 817	1 943
公立 / 所	39 067	9 085	7 033	233
私立 / 所	12 281	5 995	4 784	1 710
私立学校占比 /%	23.9	39.8	40.5	88.0

注：小学、初中和高中为 2018—2019学年数据，大学为 2017—2018学年数据。

资料来源：① 2019 Philippines statistical yearbook［EB/OL］.［2020-06-10］.https：//psa.gov.ph/products-and-services/publications/philippine-statistical-yearbook.
② Commission on high education ［EB/OL］.［2020-06-10］.https：//ched.gov.ph.

表 9-2　各级公立、私立学校学生的数量

学校类型	小学	初中	高中	大学
总计 / 人	13 258 408	8 316 295	3 021 856	27 363 928
公立 / 人	12 017 876	6 894 478	1 681 905	12 036 846
私立 / 人	1 240 532	1 421 817	1 339 951	15 327 082
私立学校学生占比 /%	9.4	17.1	44.3	56.0

注：小学、初中和高中为 2018—2019学年数据，大学为 2017—2018学年数据。

资料来源：① 2019 Philippines statistical yearbook［EB/OL］.［2020-06-10］.https：//psa.gov.ph/products-and-services/publications/philippine-statistical-yearbook.
② Commission on high education ［EB/OL］.［2020-06-10］.https：//ched.gov.ph.

（三）教育法律体系较为完善

教育立法是现代国家治理教育的主要途径，通过制定教育法，明确教育发展目标、各法律关系主体的权利和义务等，从而保障教育事业的有序发展。美国殖民政府颁布了《1901 年教育法》，提出要建立公共教育的管理制度。随着教育的发展，一系列教育法相继颁布实施。菲律宾独立后颁布的《1982 年教育法》是菲律宾第一部规范的教育基本法，以此为基础，教育法律体系随着教育内外部环境的变化而逐渐形成和完善。

菲律宾教育法律体系主要有以下特征：第一，除了教育基本法，各级

各类教育都有多部专门法，对教育运行进行全面、细致的规范。这些教育法涵盖了学前教育、基础教育、职业技术教育、教师教育、高等教育各领域。在高等教育阶段，就有《1994年高等教育法》《1997年高等教育现代化法案》《高等教育统一学生资助法》《普及优质高等教育法》《跨国高等教育法》等多部法案。除了对正规教育立法，也对非正规教育立法，如《开放中学制度法》。各专门法对公立和私立教育、教育质量和公平、正规和非正规教育、各法律关系主体的权利和义务等进行规范和调控，从法律层面为教育的改革和发展提供保障。第二，及时修订、颁布教育法，以应对教育发展的新需要。教育法及时更新，才能发挥应有的规范、指导作用，将国家意志转化为引导教育发展的指南。例如，为了避免学校大幅度提高学费导致教育机会不公平，菲律宾国会通过了《2010年学费管理法》，对《1982年教育法》中“学费及其他费用”条款进行扩增，限制私立教育机构提高学费；全球化导致服务贸易自由化、信息和通信技术广泛使用，这为无国界的教学提供了条件。2019年，《跨国高等教育法》实施，菲律宾政府希望借此推动跨国高等教育项目的实施，提高高等教育国际化水平，培养具有全球竞争力的人才。

二、教育的主要经验

虽然菲律宾的教育受独立前殖民国家影响，但菲律宾在长期的教育发展过程中也积累了一些经验。菲律宾通过提供替代性教育，扩大弱势群体受教育的机会，实行基于母语的多语言教育，学前教育制度较为健全。

（一）通过提供替代性教育，扩大弱势群体受教育的机会

由于负担不起学习费用、对课程不感兴趣等原因，大量青少年早早辍学。菲律宾政府通过提供替代性教育，为辍学青少年提供便利、多样的学习机会。替代性教育是非正规教育，由教育部开发课程、配置教师、实施评估，政府拨款。随着全民教育观念的兴起，菲律宾政府于1991年出台了《菲律宾全民教育行动计划：1991—2000》，确立了非正规教育同等学力资格认证制度。2000年，菲律宾政府签署了《千年宣言》，提出必须在2015年减少一半的菲律宾贫困人口。根据《千年宣言》制定的“千年发展目标”，即致力于解决贫困、饥荒、疾病、文盲、环境恶化和妇女歧视等问题，教育

机会均等再次受到重视。《2001年基础教育治理法》明确提出，替代学习系统是一个和正规教育平行的学习系统，为现有的正规教育教学提供一个可行的替代方案，向学生提供至少相当于中学的教育，满足学生的特殊需要，以法律的形式确立了替代学习系统的地位。2014年，《开放中学制度法》颁布，旨在通过替代性中等教育项目，扩大获得优质教育的机会，使青年能够克服个人、地理、社会经济和身体方面的限制完成中等教育，菲律宾通过立法的形式再次强化了替代性教育的地位。

为了实现全民教育目标，替代性教育系统不断完善。目前，教育部实施了三种模式：一是家长、社区和教师教学管理模式。家长、教师和社区成员合作，向儿童提供低成本的优质教育，学习材料以国家课程为基础，实行复式教学，高年级学生指导低年级学生，并辅以程序化教学、同伴学习、自我指导和个性化辅导及补习。二是校内外错时模式。这种模式允许儿童在家或社区学习，将正式和非正式的学习结合起来，以解决教室、学习材料和教师匮乏的问题，还利用社区提供教学材料或知识来源。学生分成两组，第一组在一定的时间内上课，第二组在家里完成指定的学习任务。在一定的日期，第一组在校外学习，第二组学习正式课程。三是开放中学项目模式。这是减少辍学项目的一部分，入学时不要求学生学习正式课程，而是运用灵活和远程的学习策略，以适应那些因身体、工作、经济状况、居住地等原因不能接受正规教育的学习者，任何被评估为能够独立学习并愿意自学的学习者都可以注册开放中学项目。①

（二）实行基于母语的多语言教育，兼顾民族语言和英语

在菲律宾历史上，多种外语曾被使用过。菲律宾岛屿众多，交流不便，因此本土语言多样化，约有180种。②使用最多的民族语言为他加禄语，菲律宾独立后被更名为菲律宾语并得到推广，和英语同为官方语言。进入21世纪，政府在关注民族语言发展的同时，进一步重视英语，以增强教育的国际竞争力，培养国际化人才。《幼儿园教育法》（2012年）和《2013年

---

① Philippine education for All 2015 review report［EB/OL］.［2020-06-03］.https：//www.gcedclearinghouse.org/sites/ default/files/resources/230331e.pdf.

② VALERIO M I B. Current perspectives on mother-tongue based instruction in the newly implemented K to 12 curriculum of the Philippines［J］. British journal of education，2015（9）：51-66.

基础教育促进法》明确了“基于母语的多语言教育”，即在学前一年和一、二、三年级中，教学、教材和评估使用学生的地区语言或母语，教育部制定四至六年级的母语过渡方案，使菲律宾语和英语逐渐成为教学语言，直至这两种语言成为中学的主要教学语言。

“基于母语的多语言教育”有两种实施模式：（1）作为学习内容或一门学科。母语在一至三年级侧重于发展学生的阅读能力，学习者的母语是学前一年至三年级所有学习科目的教学语言。在过渡或衔接过程中，学习者的母语一直作为教学媒介，直到三年级。一年级第一学期开始开设菲律宾语课，要求学生口语流利，第二学期要求学生会读写，二至六年级发展学生的听说读写能力。一年级第二学期开设英语课，要求学生口语流利，二年级第一学期要求学生会读写，二年级第二学期至六年级发展学生的听说读写能力。（2）作为教学媒介。母语作为教学媒介，有两种教学模式：第一，在学前一年或一年级，使用学生的母语进行教学，母语包括 8 种主要语言和其他 4 种语言；第二，如果学校中学生的母语有 3 种以上，或主要语言不同，混合语将作为教学媒介语言。为了提高“基于母语的多语言教育”的质量，教师要接受培训，各级培训机构不断更新知识和技能。2013 年第 31 号教育部令将“基于母语的多语言教育”进一步具体化：在一、二年级的数学、人文地理、音乐、艺术、体育和健康的教学中，母语作为媒介语言使用。

对菲律宾的学生而言，现行语言政策要求较高，增加了他们的学习负担，但其积极意义不容忽视。首先，符合学生的认知发展规律。在幼儿园和低年级使用母语教学，降低了教学难度，减少了各科学习的障碍。低年级学生学习母语获得的语言能力能够迁移到非母语的学习中，从而促进非母语的学习。其次，重视母语的学习有利于民族文化的传承。虽然菲律宾长期受到外国的殖民统治，但民族自尊并没有被磨灭，民族意识在独立后得到进一步发展，重视母语能增强民族凝聚力，提高国家认同感。最后，在全球化背景下，重视英语能提高菲律宾的国际竞争力。美国殖民统治期间，英语在菲律宾已经被广泛使用。作为目前国际上应用最广的语言，英语能为菲律宾经济、文化、教育等的发展起到推动作用。就教育而言，英语成为学生出国留学、吸引外国留学生的有利因素。

（三）重视学前教育发展，学前教育制度较为健全

菲律宾重视发展学前教育，采取保护儿童生存的措施，促进儿童身体、智力、情感、技能的发展和价值观的形成。菲律宾政府认为儿童接受学前教育不仅能提高入学后的学业成绩，还能提高成年后的就业能力。在政府的努力下，学前教育入园率大大提高。

菲律宾政府采取多方面措施发展学前教育。首先，制定完备的法律和政策。1924 年，美国殖民者在马尼拉建立幼儿园，学前教育从此缓慢发展。独立后，菲律宾将学前教育置于政府的管理之下，1978 年的《村级日托法》规定，每个有至少 100 个家庭的村子都应建立和维护一个日托中心。随着学前教育的发展，菲律宾国会通过了一系列法案，如 1990 年的《村级儿童全面发展和保护法案》、2000 年的《幼儿保育和发展法案》。较为完备的法律政策为学前教育的发展提供了良好的政策环境。其次，设立类型多样的学前教育机构。学前教育机构多样化，可以满足不同家庭的需要。菲律宾学前教育机构主要有以下类型：公立幼儿园及保育学校，通常隶属于公立小学，由政府提供支持，免费入学；开端保育学校和幼儿园，提供教育、医疗和营养服务，主要面向贫困家庭儿童；日托中心或儿童看护中心，面向母亲有工作的家庭，既有公立，也有私立，或者由慈善家资助；私人托儿所和幼儿园，这类机构学费较高，为孩子入学做准备；残疾人学校，为身心残疾的儿童提供服务，一般由政府资助。再次，多部门合作，共同推进学前教育的发展。学前教育担负着幼儿保育、发展等多重任务，很难由一个部门完成，菲律宾的学前教育主要由幼儿保育和发展协调委员会管理，社会福利与发展部、教育部、卫生部、内政和地方政府部、劳动和就业部、农业部、司法部等部门联合制订工作计划、提供援助，为幼儿的发展提供服务。

第二节　教育的问题与挑战

为了发展教育，菲律宾政府做出了各种努力，但由于政治、经济等原因，菲律宾教育仍存在一些问题。

一、教育不均衡

尽管菲律宾采取了促进教育均衡的政策，如免费的义务教育、对贫困大学生进行资助等，但教育不均衡问题仍然存在，成为菲律宾教育发展的障碍。

（一）性别间的教育不均衡

和很多国家不同的是，菲律宾教育中女性受教育情况并未处于劣势，相反，男性的入学率和在校生数均低于女性（小学除外）。根据菲律宾年度统计报告，2018 年，男生小学入学率高于女生不到 1%，但初中和高中男生入学率分别比女生少 8.6% 和 14.5%（见表 9-3）。2015 年，男生和女生小学教育完成率分别为 81.0% 和 87.4%，中学分别为 69.7% 和 78.5%。2016 年，在校女生和男生之比，小学为 1.0，中学为 1.2，大学为 1.3。① 可见，教育程度越高，女性的教育优势越大。

表 9-3　2018 年菲律宾公立和私立中小学男女生入学率

单位：%

阶段	男生	女生
小学	94.25	93.85
初中	77.24	85.82
高中	44.21	58.72

资料来源：2019 Philippines statistical yearbook［EB/OL］.［2020-06-20］.https：//psa.gov.ph/products-and-services/publications/philippine-statistical-yearbook.

（二）区域间的教育不均衡

由于经济发展水平、自然和地理环境等的不同，菲律宾各地区之间教育发展不够均衡，以下几类地区教育相对落后：经济发展水平低的地区，自然和地理环境恶劣的地区，冲突频发的老区。②

① SAN BUENAVENTURA P A R. Education equality in the Philippines［EB/OL］.［2020-0613］.https：//unstats. un.org/sdgs/files/meetings/sdg-inter-workshop-jan-2019/Session%2011.b.3_Philippines___Education%20 Equality%20AssessmentFINAL4.pdf.

② SYMACO L P. Geographies of social exclusion： education access in the Philippines［EB/OL］. http：//dx.doi.org/10.1080/03050068.2013.803784.

（三）贫富群体间的教育不均衡

在菲律宾，公立幼儿园到高中的教育免收学费。但是，除学费之外，接受教育还有其他的支出，如书本费、文具费、校服费、交通费等。家庭越贫困，越希望孩子尽可能早地工作，孩子上学意味着放弃了一部分收入。贫困家庭的孩子受教育机会有限，再加上受教育水平不高，这些孩子只能从事收入较低的工作。

二、教师数量短缺且质量有待提高

优质充足的教师是教育发展的根本保障，但由于多种原因，菲律宾各级教育均存在教师短缺、质量有待提高的问题。

（一）教师数量短缺

教师数量短缺是阻碍菲律宾教育尤其是基础教育发展的重要原因。

多种原因导致教师数量不足。首先，教育投入少。虽然教育投入在缓慢增加，但教师缺口较大，学生的数量在逐年增加，教师短缺的问题很难在短时间内得到解决。其次，学制延长。由于 K-12 学制改革，学前一年教育纳入学制系统，增加两年高中学习年限，需要大量补充教师。再次，教师负担重且收入低。最后，教师资格证照考试通过率低。根据《菲律宾教师专业化法案（1994）》规定，学生大学毕业后，通过教师资格证照考试方可任教。

（二）教师质量有待提高

教师质量是影响教学质量的重要因素。基础教育阶段的教师质量有待提高。调查发现，中小学教师各学科知识水平有待提高，在英语、数学、菲律宾语和科学的学科内容测试中，中小学教师能答对的问题不到一半（六年级英语除外），高中数学教师只能正确回答 31% 的问题（见图 9-1）。如果教师希望能较好地完成学科教学，还需要提高教学技能、丰富学科知识。提供专业发展的机会能丰富教师的学科知识、改善教学方法，有助于教师质量的提高。超过四分之三的菲律宾教师能每年接受在职培训，这一比例甚至高于一些高收入国家，然而，菲律宾教师接受培训的时间短，十年级的教师每年接受在职培训的平均时间为 7 天。

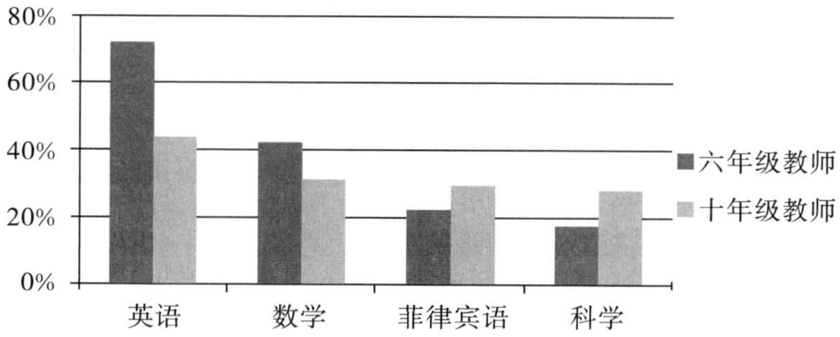

图 9–1　教师能正确回答问题的比例

资料来源：AL-SAMARRAI S. Assessing basic education service delivery in the Philippines : public education expenditure tracking and quantitative service delivery study ［EB/OL］.［2020-06-23］.https：// www. researchgate.net/publication/309615104.

高校教师的质量同样有待提高。虽然菲律宾有 2 000 多所高校，但规模小，相当一部分学校在校生不足 1 000 人，并且培养质量有待提高。高学历人才流失的问题也较为严重。诸多原因造成菲律宾高校教师质量有待提高，通过教师资格证照考试的比率为 37.6%，仅 53.7% 的教师具有硕士或博士学位（见表 9-4）。

表 9-4　2016 年高校教师质量统计

教师质量情况	百分比 /%
通过资格考试的教师比例	37.6
具有理学或文学硕士学位的教师比例	40.4
具有博士学位的教师比例	13.3

资料来源：Education equality in the Philippines ［EB/OL］.［2020-06-23］.https：// unstats.un.org/sdgs/files/meetings/sdg-inter-workshop-jan-2019/Session%2011. b.3_Philippines__Education% 20Equality%20AssessmentFINAL4.pdf.

三、教育投入不足

教育投入为教育发展提供物质基础，直接影响到教育条件的改善和教师质量的提高。

充足的教育投入是教育发展的必要条件，菲律宾教育投入不足的问题长期存在。2011 年，菲律宾的教育投入占 GDP 的 2.6%，低于越南、马来西亚、泰国、印度尼西亚等东南亚国家。教育支出占政府财政支出的 18.3%，低于马来西亚、泰国、越南。①

教育投入不足引发了一些问题。首先，教师待遇偏低，待遇低则无法吸引数量充足、质量高的教师，教师流失量大。其次，基本设施、基本教学用品短缺，且班额过大。最后，入学率低。

四、教育质量有待提高

在改善学生的入学机会方面，菲律宾做出了很大努力，但教育质量方面还面临着很大的挑战。

在基础教育阶段，衡量教育质量的首要标准是学生的成绩。国家统计数据表明，2014—2017 年连续三年，六年级学生的平均成绩最高不足 70 分，十年级的平均成绩不足 50 分，并且都呈逐年下降的趋势（见表 9-5）。辍学率是衡量教育质量的另一项重要标准，辍学意味着教育培养了未达到质量标准的学生，学生对课程不感兴趣、参加劳动是辍学的最主要原因。

表 9-5　菲律宾六年级和十年级全国学业测试成绩

年级	2014—2015 学年				2015—2016 学年				2016—2017 学年			
	平均	学科			平均	学科			平均	学科		
		数学	英语	科学		数学	英语	科学		数学	英语	科学
六年级	69.10	69.71	71.80	67.19	41.45	36.63	39.80	35.97	39.95	34.75	40.37	30.94
十年级	49.48	47.37	46.45	46.56	44.66	35.55	51.97	32.17	44.08	37.30	46.01	35.68

资料来源：2019 Philippines statistics yearbook［EB/OL］.［2020-06-29］.https：//psa.gov.ph/products-and-services/publications/philippine-statistical-yearbook.

① Philippines-support for basic education reform［EB/OL］.［2020-06-28］.https：//ieg.worldbankgroup.org/sites/default/files/Data/reports/ppar_philippineseducationreform.pdf.

职业教育向各行业提供技术人员，菲律宾家政、航海等行业在国际劳动力市场上有一定影响力，但总体而言，菲律宾职业教育培养的人才质量未能满足劳动力市场的需求。菲律宾社会看重高等教育学历和文凭，对职业教育重视不足。技术工人技能的国际化程度较低，在国际竞争中也不具备优势。此外，菲律宾劳动力市场上还存在因供求不匹配而造成的结构性失业。工作任务与技能水平不匹配的现象时有发生，菲律宾计划发展的十项竞争性行业中，技术人员的技能平均水平不能达到既定的标准。尽管菲律宾职业技术教育与培训的毕业生合格率达到了 88.0%，但就业率仍然处于 60.9% 的较低水平。[①]

高等教育向劳动力市场提供较高层次的人才，高等教育质量体现为满足劳动力市场需求的程度。尽管菲律宾有较为完备的高等教育质量保障制度，高校人才培养和劳动力市场需求存在不协调的问题仍然存在。2017 年，40 300 名本科生失业，失业率为 14.60%；45 700 名研究生失业，失业率为 16.55%。[②] 在不同专业学科考试中，学生的表现一直不理想。高校课程设置和教学方法不合理是教育质量不够高的主要原因。

第三节　教育的发展趋势

为了增进国民的福祉，提高国家竞争力，菲律宾政府不断改革各级各类教育，以满足国民对教育的需求和国家对人才的需要。

一、继续重视幼儿保育和发展

菲律宾重视儿童早期保育和发展，认为 0 ～ 8 岁是儿童发展的第一个关键阶段，因此颁布《2013 年幼儿法案》，为儿童早期保育和发展指明方

① 吴秋晨，白滨，朱晓琳 . 菲律宾职业教育发展的现状、挑战与趋势［J］. 中国职业技术教育，2019（15）：81-85.

② MOYA J R A. Job-skills mismatch in the Philippines and the advent of industry 4.0［EB/OL］.［2020-06-20］. https：//documents.pub/document/job-skills-mismatch-in-the-philippines-and-the-advent-of-job-skills-mismatch.html?page=6.

向。根据该法案，菲律宾将全面、综合和可持续的全国幼儿保育和发展系统制度化，加强各级政府之间、公私营部门之间的合作。为了提高婴儿和儿童的存活率，法案确保幼儿及其父母从产前到幼儿期都能获得充分的保健和营养；加强幼儿的身体运动、社会情感、认知、语言、心理和精神发展，使儿童能从家庭照料和教育顺利过渡到社区、幼儿园和学校教育，确保幼儿为正规学习做好充分的准备；为 0 ～ 4 岁的各类有特殊需要的儿童建立有效的早期识别、预防、转诊和干预制度，提高和更新服务提供者及其管理者的能力，使其符合儿童早期保育和发展项目的质量标准；强化 0 ～ 4 岁儿童父母和其他照顾者的作用，重视社区的作用，确保向贫困、处境不利和语言少数群体社区提供特别资助。通过但不限于为幼儿保育和发展服务提供者和设施建立登记和证书制度，提高幼儿保育和发展项目的质量标准。确保以最适当的语言对盲人、聋哑人或聋盲人进行教育，雇用有手语和（或）盲文资格的教师，并培训各级教育的专业人员和工作人员。

《2017—2022 菲律宾发展规划》提出，将加强幼儿保育和发展方案，为儿童接受基础教育做好充分准备。这需要提高儿童发展服务提供者的能力，实施适当的课程，并建设合格的幼儿保育队伍。[①] 因此，在未来的几年内，菲律宾政府将会加大对学前教育的财政投入，鼓励公私立部门积极设立高质量标准的项目，提高学前教育服务的专业化水平，加强师资培训，提高幼儿保育队伍的质量。

二、为每个菲律宾人提供有质量的基础教育

在基础教育普及率不断提高的情况下，各国都在努力提高基础教育的质量。普及有质量的基础教育是菲律宾长期以来的发展目标。1987 年宪法规定，国家将保护、改善每个菲律宾人获得有质量的各级教育的权利；《2001 年基础教育管理法》宣布，保护和促进所有公民接受优质基础教育的权利，通过向所有菲律宾儿童提供免费强制的初等教育和免费的中等教育，使所有人都能接受这种教育；《2013 年基础教育促进法》规定，让每个学生都

① National Economic and Development Authority.Philippine development plan 2017-2022 [EB/OL] . [2020-07-06] .www.neda.gov.ph/wp-content/uploads/2017/01/PDP-2017-2022-10-03-2017.pdf.

有机会接受具有全球竞争力的优质教育。

为了进一步普及基础教育，提高教育质量，菲律宾不断调整教育计划，《2017—2022 菲律宾发展规划》明确了五年的发展方向。（1）全面实施 K-12 教育制度。为了保障 K-12 教育制度成功实施，将重点关注以下领域：及时提供充足的教育投入，改善学校基础设施；教师的雇佣和专业发展；有效和透明的监测与评价制度；改革公共财政管理体制，以确保及时提供正规和非正规教育的基础设施和学习资源；完善财务管理信息系统，以跟踪预算发放情况，并在出现问题时及时干预。（2）进一步实施全纳教育项目。改进对学生和学龄儿童的摸底、分析和跟踪机制，以确保能向有特殊需要的学生、原住民、失学儿童和青年等提供适当的教育干预措施；加强和扩充选择性学习制度，使没有完成正规教育的人能够完成基础教育或获得终身学习机会；教育投入还应向弱势群体倾斜，如流浪儿童、残疾人和冲突地区儿童等。（3）制订和改进干预措施，预防儿童辍学。提供基于学校的干预措施，如供餐项目、咨询项目、补习班和有利的学习环境，能有助于儿童留在学校完成基础教育。（4）继续进行课程改革。通过课程的情境化和本地化，使课程更具针对性和相关性，有助于提高成绩；强化科技课程，培养学生的创新和创造能力；重点关注文化和艺术、预防药物滥用等。（5）提高教师能力。改进职前教师教育和有关教学方法和学科的定期在职培训，以改善学生的学习效果，可以通过职前教育课程、辅导、学校学习行动小组、工作坊、组织培训、电子学习和访学等方式提高教师的能力。①

三、提高职业技术教育人才培养对劳动力市场的适应性，发挥扶贫作用

职业技术教育培养的人才直接进入劳动力市场，菲律宾职业技术教育存在着人才培养与劳动力市场需求不契合的问题，毕业生找不到适合的工作，或者职业适应时间长，造成教育资源的浪费及人才的短缺，菲律宾将继续采取措施加强二者的协调性。一方面，重视雇主、行业协会等在职业

---

① National Economic and Development Authority.Philippine development plan 2017-2022［EB/OL］.［2020-07-06］.www.neda.gov.ph/wp-content/uploads/2017/01/PDP-2017-2022-10-03-2017.pdf.

技术教育中的参与。由于雇主是职业技术教育体系的最终用户，因此有必要让他们参与到职业技术教育质量保障的各个环节中，包括政策制定、标准制定、方案实施、监测和评估。雇主和行业协会在职业技术教育中扮演着重要角色，他们是技术教育和技能发展署技能和资格标准的重要信息来源，其中行业专家负责开发能力标准、培训标准和测评工具。技术教育和技能发展署根据行业反馈的意见，每三年更新一次培训条例，包括相关的能力标准和培训标准。在更新培训条例时，原先注册的课程、教师的资质和评估中心的测评认证工作都要做出相应调整，使得通过职业技术教育所获取的技能水平和工作场所的任务要求相匹配。① 另一方面，改进学徒制培养模式。学徒制能保障学校和企业的无缝对接，实现学校、学生、企业的多方共赢。为了提高职业技术人才与劳动力市场的契合度，菲律宾一直在改进学徒制的培养模式。截至 2018 年，众议院已经提交了 7 项修订学徒方案的措施。参议院实施的法案有以下显著特点：授权设立由劳动力和管理者组成的双向企业学徒委员会，每个参与的企业发挥以下作用——监控程序的实施，解决管理者和学徒之间的分歧，借鉴有效实施的措施，批准签订的每一份学徒合同，对学徒进行能力测试。②

职业技术教育提供劳动技能培训，对贫困人口获得就业机会、实现脱贫发挥直接作用。技术教育和技能发展署与相关部门合作，根据《1994 年职业技术教育法案》的有关条款制定了《国家技术教育和技能发展计划 2018—2022》。该计划的目标之一便是通过劳动力实现充分就业和减贫，实现社会公平。③ 为实现该目标，政府实施了如下项目，如基于社区或村的培训、流动培训项目、向各种弱势群体提供技能培训、现场培训和评估、道德重塑项目等。这些培训提供符合当地需要的技能，或使弱势群体获得

① 吴秋晨，白滨，朱晓琳．菲律宾职业教育发展的现状、挑战与趋势［J］．中国职业技术教育，2019（15）：81-85.

② MOYA J R A. Job-skills mismatch in the Philippines and the advent of industry 4.0［EB/OL］.［2020-06-20］. https：//documents.pub/document/job-skills-mismatch-in-the-philippines-and-the-advent-of-job-skills-mismatch.html?page=6.

③ National technical education and skills development plan 2018-2022［EB/OL］.［2020-07-09］. http：//tesda3. com/bulacan/ national-tesd-plan.

一技之长，能够进入劳动力市场。道德重塑项目致力于培养贫困群体自力更生的精神，激发他们脱贫致富的积极性。菲律宾发挥政府主导作用，实施职业技术教育扶贫问责制，培养具有全球竞争力的劳动者，打造助力社会公平的职业技术教育。同时，菲律宾加强职业技术教育机构的监督与管理，大力推进职业技术教育师资培训和实施严格的职业技术教育质量管理制度，为职业技术教育扶贫提供有力保障。①

四、重视提高教师的能力

在 2014 年的东南亚教育部部长组织委员会会议上，菲律宾明确 2015—2035 年教师教育的重点任务是继续实施“能力本位的教师专业标准”。该标准是教师教育机构开设职前教师教育课程的依据，是教育部制定教师聘用、晋升政策的参考。“能力本位的教师专业标准”规定了教师在 7 个领域应该达到的标准：（1）社会学习观，即教师做出积极的示范，努力追求不同的学习目标；（2）学习环境，即重视社会、心理和物质环境的重要性，在这个环境中，无论在学习方面的个人差异如何，都可以参与不同的学习活动，并努力实现高标准的学习；（3）学习者的多样性，该领域强调教师认识和尊重学习者的个体差异，根据差异性设计不同的学习活动，确保所有学习者都能达到预期的学习目标；（4）课程，课程领域包括教学过程中的所有要素，如教师的学科专业知识、教学方法和活动、教学材料和学习资源，这些要素共同作用，帮助学生理解课程目标，并达到课程中规定的高标准学习；（5）规划、评估和报告，该领域是指评估和规划活动的协调，重点是利用评估数据规划和修订教学计划，将评估程序纳入教学活动的计划和实施，报告学习者的实际成绩和行为；（6）社区联系，指将课堂活动与学习者在家庭和社区中的经验及愿望有意义地联系起来，这一领域的重点是教师努力加强学校和社区之间的联系，以帮助实现课程目标；（7）个人成长与专业发展，该领域强调教师个人对职业的高度重视，对专业发展的关注和作为教师的持续改进。

① 黄蘋．“一带一路”战略背景下菲律宾职业教育扶贫政策及启示［J］．职业技术教育，2017（7）：69-73.

随着信息通信技术在教育中的广泛应用，教师利用信息通信技术能力的提高越来越受到重视。在2014年的东南亚教育部部长组织委员会会议上，菲律宾明确2015—2035年教师教育的另一项重点任务是提高教师利用信息通信技术的能力。这些能力包括：了解技术系统应用于教学的性质和操作，了解基于信息通信技术的教学材料或学习资源如何支持教学，了解规划和管理信息通信技术辅助教学的过程，设计和开发新的或修改现有的数字或非数字学习资源，利用信息通信技术资源规划和设计教学活动，使用信息通信技术工具处理评价数据并报告结果，展示教学中电脑使用的熟练水平，利用信息通信技术工具和资源提高效率和专业实践等。

五、推进高等教育机会均等，提高教育质量

菲律宾是中等收入国家，在全球化背景下，为了提高劳动力的国际竞争力，政府一直在致力于扩大弱势群体的高等教育机会，提高教育质量。

推进高等教育机会均等一直是菲律宾政府的重点政策目标。《1982年教育法》是菲律宾的教育基本法。该法提出，国家应该改善每个人获得优质教育的权利，不论其性别、年龄、信仰、社会经济地位、身心状况、种族或族裔、政治或其他派别，国家应促进和维护平等的受教育机会以及全体公民享受教育的福祉。这一条款成为高等教育机会均等的法律依据，之后的法律和政策又对本条款加以改进和具体化。1989年的《政府援助私立教育学生与教师法案》规定，向贫困的大一新生提供奖学金和津贴，向大学生提供贷款 。该法案在1998年重新修订。2015年的《高等教育统一学生资助制度法案》规定，向贫困家庭和边缘群体的学生提供援助资金，发放短期和长期贷款。2017年的《普及优质高等教育法案》提出，向所有菲律宾人提供在私立和公立教育机构中接受优质高等教育的平等机会，优先考虑学业能力强和来自贫困家庭的学生。菲律宾贫富差距较大，教育机会均等是促进社会公平的主要手段，政府应把推进高等教育机会均等作为长期的施政目标。

菲律宾高等教育规模大、入学门槛低，高校约有2 000所，大部分为私立高校，除少数几所优质高校外，大部分私立高校规模小、教育质量不高。高等教育的质量决定着劳动力的质量、国家的科技和经济竞争力。虽

然《1982 年教育法》规定要提供优质教育，高等教育相关法案也提出提高教育质量的要求，但未引起足够的重视。在全球化背景下，菲律宾的高等教育面临较大挑战，提高高等教育质量成为政府的当务之急。2012 年，为提高菲律宾人的生活质量，高等教育委员会对高等教育提出多重要求：培养有思考能力的毕业生；培养具有较高学术、思维、行为和技能水平的毕业生，重点支持与技术创新、经济增长和全球竞争力相关的研究。同时明确提出，将根据教育结果和学校类型对高校的教育质量进行监管和评价，改变过去一刀切的做法。①2014 年的东南亚教育部部长组织委员会确定了 2015—2035 年教育发展重点，在高等教育质量方面，菲律宾实施的主要项目有：基于结果和类型的质量认证、菲律宾质量框架和东盟质量参考框架、增加国立高校预算。

六、积极推进教育国际化，加强教育国际交流与合作

教育国际化指通过与不同国家的教育机构或国际教育组织进行合作交流、合作研究、合作办学、合作培训以及开展国际理解教育或国际援助等途径，在理念与目标、课程与教学、评价与管理等方面实现融合并有所创新，从而提高国际化人才培养能力的教育发展过程。② 菲律宾因历史原因，是亚洲国际化程度较高的国家。在全球化浪潮下，任何国家都会受到教育国际化的冲击，不可能各行其是，菲律宾会进一步加强教育国际交流与合作。

在全球化的影响下，菲律宾各级各类教育都会受到国际化影响，与不同国家和国际组织进行教育合作交流。在基础教育阶段，《2013 年基础教育促进法》提出，在提供符合国际标准的良好课程的基础上，让每个学生都有机会接受具有全球竞争力的优质教育；在迅速变化和日益全球化的环境中，扩大中学教育目标。根据该法案，菲律宾实行 K-12 教育改革，中小学学制由 10 年延长到 12 年，把学前 1 年教育纳入义务教育体系，更新课程。

---

① Policy-standard to enhance quality assurance（QA）in Philippine higher education through an outcomes based and typology-based QA［EB/OL］.［2020-07-22］.https：//www.britishcouncil.ph/sites/default/files/annex6_draft_cmo_on_policy_standard_to_enhance_quality_assurance_qa_in_philippine_higher_education_through-an-outcome_-_based_and typology_based_qa.pdf.

② 周满生 . 基础教育国际化的若干思考［J］. 教育研究，2013（1）：65-68，75.

因为10年学制培养的学生质量不能与其他国家相匹配，影响教育国际交流，劳动力质量不高，缺乏国际竞争力。世界银行等国际组织向菲律宾投入援助资金，帮助其推行义务教育。在职业技术教育阶段，《2014年阶梯教育法》提出，为支持劳动力的国内和国际流动，菲律宾资格框架应与国际资格框架保持一致。菲律宾与多国保持着职业技术教育的国际合作，与东盟国家之间的联系更为密切。自2017年以来，东南亚教育部部长会议组建网络平台，职业技术学校利用该平台讨论、实施“职业技术学生交换项目”，2018—2019年，“东南亚职业技术学生交换项目”已经实施了4期，包括菲律宾在内的五国参与该项目。在高等教育阶段，菲律宾教育的国际化程度更高。2019年，《跨国高等教育法》实施，期望能推进高等教育的现代化，并将国际质量标准和专门知识引入菲律宾，以使高等教育具有全球竞争力，吸引人才、教师和工作人员的流动，并改善国家的人力资源基础。

菲律宾是中国的邻国，两国教育交流有地缘优势，“一带一路”倡议进一步推动了中菲教育合作，主要体现在两方面：一是语言教育和文化交流。目前，菲律宾有5所孔子学院，其中最早的马尼拉亚典耀大学孔子学院成立于2006年。这些孔子学院实施汉语培训，举办中国传统文化宣传推广活动。2019年12月，中菲签署合作项目，选拔菲律宾公立中学本土汉语教师在菲孔子学院攻读汉语师范教育硕士，学制两年，其中半年在中国学习。[①]菲律宾也利用其语言优势，向中国提供英语教师。二是中菲高等教育合作。中菲一直互派留学生，实行学历互认。2019年，中菲签署《高等教育合作谅解备忘录》，加快两国高等教育机构之间在以下领域的合作：相互承认学位；增加两国登记承认的大学数量；通过奖学金、培训项目和访学进行教师和学生交流；在高等教育结构、学术质量、成果评估等方面实现信息共享；实现学分转移等。[②]在以上政策背景下，中菲教育交流会愈加频繁。

---

① 中菲将联合培养菲律宾本土汉语师范教育硕士［EB/OL］.［2020-08-07］.http：//www.xinhuanet.com/ world/2019-12/03/c_1125304534.htm.

② 中菲达成高等教育合作共识，菲律宾高等教育受追捧［EB/OEL］.［2020-08-07］.https：//www.sohu.com/a/ 340609345_120328806.

参考文献

[1] 蔡昌卓 . 东盟基础教育 [M]. 桂林：广西师范大学出版社，2014.

[2] 李枭鹰，王喜娟，唐德海，等 . 东盟教育政策法规 [M]. 桂林：广西师范大学出版社，2015.

[3] 冯增俊，卢晓中 . 战后东盟教育研究 [M]. 南昌：江西教育出版社，1996.

[4] 莫海文，李晓峰，赵金钟 . 东盟国家教育政策发展研究 [M]. 广州：华南理工大学出版社，2020.

[5] 中国–东盟中心 . 东盟国家教育体制及现状 [M]. 北京：教育科学出版社，2014.

[6] 马燕冰 . 菲律宾 [M].2 版 . 北京：社会科学文献出版社，2019.

[7] 胡恒波 . 菲律宾学前教育立法的举措与启示 [J]. 教育导刊，2013（10）：87–90.

[8] 向红姣 . 中菲幼儿园音乐教育比较研究 [D]. 桂林：广西师范大学，2015.

[9] 勾鹏 . 菲律宾教育与中国教育的异同 [J]. 江西教育（A 版），2012（1–2）：80–81.

[10] 黄宇 . 菲律宾 CLC 幼儿园 N2 班华语教学实例分析 [D]. 广州：中山大学，2015.

[11] 陈玲 . 幼儿园大班儿童学习品质培养的研究：以菲律宾华校为例 [D]. 北京：北京师范大学，2012.

[12] 王凌 . 菲律宾华校幼儿教育的特点 [J]. 幼儿教育，2004（2）：21.

[13] 张晓昭，赵国华 . 浅析战后菲律宾高等教育发展的得失及对我们的启示 [J]. 教育科学，1991（2）：59–64.

[14] 张晓昭 . 菲律宾的私立高等院校 [J]. 外国教育研究，1990（4）：15，21.

[15] 刘洁 . 独立后菲律宾教育发展研究 [D]. 贵阳：贵州师范大学，2014.

[16] 张龙 . 独立后菲律宾高等教育政策研究 [D]. 南宁：广西民族大学，2013.

[17] 潘懋元 . 东南亚教育 [M]. 南京：江苏教育出版社，1988.

[18] 李伟，田谧 . 菲律宾私立高等教育对我国民办高校的启示 [J]. 东南亚纵横，2012（12）：71–74.

[19] 伍金球 . 菲律宾高等教育发展的经验及对我国的启示 [J]. 高教探索，2006（1）：72–75.

[20] 米拉劳 . 菲律宾社会研究对教育政策与改革的影响 [J]. 陈斯，译 . 国际社会科学杂志（中文版），2005（1）：73–85.

[21] 张国才 . 80 年代末以来菲律宾教育改革概述 [J]. 南洋问题研究，1996（1）：45–50.

[22] 陈武元，薄云 . 试析菲律宾私立高等教育的政府资助体系 [J]. 高等教育研究，2006（12）：101–106.

[23] 柯佑祥 . 菲律宾私立高等教育的发展研究 [J]. 有色金属高教研究，1990（4）：92–96.

[24] 杨琼 . 菲律宾高等教育质量保障体系考察：以菲律宾学校、学院和大学认证协会为例 [J]. 复旦教育论坛，2011（4）：80–83.

[25] 岑东莲 . 菲律宾职业技术教育体系的研究 [D]. 桂林：广西师范大学，2014.

[26] 鞠慧敏，王文槿 . 菲律宾职业技术教育与培训的特色及启示 [J]. 外国教育研究，2012（9）：81–88.

[27] 吴秋晨，白滨，朱晓琳 . 菲律宾职业教育发展的现状、挑战与趋势 [J]. 中国职业技术教育，2019（15）：81–85.

[28] 唐世明，刘林箭 . 菲律宾教育机制探析 [J]. 湖州师范学院学报，2007（5）：122–124.

[29]PAPONG E，孟莹 . 菲律宾职业技术教育与培训改革探析 [J]. 职教通讯，2013（31）：39–43.

[30]BAUZON P T. Handbook in legal bases of education [M].

Mandaluyong: National Book Store, 2006.

[31]ZAIDE S M. The Philippines: a unique nation [M]. 2nd ed. Quezon: All-Nations Publishing Co., Inc., 2006.

[32]DE BELEN A R T. Education laws, jurisprudence & governance [M]. Quezon: Jobal Publishing House, 2019.

[33]BAGO A L. Curriculum development: the Philippine experience [M]. 2nd ed. Quezon: C & E Publishing Inc., 2008.

[34]VARGAS-TRINIDAD A F C. DepEd issuances and the K to 12 Program [M].Quezon: University of the Philippines Law Center, 2016.

[35]NGOHAYON S L, NANGPHUHAN II J B. Pushing for globalized higher education in the Philippines: advances and challenges [M]//COLLINS C S, LEE M N N, HAWKINS J N, et al. The palgrave handbook of Asia Pacific higher education.NewYork: Palgrave Macmillan, 2016: 483–496.

[36]SUAREZ M T, CHAN C, OBIETA J O M. Higher education systems and institutions, Philippines [M]//SHIN J C, TEIXEIRA P N.The international encyclopedia of higher education systems and institutions.Dordrecht: Springer, 2020: 1–13.

[37]ABULON E L R, ORLEANS A V, BEDURAL Z L, et al. Exploring wastage in teacher preparation investments in the Philippines [J]. The normal lights, 2014(2): 8–29.

[38]AMANONCE J T, MARAMAG A M. Licensure examination performance and academic achievement of teacher education graduates [J]. International journal of evaluation and research in education, 2020(3): 510–516.

[39]ULLA M B. Pre-service teacher training programs in the Philippines: the student-teachers practicum teaching experience [J]. EFL Journal, 2016(3): 235–250.